JIUDIAN
YEWU TUOZHAN YU
YINGLI ZENGXIAO SHIZHAN

酒店
业务拓展与盈利
增效实战

胡禹成◎著

中国铁道出版社有限公司
CHINA RAILWAY PUBLISHING HOUSE CO., LTD.

图书在版编目（CIP）数据

酒店业务拓展与盈利增效实战 / 胡禹成著 . —北京：中国铁道出版社
有限公司，2020.2
ISBN 978-7-113-26412-3

Ⅰ . ①酒… Ⅱ . ①胡… Ⅲ . ①饭店 - 盈利 - 模式 Ⅳ . ① F719.2

中国版本图书馆 CIP 数据核字（2019）第 250595 号

书　　名：酒店业务拓展与盈利增效实战	
作　　者：胡禹成	
责任编辑：吕　芰	读者热线：010-63560056
责任印制：赵星辰	封面设计：MXK DESIGN STUDIO

出版发行：中国铁道出版社有限公司（100054，北京市西城区右安门西街 8 号）
印　　刷：三河市宏盛印务有限公司
版　　次：2020 年 2 月第 1 版　2020 年 2 月第 1 次印刷
开　　本：700 mm×1 000 mm 1/16　印张：20.25　字数：220 千
书　　号：ISBN 978-7-113-26412-3
定　　价：59.00 元

Preface   前　言

近年来，酒店业的发展呈现一片欣欣向荣的景象，越来越多的酒店腾空而出，加上消费水平的不断提高，人们对酒店的要求也越来越高，酒店想要在激烈的竞争中脱颖而出，就要做好业务推广。

酒店业务推广就是酒店营销，是市场营销的一种，也是酒店经营活动的重要组成部分。其目的主要是酒店在提供产品与服务之前，做好客户需求的研究，寻找酒店盈利增效的方法，使产品与服务满足客户的需求，以增进酒店的盈利。

在酒店行业，酒店经营者最关心的问题就是盈利，所有的一切活动都围绕盈利进行。业务推广是增加酒店盈利的必要手段之一。据《2019 中国酒店连锁发展与投资报告》显示，截至 2019 年 1 月 1 日，中端酒店营业数 6 036 家；客房数 634 189 间，客房同比增长 57.24%。酒店逐渐成为企业以及资本角逐的热点，市场竞争十分激烈。因此，酒店业务推广的重要性更加突出。

酒店如何选择最适合合作的网络平台？如何做好会议营销？如何挖掘酒店自建网站的潜能？如何充分利用各种营销推广工具？如何采用最实用的酒店营销策略？如何带给客户最好的体验？……这些都是酒店进行业务推广时必须考虑的问题，因为直接关系着酒店的稳定和发展。

随着酒店行业的不断发展和客户个性化需求的不断变化，促使酒店业务推广不能局限在一个阶段，不拘泥于一种模式。酒店经营者必须以最敏锐、最超前、最独到的嗅觉感官去寻找适合酒店经营与发展的最佳经营模式，使酒店业务推广更完善、更先进、更独特，满足客户的个性化需求，使酒店能够在激烈的竞争中取胜。

本书结合酒店行业的发展趋势和相关领域的发展，在总结与借鉴的基础上，为酒店行业的相关人士提供酒店业务推广与盈利增效的实战技巧，希望能够对这些读者有所帮助。

胡禹成

Contents

目　录

第二部分 想提升酒店业绩，必须做好会议营销

第三部分 挖掘酒店自建网站的潜能

第五部分　采用最实用的酒店营销策略

第七部分　酒店新业态经典案例解析

第 一 部 分

选择最适合酒店合作的网络平台

随着科学技术的发展，网络已经成为人们生活中不可或缺的一部分。现在越来越多的人把消费转移到网络上，这让酒店不得不改变传统的预定和宣传推广方式，开始选择最适合酒店合作的网络平台。酒店与网络平台合作，能够实现互惠互利、资源共享，开阔更广的市场，获得共同发展。

第一章

选择一个好的预定平台

　　一个好的预订平台对酒店来说是非常重要的。预定平台的好坏直接决定酒店发展的好坏，特别是互联网迅速发展的今天，选择一个好的预订平台，能够给予客户便利，提升酒店的管理效益，同时带来更多的客源，提高经济效益。

与网上平台合作对酒店有什么好处

随着高新技术的飞速发展，互联网时代消除了酒店和消费者之间信息不对称的现象，通过不受时空和地域限制的互联网，消费者可以随时随地获取酒店的所有信息，选择心仪的酒店。这对酒店来说，是一个不可多得的好机遇。那么，酒店与网上平台合作具体能够带来哪些好处？

1. 带来更多的客源

通过互联网的联通，酒店的所有信息都能够更加直观地向消费者展示。消费者能够快速地了解到目的地有哪些适合自己的酒店以及哪家酒店才是最佳之选。互联网的传播范围很大，速度很快，这就能为酒店带来更多的客源。

2. 方便消费者预定客房

过去消费者是通过翻黄页或者打电话来了解酒店进而决定是否预订酒店，现在则可以直接通过网上平台看到酒店的地理位置、报价、房间的图片、其他消费者的点评等，通过价格与服务质量的对比，直接进行网上预订。

3. 树立酒店的品牌形象

酒店通过网上平台发布信息，让消费者更好地了解酒店，并通过其他消费者的点评，增强酒店在消费者心中的形象，从而树立酒店的品牌形象。

4. 增加酒店收益

酒店与网上平台合作，网上平台通过给予消费者一定的优惠价格，可以让更多的消费者预订房间，给酒店带来经济效益。

5. 减少运营成本

酒店与网上平台合作，给酒店带来了方便，消费者只需要网上预订即可，这大大节省了酒店的运营成本。

如何与"携程"合作实现利益最大化

携程网作为中国领先的在线旅行服务公司，成功整合了传统旅行行业与现代电子商务，向人们提供集酒店预定、度假预定、机票预定、旅游咨询、商旅管理及特惠商户等的全方位旅行服务。携程网拥有国内外 80 余万家会员酒店可供用户预定，服务地域范围达到了 200 多个国家和地区。

酒店想要实现利益最大化，与携程合作是一个很好的选择。因为携程能够为酒店提供多样的服务，提高酒店的经济效益。那么，酒店应该如何与携程合作呢？

1. 借助携程的规模效益

资源规模化和服务规模化是携程旅行网的核心优势之一。携程拥有世界上最大的旅游业呼叫中心，拥有 1.2 万个座席，呼叫中心员工超过 10 000 名。这样规模化的运营能够帮助酒店时刻为用户提供预订信息，为用户提供优质的服务，既降低了酒店运营成本，又实现酒店的利益最大化。

2. 学会利用携程的技术力量

携程拥有领先的科学技术，能够为酒店提供一整套现代化服务系统，包括客户管理系统、房量管理系统、订单处理系统、呼叫排队系统、服务质量监控系统等。通过这些先进的服务和管理系统，为用户提供更加便捷、高效的服务，从而实现酒店利益最大化。

3. 运用携程的规范体系

先进的管理和控制体系是携程的又一核心优势。携程将服务过程分割成多个环节，以细化的指标控制不同环节，并建立起一套测评体系。酒店通过携程的测评，能够更好地提升服务质量和用户满意度，让用户更加信任酒店。

4. 借助携程的品牌优势，提升酒店的品牌形象

携程在综合性旅行服务公司行业处于领头羊位置。在各大商旅城市中的品牌知名度、美誉度在行业中也处于领先地位。酒店与携程合作，能够帮助酒店宣传品牌形象，为酒店的发展做好基础工作。

5. 运用携程市场合作优势

携程与各大行业建立了战略合作伙伴关系，酒店可以通过携程进行跨行业合作，实现利益最大化。

6. 服务升级，更好地留住顾客

酒店利用携程平台，让顾客不仅可以订到酒店机票，而且能查询旅游和租车服务等，还能查看目的地指南和其他消费者的游记和目的地介绍，为顾客提供更好的服务。

7. 为用户提供了丰富的预订和支付方式

携程网不仅提供了网络预定系统，还成功建立了世界上最大的旅游业呼叫中心，能够更好地帮助顾客快速的预订房间。在支付方式上，携程网可以接收支付宝、微信支付、银行卡等多种的支付方式，让用户支付更加便捷。

8. 携程优惠价格，带来更多客源

通过携程上的优惠价格，让用户感受到网上预订的优惠，能够带来更多的客源。因为价格是影响人们消费的主要因素之一。

9. 充分利用携程的 UGC（用户原创内容）

携程上的每一个产品都会按照网友在网上的要求进行开发。让用户通过携程上的旅游资讯，了解酒店信息，最后转化为产品。用户通过携程上的点评，能得到全面、真实、及时的信息。据统计，有 1/3 的顾客会通过酒店点评来改变选择哪一家酒店入住，这给酒店业务的预定提供极大的帮助。

想与"同程艺龙"合作，这些你该知道

同程艺龙是由"同程网络"和"艺龙旅行网"合并成立的。同程网络业务涵盖机票、火车票、汽车票、景点旅游等多项业务，而艺龙旅行网的"在线旅游""旅游电子商务"在行业里也是有一定的资源的，尤其酒店资源极为丰富。两者的合并让拥有的资源进行了优势互补，通过流量的整合，为产品创新和开发新业务提供更好的发展空间。

酒店想要与同程艺龙合作，先要对其有一定的了解。

1. 同程艺龙的优势

（1）流量的保障

作为中国最大的互联网综合服务提供商的腾讯，目前持有同程艺龙 24.92% 股份，成为同程艺龙第一大股东。同程艺龙和腾讯的合作是持续性释放社交流量的保障。因为微信有 11 亿用户加上 QQ 有 8 亿用户，这将是一笔非常大的流量。微信为同程艺龙用户获取和分享旅游信息，用户

通过微信平台购买旅游产品和交通出行。在腾讯的流量助推下，同程艺龙的用户数据和业务收入会持续增长。通过微信平台，同程艺龙能够揽住大批流量。

（2）充分利用微信小程序

同程艺龙通过微信小程序端口，在线上线下通过营销活动加大投入。同程艺龙以微信庞大用户规模作为基础，在小程序提供服务体验的同时，利用转发、分享等社交玩法，带来更多消费者，提升小程序访问量，实现流量的最大化。

（3）技术的支持

同程艺龙作为一家互联网科技公司，拥有技术的积累，能够运用大数据、人工智能、云端技术这三者结合打造发展空间。主要采用自身不断增长的数据库和强大分析能力的功能，通过精确的分析用户的喜好和用户的行为，从而为用户提供个性化的产品和服务，帮助用户做出快速而明智的决定。这样既能够增加新的流量，带来新用户，又能把老用户服务好。

（4）服务的升级

同程艺龙为了获得更大规模的经济效应，巩固市场领先地位，不断增强提供品类齐全的旅游产品和服务的能力。通过提供旅游方面的创新产品和服务选择，包括住宿预订、交通出行及各种配套增值产品和服务，让用户享受优质的产品和服务。

2.同程艺龙的服务保障

（1）一站式服务理念

同程艺龙为用户提供交通住宿的全流程、全天候服务。如果用户在同程艺龙预订酒店、机票、火车票、汽车票、轮船等出行产品，其中任何一个因同程艺龙的原因影响行程，同程艺龙都将承担其关联产品的实际损失，保护用户的利益。

（2）暖心护航保障

如果同程艺龙的用户由于病疫灾害、自然灾害、政治变动、突发事件等导致出行受到影响，同程艺龙会及时提醒即将出行或者出行中的用户，防范出行风险，避免出行意外。

（3）专属客服热线，7×24 小时服务

同程艺龙在购票、订单确认、航班提醒、退改签通知等情况下为客户提供电话和短信通知确认服务，用户认准服务号码，可以辨识诈骗电话和诈骗短信，避免被诈骗干扰。同程艺龙用户如果遇到行程问题，都可以致电同程艺龙服务热线，同程艺龙会为用户提供 7×24 小时服务，为用户行程保驾护航。

（4）投诉极速处理

用户出现投诉问题，同程艺龙能够及时响应并进行快速处理，当日投诉当日处理，以保障服务质量，提升用户体验。

（5）先行赔付保障

同程艺龙用户出行中，由于同程艺龙原因产生经济损失，同程艺龙采取快速问题审核机制先行承担责任并赔付用户损失，优先保障用户的合法权益。

对于酒店来说，在于同程艺龙合作的过程中，要充分利用其优势和服务保障，从而保证自身利益最大化。

与"飞猪"合作的流程与注意事项

飞猪旅游是原来阿里旅游升级而来的，指为淘宝会员提供机票、酒店、旅游线路等产品的综合性旅游出行网络交易服务平台。自从升级以后，各项服务项目很不错，促使很多酒店都想入驻飞猪专线。那么，与飞猪合作的流程是怎样的？应该注意什么？

1. 合作的流程

想要与飞猪合作，就要了解合作流程。

（1）进入飞猪招商页面，点击"立即入驻"开始报名。通过首页的入驻类型可以查看资质清单和收费标准。

（2）页面左边选择商家身份，右边选择店铺性质、经营范围、商家所在地。页面会提供此类商家需要的资质。

（3）选择好商家类型和经营范围为需要开通的类目，非航司、机票代理不要选择机票的经营范围，否则后续会提示需要提供相应的资质。

（4）填写公司信息，需填写长期有效的，填写一个较长的时间即可，每年续签时可以修改这个有效期。

（5）备注为备用名，如果店铺名不合格优先参考，飞猪工作人员会在规定时间内给审核结果；后续可以用申请账号登陆招商入驻页面关注进展情况。

①初步审核不通过，系统会以短信和邮件的方式通知商家登陆申请账号查看修改。商家登陆本页面后，点击"修改资料"，按照提示在规定时间内完成修改并提交。

②初步审核通过，等待工作人员复核，工作人员在规定时间内给复核结果。

③复核不通过，系统会以短信和邮件的方式通知商家登录申请账号查看修改。商家登陆本页面后，点击"修改资料"，按照提示在规定时间内完成修改并提交。

④复核通过，系统将以旺旺和邮件的方式，提醒您进入联系邮箱查收激活邮件，商家根据提示完成后续工作。

（6）收到激活邮件后，点击激活链接（招商入驻页面点击立即入驻，点击2次即可自动跳转审核进度），设置商家账号密码、填写企业支付宝账号完成店铺激活。

（7）使用商家账号登录天猫商家中心，签署协议（支付宝相关协议和飞猪相关协议），补全商家档案信息。

（8）冻结保证金和技术年费，操作前请先确保支付宝账户内有足够的可用余额，对公账户或者个人支付宝转账页面提示金额到企业支付宝。点击马上锁定 / 缴费，提示成功即可上线店铺，完成入驻。

2. 注意事项

（1）收款账号必须用支付宝账号，且个人支付宝账号必须是酒店负责人的名字。

（2）打款时间为发起扣款的 2 个小时后。

（3）在收到账户名和密码的 15 天内完成保证金 / 技术服务年费的冻结缴纳操作，逾期未操作，则本次申请将作废。

（4）提前完成支付宝实名认证。报名时提供的支付宝账号如果没有完成企业认证，需要根据提示完成后续认证操作：银行卡认证或者关联认证。营业执照和法人相关证件已在申请入驻环节中通过校验，飞猪也将信息一并同步至支付宝。支付宝关联认证，即当前已存在以开公司名义完成认证的支付宝主账号，需要进行关联认证。

瞄准"美团"，是一个不错的选择

美团，相信大家都不陌生，它诞生于这个高科技的时代，拥有海量的用户基础，提供综合性、多业态的生活服务，从用户到商家，以高频带低频，逐步成长为人们日常不可或缺的一部分。美团不仅能够让消费者享受超低折扣的优质服务，而且能够为商家找到最合适的消费者，给商家提供最大收益的推广。

由于美团能够给商家带来利益，所以大多数酒店愿意与美团合作。美团具体有以下 4 个优势。

1. 以年轻用户为主，抓住用户的消费心理

美团主要是以迎合年轻用户形成的多业务服务，成功抓住了年轻用户的消费心理。美团用户具有明显的年轻化、高学历和白领化的特点，其中 80、90 后用户占比高达 81.8%。对于年轻用户来说，界面的简洁明了和价格的公开透明是非常重要的。美团坚持"以用户为主"的理念，为用户提供良好的使用界面和透明的价格。使用美团的用户可以很清楚地看到所预订酒店每一个房型的原价以及领券后的折扣价格，这比其他平台从不透露原价，只愿意展示预订价，要显得更加透明。

2. 为用户提供消费升级，使用户体验更加好

对于年轻用户来说，体验效果十分重要。现在人们越来越倾向于简便的入口和操作，手机上经常使用的 APP 通常控制在 10 个左右。而美团作为"超级平台"正好将餐饮、外卖、景区门票、机票火车票、休闲娱乐等以用户为核心的横向资源全面地整合在一起，符合年轻人的口味。最重要的是美团能够做到让当前酒店的搜索逻辑有品牌、位置、价格等，对于商务出行或者外出旅行的用户来说，位置十分重要，可以根据位置，按照商圈等因素查找到附近的酒店，选择适合自己的酒店。美团平台的多项服务都是以 LBS 为基础，便于后期通过位置为用户提供一系列生活服务，例如"酒店 + 餐饮""酒店 + 景区"等业务服务，提供美食、休闲娱乐等一站式消费，不仅满足了用户对酒店场景的延伸需求，同时也帮助酒店实现跨品类增长，提高综合收益。美团通过一站式消费，可以对用户价值进行深度挖掘，从而进一步满足用户需求和提升酒店效益。未来随着行业增长趋势，竞争将越来越激烈，而美团则可以凭借其多元化业务服务和年轻用户消费升级得以长久发展。

3. 收取较低佣金，给予客户高利润

美团的酒店佣金率长期保持在较低的水平，促使大多数的酒店愿意与其合作，因为低佣金带来高利润，大大节省了酒店的成本。例如 2018 年以来，Club Med、蓝海酒店集团、凯莱集团等多家高星酒店集团与美团达成战略合作，美团进一步拓展平台上的酒店类型，优化酒店结构，最终实现间夜量、价齐升的成绩。而酒店通过美团这个平台得到更多的客源，获取更多的经济效益。美团之所以愿意收取少的佣金，因为美团是"食物 + 平台"的超级组合模式，能够让美团在用户成本和流量成本方面比传统 OTA 低频平台低。与此同时，随着用户消费能力的不断提升，作为佣金基数的房价也在不断上涨，从而使美团可以保持不错的利润率，也提升酒店的效益。

4. 下沉低线城市，赢得更多机遇

三线及以下城市已经成为在线酒店预订新增用户的主要来源，并且低线城市新增用户还在不断上升。二三线及以下城市一直是美团的主战场，吸引了大规模的低线城市用户。可见，二三线城市能够为美团带来更多机遇。

总体来看，美团一方面能够通过用户和市场的差异化进行定位，牢牢把握住了在线酒店预订行业市场发展机遇；另一方面美团的其他业务也对酒店业务发展起到了关键的协同作用。所以，酒店瞄准"美团"是个不错的选择。

与"去哪儿"合作的好处

去哪儿是一个旅游搜索引擎中文在线旅行网站，致力于为中国旅游消

费者提供全面、准确的旅游信息服务，促进中国旅游行业移动化发展和在线化发展。去哪儿主要为消费者提供酒店、机票、签证、度假产品的实时搜索，并提供旅游产品团购以及其他旅游信息服务，为旅游行业合作伙伴提供移动技术和在线技术的解决方案。去哪儿定位于品牌推广以及促成销售机会的各类广告形式。与去哪儿合作，可以帮助酒店在市场中更精准地定位目标受众，并在竞争中赢取先机。

去哪儿通过自身技术和产品上的优势，意识到在线旅游市场的用户需求，逐渐变化成智能、全面的比较平台，对用户进行旅游产品选择和决策的作用日渐突出。正是这种需求的增长，促使了公平公正的旅游新媒体"去哪儿"的出现，并凭借其便捷、人性、先进的搜索技术，对互联网上的酒店、机票、度假和签证等信息进行整合，为用户提供及时的旅游产品价格查询和比较服务。去哪儿网机票业务的核心竞争力是覆盖全网最低价，简言之就是用户在别的网站买不到比去哪儿网更便宜的机票。与去哪儿合作，能够让酒店帮助用户买到更便宜的机票。去哪儿致力于为用户推荐价格相当的附近酒店，这样有利于增加酒店的预订量，而且当用户仍然遇到了问题时，能够帮助酒店对用户进行优惠券补偿，努力为用户解决一切问题。

去哪儿网在预订酒店、购买机票等主要业务领域推出了"先行赔付"模式。与去哪儿合作，能够真正帮助酒店解决用户的消费问题，更好地保障用户与酒店的利益。"先行赔付"模式的实施，得到消费者一致的好评，"去哪儿网平均一天售出数十万张机票，按照我们的数据统计，仅有万分之一的乘客在预定方面遇到问题并享受先行赔付服务，虽然这个数字比例很小，但我们愿意为小概率买单，保障用户体验，争取做到万无一失。"去哪儿网相关负责人说道。"先行赔付"模式让去哪儿网深受广大用户的喜爱，更愿意在去哪儿网预订酒店。酒店与去哪儿网合作，能够给酒店带来更多的经济效益。

因此，与去哪儿合作，能够让用户更快地搜索到酒店，给酒店带来一定的经济利益，再者，在去哪儿网平台上挂酒店的信息，能够让用户更好地了解酒店，提升酒店的品牌形象。

与"驴妈妈"合作的流程和要点

驴妈妈旅游网是中国领先的新型 B2C 旅游电子商务网站。迄今为止，驴妈妈创造了多个业内奇迹，并迅速成长为中国最大的景区预订和资讯平台，继携程旅行网等成功开创的"机票＋酒店"旅游预订模式后，驴妈妈开创的"景区票务＋网络营销"模式正引领中国旅游电子商务步入新时代。

那么，酒店应该怎样与驴妈妈合作呢？

1. 合作的流程

想要与驴妈妈合作，首先应该了解驴妈妈的合作流程。

（1）酒店可以通过电话咨询驴妈妈企业方，阐明合作的意图。

（2）达成意向后，前往驴妈妈公司与驴妈妈签署合作意向书。

（3）缴纳加盟费用。

（4）驴妈妈公司择日前往酒店进行考察。

（5）酒店根据实际情况提供酒店的相关资料。

（6）驴妈妈将酒店提供的相关资料上传在驴妈妈网站上。

2. 合作的要点

和驴妈妈合作，酒店需要明白以下合作要点。

（1）驴妈妈不仅提供景区门票，而且提供"景区＋酒店"的旅游团购、自由行产品、国内游、出境游、精品酒店等多类产品，是一家以自助游产品为核心特色的旅游综合服务网站。游客在购买景区门票时，驴妈妈旅游网会提供特色酒店和度假村供游客进行自由选择或搭配。酒店与驴妈妈合作，能够让酒店获得更多的客源，为酒店赢得更多的经济效益。

（2）驴妈妈主要培养热爱旅游、有时间精力的散客、自助游为目标客户。这类人群在选择消费和服务方面自主性比较高，而且对所选择对象好感较强烈，他们在购买旅游产品的时候强调"量体裁衣式"或"点菜式"，喜欢自愿结合，自定路线，"随走随买"，而非一次性付清旅行费用或完全被动接受既定的旅游项目。驴妈妈通过打造景区票务直销平台和景区整体营销平台，为景区输送更多的游客，引导这类人群进行二次消费。与驴妈妈合作，能够帮助酒店瞄准目标用户，帮助酒店为用户提供更好的产品与服务。

（3）驴妈妈为游客（特别是自助游客）和酒店双方，打造一个在线买卖交易平台，盘活酒店的内部资源，降低自助游客出游门槛。酒店通过驴妈妈这一全新的电子商务平台，可以增加分销渠道，节约营销成本，吸引更多有消费能力的中高端自助游客，提高酒店的经济效益，提升酒店的品牌形象。

（4）驴妈妈可以让自助游客享受景区门票优惠，从而引导他们实现景区内更多价值消费，实现景区内住宿、餐饮以及各类娱乐项目等消费，打造出多元化的盈利点组合。酒店与驴妈妈合作，能够让酒店获得更多的游客，也能让游客在酒店消费更多，增加酒店的经济效益。

（5）驴妈妈利用电子商务平台，有效规划利用景区的散客客源，合理分配淡旺季客流，为景区和酒店解决了淡季问题。在散客时代，酒店与重要旅游电子商务平台之间深层次的战略合作，实现个性化的网络协作，给酒店带来了方便。

（6）驴妈妈对待游客始终坚持"妈妈般呵护驴友"的原则，帮助自助游客降低出游成本，为游客提供游玩体验交流平台。驴妈妈通过电子商务"便捷、优惠及个性化"的定制服务，满足了"自由行"游客的需求，用户只需要打一个电话就可以咨询到很多游玩的信息，也会得到好产品的推荐。酒店与驴妈妈合作，能够将酒店的优惠更好地告知游客，让游客享受酒店的产品与服务，通过酒店的优质服务留住游客。

第二章
选择一个好的资讯推广平台

咨询平台主要是能够便捷地为用户提供他们最想要、最优质、最准确的内容，让用户更好地了解实时信息。而酒店选择一个好的资讯推广平台，能够提升酒店的知名度，增加客户对酒店信任指数，带来更多的客源，提升酒店的品牌形象。所以，选择一个好的资讯推广平台对酒店来说是非常重要的。

你会在"环球旅讯"上推广吗

环球旅讯（Travel Daily）是专注于高品质的旅游财经新媒体，依托专业的团队和强大的原创新闻优势，以移动互联网、网站、会议等多层次、相互融合的跨媒体业务平台，为中国旅游业界最具影响力的读者群，提供准确、全面、深入的新闻和资讯信息服务。

环球旅讯致力于以独立的新闻态度，关注和报道影响旅游业发展的新趋势、新事件、新科技和新模式。读者能够在环球旅讯上了解到最新的消息。环球旅讯有中文资讯平台和英文资讯平台。中文资讯平台主要是通过网站、微信、微博、邮件等多渠道传递最有价值的旅游业资讯；英文资讯平台主要是为海外旅游业者提供最具价值的中国旅游业资讯信息。

环球旅讯每年会定期举办峰会、开放日、在线讲堂、培训会、竞赛等活动，满足旅游业不同行业、不同职能层级嘉宾对细分话题和精准交流合作的需求。环球旅讯主要营销目的是帮助企业提升品牌影响力，拓展旅游业合作伙伴。

环球旅讯峰会是环球旅讯系列会议中规格最高、规模最大的年度论坛，被公认为中国旅游业最具权威性和前瞻性的年度盛会，是每一年都会举办的多场景交流活动，主要是为全球旅游业进行趋势分析，为旅游业提供新趋势、新科技、新模式的思维碰撞，为各行各业提供高效交流与合作的机会。酒店参加环球旅讯峰会可以增加酒店与其他行业的合作，同时为酒店提供更多新的业务信息，有利于酒店的发展与稳定。

环球旅讯开放日是环球旅讯举办的线下分享交流活动，结合企业需求打造更聚焦、有深度的小型互动平台，致力于为企业提供最新的信息，促进企业的发展。酒店参加这样的交流活动，有利于酒店与其他行业互动，找到新的发展方向，带动酒店行业的发展。

环球旅讯在线讲堂是由环球旅讯定期举办的在线分享会，主题涵盖旅游业新趋势、新科技、新模式等话题。用户成功注册后，在活动当日规定时间进入第三方会议平台，即可实时收听主讲嘉宾的分享，还可实时对话主讲嘉宾，进行提问互动讨论。酒店多观看在线讲堂，能够从中了解更多的酒店发展新趋势，为酒店的发展做好准备。

酒店在环球旅讯上做推广，可以更好地推销酒店品牌，吸引更多的客源，提高酒店经济效益；也能够让读者更好地了解酒店，信任酒店，树立酒店的品牌形象。

抓住"中国酒店网"，让酒店更有名

中国酒店网（China Hotel）是国内较早一家完全致力于酒店在线预订的网站。中国酒店网主要是提供入境酒店的预订服务，拥有国内近 9 000 家酒店的在线预订功能，完全可以满足不同用户的预订需求。中国酒店网服务过全球超过 136 个国家 4 000 多个城市的用户，其中主要包括美国、澳大利亚、马来西亚、新加坡等发达国家及地区，并获得了来自全球各地用户的认可与支持。中国酒店网在提供中、英、繁体三种语言预订方式的同时还建设了酒店资讯频道与酒店互动社区，不仅获得了酒店业内人士的认可，还为酒店从业人员提供了丰富的行业资源与交流机会，更重要的是能够让消费者更好地了解各个酒店。

中国酒店网凭借多年在酒店行业积累的资源，打造专注酒店预订、酒店资讯、中国酒店论坛等多个电子商务平台。

酒店预订主要集中于国外入境的高端用户群体，同时提供中文在线预订服务，为出差或者旅行人士带来了方便。

酒店资讯是利用高效的互联网技术和先进电子资讯手段,为商务客户、散客与休闲客人提供快捷灵活、优质优惠、体贴周到又充满个性化的旅行服务。

中国酒店论坛主要是提供用户与酒店沟通的平台,拉近用户与酒店之间的关系,让用户享受更优质的服务,让酒店提供更优质的服务与产品。

中国酒店网以合作、收购、分销的形式,发展了上千家网站联盟及代理,立志成为一家真正囊括全国各大中小型城市,各星级酒店宾馆大型联盟网站。酒店与中国酒店网合作,可以借助中国酒店网的平台最大限度地宣传酒店品牌,让酒店全方位展现在用户面前,提高酒店的知名度,树立酒店品牌形象。同时中国酒店网是酒店与消费者之间沟通的捷径,拉近酒店与消费者的关系,让消费者更加信任酒店,增加酒店的预定,增加酒店收入。

让"酒店新闻网"成为最佳宣传的渠道

酒店新闻网是中国酒店行业首家专业新闻网站,现开设有"新闻报道""旅游景区""产业资讯""订餐订房""展会活动""人物访谈""美食文化""厨师档案"等 20 个精品栏目,每天及时更新发布全国酒店行业新闻信息,快速公布权威公正的酒店行业资讯,为广大读者提供一个沟通交流和深入互动的信息平台。

酒店新闻网坚持以"科学消费、健康饮食、酒店新闻、名扬天下"为理念,致力于打造中国酒店行业新闻信息第一发布平台。网站将全面整合各方面的资源,快捷有效地为广大酒店经营者、管理者、消费者、从业者们提供多元化、人性化的服务。酒店新闻网聚集了全国各大媒体知名记者、编辑以及各品牌酒店的负责人作为专家团队,为网站规划、运营、发展传经送宝。酒店新闻网的平台优势成功吸引了各地大酒店、宾馆、度假村和商务会所等商家联盟入驻,并且建立了长期友好的合作关系。

新闻报道主要是为读者提供酒店相关的信息，让读者更好地了解酒店行业的新趋势。酒店与酒店新闻网合作，能够把酒店的信息放在酒店新闻网的首页，让读者更好地了解酒店，有利于酒店的宣传与推广。

旅游景区主要是为读者提供一些旅游景点的信息，其中包括旅游攻略、景区降价等信息，让读者第一时间找到想要的。酒店与酒店新闻网合作，把酒店信息放在这一板块，也能让读者在选择景区的时候，有针对性地选择酒店，对酒店的宣传与推广大有好处，同时对增加酒店的预定有一定帮助。

展会活动主要是为读者提供一些酒店相关的展览会，涵盖了美食、服务、旅游等多个方面，让读者更好地了解酒店文化。酒店参加这样的展览活动，也是对酒店的一种宣传与推广，让更多的人了解酒店。

酒店与酒店新闻网合作，通过酒店新闻网的平台发布酒店相关的信息，可以大力宣传酒店，让读者更好地了解酒店，提升酒店的知名度，为酒店获得更多的客源，提升酒店的经济效益。

怎样与"CHAT中文网"合作最有效

CHAT中文网是中国酒店及旅游业最领先的资讯平台和社交平台，已为无数海内外知名企业提供了商业拓展和品牌推广的机会。经过14年的磨砺与发展，CHAT中文网凭借其强大的影响力和专业度吸引了一批又一批的优质资源，其中包括了开发或持有酒店资产的业主类公司、国际国内酒店管理公司、律师事务所、专业咨询顾问公司、设计师事务所、建筑师事务所、行业专家等机构。CHAT中文网通过强有力的平台为业主和各酒店旅游行业专家促成无数的商业合作，并将在未来持续为更多优秀的企业服务以提升企业形象和拓展品牌影响力。

CHAT中文网是基于CHAT网站、微博、微信、EDM等传播元素的全方位大消费领域媒体，主要是为旅游、商业、地产等行业人士提供第一手全球旅游行业讯息。CHAT 中文网基于浩华全球办公室网络的资讯网络和境外独家合作媒体资源，包括酒店、旅游目的地、地产及 IT 公司等操盘者已经成为最重要的读者群之一。同时，CHAT 中文网也为业界高端人士提供了绝佳的沟通平台，随着 CHAT 中文网多渠道的信息精准推送，酒店的信息也能迅速有效地传递至关注中国酒店及旅游行业的高端人士手中，让他们更深入地了解酒店，能够很好地宣传酒店品牌。

CHAT 中文网联合全球著名的浩华管理顾问公司，每年向市场发布权威数据报告《中国饭店业务统计》，深挖数据价值，将其转化为第一手的专业分析解读，为市场提供独家数据资讯。CHAT 中文网通过不断的沉淀和创新一直引领酒店旅游和地产行业，今后 CHAT 中文网更要成为大消费领域及未来生活方式的引领者和变革者。因为 CHAT 中文网的专业、开放、创新的理念，促使更多的酒店愿意与其合作。

与 CHAT 中文网合作，可以通过 CHAT 论坛、CHAT 下午茶、CHAT 定制活动等为酒店做好推广，提升酒店的形象，使合作效果达到最大化。

CHAT 论坛是由浩华管理顾问公司及中国旅游饭店业协会隆重推出的专为中国酒店和旅游业相关人士量身打造的高峰论坛。CHAT 论坛是"中国酒店市场回顾和展望研讨会"和"中国酒店开发和融资论坛"的品牌再造，该论坛已经成功举办了十多届。2018 年 6 月的 CHAT 论坛共吸引了 800 余位参会嘉宾出席，其议题涵盖了从投资开发到资产管理与运营的众多当下酒店业热点话题，覆盖了酒店及旅游项目完整的商业周期。来参加论坛会的是来自各行各业的人士，这样的论坛会为酒店提供了更多的机会，能够让酒店更好地宣传品牌，寻找最佳的合作者。

CHAT 下午茶作为 CHAT 论坛的品牌延伸，是更轻松、更自由、更私密、更有深度的酒店及旅游业互动平台。在这里不仅有行业专家帮助解读最新热点，还能与业界大牛近距离探讨行业趋势，更有挖掘商机、分享资源的潜在合作方，给酒店提供了机会。自 2015 年至今，CHAT 下午茶已成功举办数期，今后还将定期于中国最具影响力的城市举办，成为中国酒店与旅游业精英私密聚会及深度交流的首选平台。酒店应该抓住这样的机遇，拓展更多的资源和寻找好的合作方。

CHAT 定制活动是指 CHAT 会务组根据企业的具体需求并结合 CHAT 自身平台资源为企业量身打造的行业资讯交流和社交活动。其形式可以为 CHAT 研讨会、CHAT 品牌分享会、CHAT 远足、CHAT 闭门会等多种样式。在策划和执行 CHAT 定制活动时，CHAT 中文网将以专注、专业的态度为企业打造个性化和符合商业推广需求及热络业内关系的高品质活动，其轻松聚焦的活动氛围将为企业带来全新、高效的交流体验。酒店与 CHAT 中文网合作，能够获得更多的交流机会，与更多的企业一起交流，达到利益最大化。

CHAT 中文网是一个强有力的平台，与 CHAT 的合作能够帮助酒店成功实现业务拓展和酒店形象提升，使合作最有效。

第二部分

想提升酒店业绩，必须做好会议营销

　　面对日益激烈的同行竞争以及消费者越来越高的要求，酒店的运营成本不断增加，而酒店整体价格却很难上涨甚至呈现下滑的趋势，这就导致酒店业绩一直不容乐观。事实上，在酒店行业整体盈利水平下降的大环境下，通过会议带来的住宿和餐饮服务却是一个非常可观的利润来源。最重要的是，会议能够帮助酒店摆脱淡季，避免淡季给酒店带来的经济损失。所以想要提升酒店业绩，必须做好会议营销。

第三章

什么是酒店会议营销

　　酒店会议营销主要是酒店为会议组织者提供会展设施、会议设备、会议相关需求等方面服务。酒店会议营销是酒店营销中的一个重要组成内容。酒店会议营销是为了调节酒店的淡季市场，创造可观的经济效益，扩大酒店的影响力，提高酒店的知名度，而进行的宣传推广活动。

会议销售占到酒店收入的3成

据 2018 年全国星级酒店经营数据统计分析，会议销售收入平均占到了酒店总收入的三成。酒店会议收入是酒店重要的收入来源之一，做好会议营销有利于提高酒店整体收益。

为什么会议销售能够占酒店收入的 3 成?

会议团体由于其人数众多同时消费，消费额较大，一般包含会议、住房、餐饮、娱乐等一系列综合消费，能够有效地带动酒店整体经营项目，增加酒店收入。如果参加的人员身份较高或者会议议题重要，社会影响较大，还能有效地提高酒店的声誉，为酒店做好品牌宣传。因而，会议是许多酒店的重要销售内容之一，甚至有些酒店以"会议中心"命名，以会议作为酒店的品牌。

除此之外，会议能够协助酒店业摆脱淡季，这也是会议销售能够占酒店收入 3 成的重要原因之一。很多接待旅游顾客为主的酒店，容易受到节假日或者旅游资源季节性的影响，当出现旅游淡季时，酒店的房间出租率会明显降低。而相对于旅游活动而言，会展活动虽然也具有一定的季节性，但是总体来看不是很明显，尤其在冬季旅游处于淡季的时候，会议却进入了一个非常旺的季节。因此，这个时候酒店可以通过会议销售来解决淡季的问题。酒店要通过不断的研究，做好了解和掌握会议特点，提升会议营销和服务能力，并且通过优质的会议接待，将酒店的口碑和品牌迅速传达给每一位消费者，从而吸引更多的会议客源。

酒店会议营销的对象及特点

酒店会议营销最重要的就是客户。想要赢得客户，就必须对营销的对象和特点有一定的了解，才能为他们提供良好的服务。

1. 酒店会议营销的对象

酒店会议营销的对象是人，即准客户。想要做好准客户的营销，就必须做好以下重要工作：

（1）保证有客户到场；

（2）到场的客户是优质的；

（3）邀约的优质客户必须符合 MAN 原则。即 M：有钱的，有购买力的；A：权威，即有决定购买权的；N：有需要者。

2. 酒店会议营销对象的特点

酒店的会议客人一般具有以下 5 个特点：

（1）参会代表选择酒店是被动的，一般都是组委会指定的酒店。在这种情况下，客人往往对酒店的会议不了解。对于这类客人来说，酒店的服务显得非常重要。如果客人通过服务认识并喜欢上该酒店的话，往往能够成为酒店的回头客。

（2）会议客人对酒店的地理位置和交通状况有一定的要求。如酒店要临近展览中心或者会议中心、交通便捷等。

（3）会议客人对餐饮有一定的要求。酒店需要有常吃常新的餐饮服务，因为会议客人在酒店开会时间一般是 3 ～ 5 天，或者时间更长。因而，酒店要在餐饮服务上不断创新，为客人提供不一样的食物。

（4）酒店的会议功能与外界联系要通畅，包括交通、电信、网络等。

（5）酒店能够提供休闲娱乐项目。酒店除了为客人提供完成会议所需的基本产品，如客房、餐饮、商务、票务等服务项目之外，还需要提供较高层次的休闲娱乐项目，让客人改善精神状态和放松身心。

由于会议的种类不同，不同的会议客人会呈现一些不同的特点。如商务会议对质量比较敏感，对质量要求比较高，尤其是一些大企业，所以酒店要提高产品和服务质量；政务会议对服务和组织较敏感，即对酒店的现场组织和安保工作要求比较高，所以酒店要做好安全保障措施；学术会议对价格比较敏感，因为很多大学、协会、医疗机构都是靠赞助来办会的，经费相对紧张，所以酒店可以适当地给予一定的优惠。

你真的了解酒店会议营销的流程吗

会议营销是细节营销，特别是对于酒店这类服务行业来说，想要做好酒店会议营销，就必须了解酒店会议营销的流程。

1. 确定酒店会议接待

（1）互换名片，了解客户的单位情况。

（2）了解客户会议举办的日期，查看预约会期酒店有无其他会议或者宴会举办，以免冲突。尤其是遇到客户需要住房，必须致电前台了解酒店的房态，确保客户的客房需求。

（3）了解客户的会议规模，确认酒店是否有接待条件和接待能力，避免给客户带来不必要麻烦。

（4）确认酒店有充足的接待条件后，可以进入实质的洽谈阶段。

（5）邀请客户参观会议室、客房状况和用餐地点，增加客户对酒店的了解与肯定。在参观期间可以随机向客户介绍以往酒店接待过的一些大型会议情况，让客户更加肯定酒店的接待能力与服务能力。

2. 洽谈

（1）准备会议协议空白文本、洽谈记录本和相关资料。

（2）详细倾听、记录如下事项：客户会议规模、会议总人数、会议主题、会议举办日期、是否需要住房（房型、间数、抵离店时间等）、是否需要在酒店用餐（餐标、桌数、酒水等）、会议设施设备要求（电脑投影仪、麦克风、白板、笔、纸和矿泉水等）、会议接待规格、会场布置要求（鲜花、乙方宣传招贴等）、会议台型要求、是否需要代办礼品采购等内容、房内食品需求、外线电话是否关闭、有无少数民族人员、有无重要宾客下榻酒店、客人饮食是否有忌口、客人风俗禁忌、来宾车辆规模和数量、是否需要制作席卡以及签到台。

（3）以上记录后向客户复述一遍，确认会议洽谈的主要事项。

3. 发会议通知单

注明公司、活动名称、日期、人数、联系人、要求等，将详细的安排从书面的形式通知各相关部门，并需要签收。

前厅部：房类、房数、名单、日期、延迟退房等。

餐饮部：会议室、时间、设备、摆设、留座卡、茶点、摆台、菜单、酒水、保证人数等。

后勤部：会议设备的安装、设备的调试、悬挂欢迎横幅、设备的正常运行、停车位置、预留车位数、维持秩序等。

客房部：入住时房间打扫、结账时检查房间、客房的准备。

财务部：各收费项目、价格、付款方式、付款时间、签单人员及签名式样。

销售部：横幅和指示牌的内容、放置地点、会议日期、迎送、结果跟踪。

4. 会议接待准备

（1）根据协议内容和要求，拟订内部通启报送总办和各相关部门，通启中要明确落实执行部门的责任人、注意事项以及确定会议的时间。

（2）客户有额外广告需求可以由酒店通知广告公司制作会议主题条幅、引导牌和欢迎牌，并给予客户适当的报价，以供客户参考。

（3）会议正式举行的前一天，根据客人的要求做好会议布置，摆放会议台型，签到台摆放到位。必要时请客人到会议现场确认。

（4）打印会议套餐菜单，网络或亲自送客人审阅，客人确认后在菜单上签字认可。

（5）协助客户布置会场，但是如果需要在墙面张贴宣传画或悬挂物品必须获得酒店方的同意，任何损害物品和设施设备的行为都必须及时制止，并予以索赔。

（6）调试好话筒、音响、LED 屏幕等酒店设备。

（7）在会议现场或酒店大堂摆放绿色植物和鲜花。

（8）会议前一天按通知单内容，会议经办人再次检查会议准备情况，发现问题及时协调解决。

（9）十间以上会议用房须填写"团队分房表"，部门、前厅部、客房部、客户各一份。

5. 会议接待中

（1）会议接待中，会议经办人要随时掌握会议的进程，提前检查落实下一步会议日程，与客户会议经办人紧密联系，确保会议顺利进行。

（2）每个会议议程结束后，要及时提醒或者督促客户有效签单人确认消费账单，并签字认可。

（3）餐饮消费账单通知收银台及时送达总台入账。

（4）会议期间，随时协调各部门解决客人的临时需求，如增减就餐桌数、增减住房数量以及代办物品的分发等事项，及时通知相关部门经理，努力满足客人需求。

6. 报价技巧与结账方式

（1）酒店会议报价要参考酒店会议接待价格政策，按照酒店规定价格收取。

（2）洽谈和倾听期间不要轻易表态或承诺，诱导客人把真实意图表达出来，更不要轻易亮出价格底牌。

（3）防止会议客户对酒店进行价格讹诈，宣称其他酒店如何优惠、如果不给某个价格就另选酒店等，销售经理要摸清客户的真实意图，介绍酒店的产品优势以及曾接待过的大型、高规格的会议，坚持不要轻易让步。

（4）争取提高餐标水平，不要一下就将底价报出，如综合会议（会议、住房、用餐等），可以以会议室优惠来提高其他项目的消费水平。

（5）向客户介绍酒店能够优惠的项目，如会议主题欢迎牌、引导牌和会场服务等。

（6）确认协议有效签单人，原则上不超过两人。

（7）确认结账方式（现金、转账或提前打款），外地客人不能签单转账。

7. 会议结账方式

（1）会议开始前，由客户根据会议消费额的百分比提前打账至酒店账户或前台收取现金，会议结束后进行划账结算。

（2）参会来宾自行登记付费住宿，酒店前台根据协议按照正常的要求办理手续。

8.会议结束后

（1）会同财务部和相关部门迅速理清账单，核对账目。

（2）收集客户对酒店的意见和建议，并填写相应表格。

酒店会议产品是这样诞生的

会议产品比较复杂，它们是成功会议的基础，一个会议组织者通常需要很多会议产品供应商协作以保证会议的成功举办。酒店在设计所提供的会议产品组合时要考虑到以下几个方面。

1.基本设施和服务热情周到的礼宾服务

干净整洁的酒店大厅；足够宽敞的签到处，专人负责办理客房入住手续；专业高效的前台服务人员；迅速处理高峰期的团队入住；订房程序和政策；在客流高峰时能提供数量充足、性能良好的电梯服务；舒适清洁的客房和行政楼层；容易寻找的信息中心，快速传递电话和信息；保证数（会议所用客房数和会议消费人数）的提供；药房、银行、紧急服务和礼品店；健身中心，收费和营业时间；贵重物品的保存；电话收费（长途、本地和电话卡）；货梯；残疾人设施；付款规定和信用卡种类；停车场（免费和付费）；酒店紧急事件处理方案；紧急出口明确标出等等。

2.会议场地和设备设施扩音设备

有线和无线话筒、演讲台、移动的调音台和外接扬声器；多媒体投影机、屏幕（移动、电动）；灯光系统；同声翻译系统；会场布置和装饰，如台面装饰、台布和椅套、鲜花和绿色植物布置、舞台板；告示牌、背景板和横幅；电视电话会议；上网情况；足够的电源插座；休息区有隔音效果好的隔断；酒店是否具有对于会议临时变化的及时应对能力等等。

3. 餐饮服务能否按会议需要提供不同的用餐形式和服务

中西式自助餐、团队餐、茶歇、宴会、鸡尾酒会；服务员态度；服务速度和质量；就餐高峰时间能否安排足够的服务员；客房用膳，如菜肴种类、电话接听速度、服务质量、送房时间以及品质；特殊服务，如客户订制菜单、主题茶歇、主题宴会、备用食品。

4. 合作伙伴酒店要考虑通过外部采购来增强提供解决方案的能力，这就需要和其他会议产品供应商建立合作伙伴关系

这些供应商主要包括：会议管理公司、会议策划机构、会议旅游代理商、会议设备供应商（同声传译系统、高亮度多媒体投影机）、会场装饰（鲜花、气球）供应商、会议指示系统（告示牌、横幅、背景板）供应商、庆典活动（演出、表演等）供应商、地面交通运输（机场班车、汽车租赁公司）。

5. 酒店可以针对其目标市场提供会议包价

会议包价通常是将客人所需要的酒店会议相关产品进行打包，如住宿、餐饮、会议设施等。打包后产品的包价组合收费比产品单项拆分后的收费要优惠，一方面能够吸引会议客人，另一方面能够提高会议客人的综合消费，从而给酒店带来高收益。

酒店会议产品这样推销最有效

对于酒店来说，会议是一种能产生较大经济效益的"辐射"性产品，即会议客人除了使用会议室之外，还可能使用餐厅、客房、娱乐设施等其他服务设施与设备，所以酒店应该针对会议产品的市场需求和特点采取恰当的推销手段，让会议客人更好地接受会议产品。推销手段具体有以下4种。

1. 人员推销

人员推销是指推销人员通过面对面的洽谈业务，向客户提供酒店相关信息。在劝说客户购买酒店产品和服务的过程中，推销人员与客户进行面对面交流，有利于关系的培养，促成直接成交。所以，人员推销成为会议产品推销中最常用的一种手段。通常酒店在收到某公司或集团要举行会议的信息之后就会派销售人员前往拜访会议组织者，试图通过人员推销拿下会议举办权。

销售人员在推销过程中需要注意以下 4 点。

（1）善于察言观色

销售人员在推销的过程中要细心观察客户的表情和反应，对客户不感兴趣的话题要及时转移，做到适可而止，不可太过明显地表现出急于成交的心态。尽量与客户聊一些客户感兴趣的话题，是每一个销售人员必备的技能。

（2）充分展示酒店信息

在与客户面谈之前要准备好酒店的各种宣传资料、照片和幻灯片，甚至电视宣传片，抓住时机向客户展示，让客户充分了解酒店，以弥补在酒店以外区域有形证据展示不足的缺陷。

（3）强调酒店在举行会议方面的经验

可以在交流的过程中向客户介绍酒店曾举行过的典型意义的会议或者大型会议，向客户展示举行这些会议的照片和到会的重要人物，如领导、名人等都可以强化客户对酒店成功举办会议的信心，让客户肯定酒店的能力。

（4）学会连续推销

在与客户签订合同之后，酒店除了认真履行合同的条款之外，还要继续与客户保持联系，一方面能够解决客户提出的新问题，另一方面与客户建立起非业务关系以外的关系，为酒店的客户营销奠定基础，为酒店带来其他的合作机会。

关于酒店会议产品的推销技巧，酒店要加强对推销人员的培训，使他们善于根据洽谈对象的言行和问题来判断是否继续推销。此外，人员推销中客户通常会在最后成交前去酒店进行参观。酒店要认真做好接待工作，通知各相关部门，认真对待，保证接待任务的顺利进行。

2. 做广告

广告是酒店行业中最常用的一种推销手段。酒店在进行会议营销推广的时候，可以选择的广告媒体有很多种，如电视、杂志、报纸、微信、微博等。但是无论酒店采取哪种媒体做广告，都应该注意如下两项。

（1）选择媒体的有效性

酒店在选择广告媒体时需要详细了解所选媒体的覆盖范围和媒体的目标细分市场，同时，也要明确酒店的目标细分市场，找到三者之间的结合点，才能做到真正地有效广告，才能做好酒店的会议营销宣传工作。

（2）广告宣传的内容

酒店无论在哪种媒体上做广告都要充分地展示酒店的各个大小会议室、足够的客房、丰富的娱乐设施和优质的服务等会议组织者较为关注的各种服务属性，这样做可以充分地向会议组织者传递酒店的信息。

3. 维护好公共关系

公共关系是指企业、组织、个人与公众发展良好关系所使用的方法和所进行的各种活动。良好的公共关系可以加强酒店与外界的联系，提高酒店的知名度，树立良好的品牌形象，并通过社会舆论影响消费者的购买行为。这种推销手段的主要要求有以下两点。

（1）酒店经常与相关单位、机构保持联系

这里所说的联系是非商业性质的。酒店可以在节假日拜访以前的客户、潜在的客户，甚至非客户，向他们介绍酒店的新情况、新产品、新服务，加深双方的感情联系，为关系营销打下坚实的基础。

（2）注重新闻宣传

新闻宣传是酒店建立市场形象，提高知名度的重要手段。例如古巴总统卡斯特罗在访华期间曾下榻广州白天鹅宾馆，按照各方协商的价格来看，这次接待任务该酒店将会亏本，但是考虑到古巴总统卡斯特罗一直受世界媒体所关注，他的下榻可以为酒店带来大规模的"免费"的新闻宣传。于是该酒店不惜代价争取到这次接待任务，为酒店建立国际知名度起到了一定的推动作用。除了新闻单位主动的上门采访之外，酒店还要将酒店内部发生的反映高品德、好思想、对社会发展有益的事及时地向各新闻单位介绍，大力宣传了酒店品牌。

4. 做好内部推销

酒店可以利用酒店内部的各种宣传资料以及员工的宣传向会议客人宣传酒店的各种服务项目，同时还可以向潜在的会议客人宣传酒店的会议产品、设备和会议的接待能力。关于内部推销需要注意以下两点。

（1）培训一线员工的推销意识

酒店要加强员工培训，让他们对酒店情况有深刻的了解，强化他们的推销意识，使酒店员工成为酒店的最佳推销员。

（2）准备足够的宣传小册子

酒店的宣传小册子要印刷精美，具有吸引力，而且要把酒店的重点宣传内容放在主要位置，这样才能激发客人阅读的欲望，进而留下较深刻的印象。

推销是吸引目标细分市场的一种手段，但是其前提条件是酒店本身能够为客户提供的优质服务。如果没有优质的服务，酒店无法实现推销活动中提出的承诺，只会让客户产生"上当"的感觉，降低客户感觉中的服务质量，进而减少了客户回头的可能，这是与酒店加强客户关系，建立客户忠诚感的目标相悖的。所以酒店一定要强化管理职能，提高服务质量，为推销活动的正常进行打下坚实的基础。

第四章

如何做好酒店会议营销

对于酒店来说，会议营销收入是酒店收入的重要组成部分，直接关乎酒店的发展与稳定。想要做好酒店会议营销，就必须掌握一定的营销技巧，了解客户的需求，满足客户的需求。

获取客户方会议信息的小妙招

想要获取客户方会议信息，就需要对会议信息进行捕捉。会议信息的捕捉非常重要。什么时候有会议？什么时候开？什么性质的会议？……除非作为政府性会议的指定酒店，其他的情况都需要会议销售人员去捕捉。

一个好的会议销售人员需要具备"狗仔队"的嗅觉和执着的职业精神，并且时刻关注经常开会的公司与单位，只有第一时间掌握会议信息才有机会取得会议的举办权。那么，如何获取客户方会议信息？

1. 寻找机会

会议信息渠道要畅通，才能在第一时间获得会议信息。销售人员可以通过各种渠道，如销售访问、朋友介绍、中介机构、客人查询等探听各种会议信息。

2. 紧密跟踪

得到会议信息后，立即与会议组织者联系，了解会议的详情。在与客户交谈的过程中尽可能多地了解会议情况，向客户介绍酒店，主动介绍酒店设施和一般对外报价，如果客户要求书面询问价，要在24小时内及时回复。

3. 与客户建立联系

酒店要站在客户的角度为客户着想，以赢得客户信任与好感。与客户联系后，要给客户留下自己的名字、电话、传真或者呼机号码，方便客户联系。

4. 知己知彼

在与客户面谈中，了解会议的日期、时间、性质、人数、国籍、会议室摆设、会议设备、房类、房数、餐饮、娱乐项目、交通、旅游项目、礼仪、特殊要求等。探听竞争对手的情况，旁敲侧击客人与哪些酒店联系过、报价情况及客人倾向。

5. 善于观察，学会聆听

在与客户谈单时，一定要多观察，通过对客户言语、举止、眼神、表情等的观察，及时了解客户的心理变化，把障碍消灭在萌芽状态；通过聆听了解客户的真正需求，有利于与客户达成共识。

6. 机不可失，时不再来

在与客户谈单时，如果酒店介绍已经引起了客户的欲望，这时就要使用假设成交法，在与客户聊的同时，把合同及附件拿出，一边和客户聊一些和签单无关的事，如他们的同行发展状况或对他适当的奉承一下等等，一边把合同填好让其签字盖章，这样成交率会大大提升。

7. 抓住客户的弱点

在与客户谈单时，客户只要说肯定做，但又说你回去等我的电话。这时销售人员一定不要等，要学会抓住关键时间，先营销再逼单。比如说"老板，我知道您一定要举办这个会议的，既然要做，这样吧，我先帮您把会议确定下来，免得到时候没有会议室了。"这样的话，没有给客户拒绝的机会，客户为了避免意外情况的发生，很可能会答应直接签合同。

灵活应对，轻松拿下会议落地权

一个有经验的酒店销售人员，通常能够通过"信息收集及分析（扫街）、客户筛选、制定拜访计划、接近、判断、说服、促成、成交"等流程步骤轻松拿下会议落地权。但是对于很多不懂营销技巧的"销售菜鸟"来说，这也许是个非常大的难题。到底该如何灵活应对不同类型的客户，让客户签下会议合同呢？下面给大家介绍面对销售中常见的 13 种客户的应对方法，希望能够帮助酒店销售人员拿下会议落地权。

1. 犹豫不决型

客户表现：通常客户不会立马下决心购买；常常表现为不安、顾虑，害怕自己考虑不周而出现差错，并希望有人当参谋。

心理诊断：这类型的客户往往希望别人能为其参谋，并且愿意将这种想法较为明确地告诉销售人员。因为这类型的客户本身是比较敏感的，如果一旦感觉到销售人员以较浓的商业味道推销，便容易产生不信任感。

应对技巧：接待这种类型的客户时，销售人员不可马上直白地推销客户所需的产品，而是要先实事求是地介绍有关酒店产品或服务的情况，让客户自己从中做比较后，再选择产品。

2. 喜欢挑剔型

客户表现：这类型的客户思考周密，能够在酒店的产品或服务的细节方面发现毛病和缺点，并对销售人员采取强硬、苛刻的态度，期待销售人员能够解决这些问题。

心理诊断：客户是一个"追求完美"的人，也是一个细心的消费者。如果销售人员能把客户所挑剔的"问题"解决了，那么客户签单的可能性也比较大。

应对技巧：接受客户不良的情绪，允许客户发泄心中的不满，仔细地倾听客户的"挑剔"，让客户感受到你的尊重与理解。从客户的角度来理解客户挑剔的原因，让客户感觉你在为他着想。面对挑剔的客户，绝对不能责备客户的挑剔，学会在适当的时候进行道歉。最后，提出解决方案，解决客户的问题，满足客户的需求。

3. 傲慢无礼型

客户表现：这类型的客户往往目空一切，看似"高大尚"，其实不一定。客户比较喜欢销售人员夸赞他。

心理诊断：这类客户往往喜欢推销人员给予"戴高帽"，最好是多尊称他的头衔，而且试着找出他最高的那顶"帽子"。推销人员适当地夸赞客户，能够为推销做好铺垫。

应对技巧：推销人员要放下身段，明确自己的立场与身份。切忌不能和客户在沟通中发生冲突，要知道，你赢了，沟通就终止了；你输了，可能客户会给你"惊喜"，和你签订合同。所以，让客户觉得你是真心推捧他，他的自尊心得到满足，拿下会议落地权才存在可能性。

4. 牢骚抱怨型

客户表现：这类型的客户对酒店的产品或服务稍微有一点不满就牢骚满腹，抱怨不已，非常固执。

心理诊断：这类客户常常会因为自己能够当着销售人员的面发泄心中的"牢骚抱怨"而满足，其目的就是让推销人员能够当场解决他心中的"结"。

应对技巧：对于这类客户，千万不能回避，要笑脸相迎，让客户尽情发泄心中的不满。不能阻止客户发泄心中的不满，因为客户需要的是"发泄过程"所起到的作用。另外，要学会忍受客户的发泄，俗话说："有抱怨才有生意"，如果你试图阻止客户表达他的感情，你反而会使他恼羞成怒。因此，聪明的销售人员通常会选择沉默，让客户知道你正在倾听。当他发泄时，你要不断地点头，不时恰当地"附和"客户，并保持眼神交流。

5. 经济型

客户表现：这类客户在交流的过程中不管"差不差钱"，但他总想"差点钱"，或者说喜欢"贪图便宜"。

心理诊断：这类客户的会议预算通常比较紧张，所以最在意的就是性价比，希望同样的钱所买到的产品一定是自己最满意的，同样的产品在成交时尽量出最低的价格。这类客户喜欢砍价，并且以砍价为乐趣，喜欢挑毛病，往往挑的毛病越多，说明他们购买的欲望越强。

应对技巧：销售人员在推销时，一要突出酒店产品的优点，与其他酒店的价格、服务和质量上做对比，让客户通过自己的比较判断得出结论。二要突出酒店产品的价值，明确告知客户购买酒店产品或者服务能给其带来什么效用，让客户对酒店的产品和服务的价值有深刻的认识，赢得他们对酒店产品和服务的认可。三是要突出价格的合理性，通过各种方式让客户知道目前的价格在市场上是很合理的。

6. 不直接拒绝型

客户表现：对于销售人员提出的任何事情都不反对，不论销售人员说什么，客户都点头"附和"。

心理诊断：一是客户只是为了提早结束销售人员"滔滔不绝"的产品介绍，而继续表示同意。二是在要与不要两种心理之间，如果他觉得值就会立即签订合同；不值，他也会找个"下坡路"，但绝对不会直接拒绝。

处理技巧：要设法让这类客户说出真实的想法和需求，然后顺着客户的想法和需求，来说服客户签订会议举办合同。切记"不可心急"，否则就会"欲速则不达"。

7. 装懂非懂行型

客户表现：当销售人员向客户推销产品时，客户马上会说："这方面我知道，以前我们公司举办过很多次会议"，客户说这话的目的，有可能是装内行或者可能是似乎装懂。

心理诊断：客户装内行，主要是为了打断推销人员的"喋喋不休"和希望推销人员能够让会议的价格便宜一些。

处理技巧：在客户谈及对酒店会议产品了解在行时，要顺着客户的话，不抢客户的话，让客户把话说完，并佯装仔细倾听，这样会让客户觉得你对他的"在行"表示感兴趣。当客户谈及产品的"优点"时，销售人员不妨伸出拇指进行当场"点赞"，并抓住时机夸赞客户。这时候客户可能得到你的夸奖，会不好意思再拒绝签合同。

8. 自我炫耀型

客户表现：这类客户不论在那种场合，总是喜欢表现自己、炫耀自己、彰显自信，比较虚荣，常用自身学识来加深别人的印象。

心理诊断：这类客户有着一定的虚荣心，决不要与这类客户争辩，如果伤了他的自信心，他也无心和你沟通，签订合同，甚至失去意向。

处理技巧：销售人员要学会夸赞这类客户，可以聊聊客户成功的秘诀和经历，与客户交朋友，并向客户学习"成功"经验，同时，让客户尽快做决定，签订合同。

9. 沉着老练型

客户表现：这类客户表现比较老练沉稳，一般不随便轻易开口说话，通常会以平和的心理和销售人员沟通，并不急不躁的和销售人员洽谈业务。

心理诊断：这类客户显得很世故，他不愿受销售人员或周围其他人的影响，他会凭着自己的眼力及通过酒店的成立时间、规模、产品、品牌、企业文化、口碑等诸多方面，来判断酒店的综合实力，进而推算酒店是否具备举办会议的能力和酒店的诚信问题。此类客户多数是知识分子居多，属于理智型消费者。

处理技巧：销售人员要以静制动，用客户不易觉察的眼神去观察客户，注意倾听比说更重要。从细微处入手，从礼仪中互动。在客户确实需要你"开口"时再开口，要注意说话一定要有力度、有自信，要让他"刮目相看"，觉得你确实在行，你就是酒店会议产品的专家。

10. 冷漠无情型

客户表现：这类客户往往给销售人员一种冷漠无情的姿态，甚至无视周围人存在。在与其洽谈业务时，也是一副漫不经心的模样，好像别人欠他钱一样，让人觉得无法亲近。

心理诊断：这类客户给人的印象是标准的"冷血动物"，但有时实际上并不是他所表现的样子；一般情况下，环境能改变人，也能影响人，所以客户也同样有两面性；在这里和你洽谈业务时，可能很不"友好"，但在其熟人、亲人、朋友、上级、领导面前，可能表现的却是"另一番景象"。所以，销售人员要设法让客户感到你要像他的熟人、亲人、朋友甚至是你的"恋人"一样，别让他在你面前感到有一种无形的压力。

处理技巧：必须设法让客户从"冷漠"变"有情"。面对这类客户，别指望一次"拜访"，或一次"洽谈"就能让他"轻松签单"，要先让他对你本人感兴趣，你要进入客户的"频道"，和客户聊客户感兴趣的"话题"，才有可能对你推销的会议产品感兴趣，这才是关键。

11. 善于比较型

客户表现：这类客户购买没有任何障碍，只喜欢"进行比较"，经过反复比较以后，觉得"购买合适"就会产生购买。

心理诊断：客户善于与市场竞品在心理"作比较"。比如同样星级的酒店、同等质量的服务，市场报价是 10 万元左右，最后客户和你谈成价格是 8 万元，这类客户就会立马感兴趣，认为"买的值"。

处理技巧：推销人员要多给客户进行一些"比较性"介绍，让客户"再比较"，一旦客户觉得该酒店在价格、服务、品牌、能力等方面好于同行时，客户就会觉得这是个难得的好机会。

12. 服理不服人型

客户表现：这类客户对人谦恭有让，通情达理，心中特别在意"被理折服"，在双方洽谈业务时，特别在意销售人员能否表达得"在理"。

心理诊断：这类客户的表现是"服理不服人"。不管你怎样说，但只要你说得"有理"，他就会信服。否则，再好的会议产品和服务都是"免谈"。

处理技巧：在针对性地介绍酒店会议产品的卖点、酒店服务质量时，做到有礼貌，有信心加上认真的态度，来表现自己专业的销售能力。

13. "等下次"型

客户表现：这类客户在和销售人员交流已久，面对中意或喜欢的产品"爱又释手"，当销售人员问他"看你这么喜欢，今天是否决定签单呢？"他会说"等下次再来吧"，这就是所谓的"等下次"型。

心理诊断：这类客户没有立即签单购买的原因，可能有以下三个方面：一是借口开溜；二是想买，但心里还有疑问，一时想不起来；三是想回去和其他人商量一下再做决定。

处理技巧：要以亲切的态度对待这类客户。千万不可以羞辱他"没钱"、"看你也谈不成买卖"或"你没有诚意就算了吧"等话语伤害客户，否则，客户就真的没有"等下次"。面对这类客户，推销人员应该面带微笑，一边送客户一边说："好的，希望下次能够为您服务。"

在日常的销售工作中，可能会碰到各式各样的客户，甚至是所谓的"刁客"，但只要销售人员能"融会贯通"，掌握以上这些客户的处理技巧，相信一定能轻松拿下会议落地权。

硬件和软件都要满足客户的要求

由于会议接待的特殊性，酒店不仅要在软件方面满足会议客人的需求，硬件方面也要与客人的需求相符合，只有这样才能使会议客人更加满意，从而产生更大的经济效益。

1. 酒店的地理位置很重要

会议客人对酒店的交通便利性、旅游特色、气候条件等都比较重视。因此，酒店的地理位置直接关系到酒店能否让会议组织者选择。

2. 硬件设施要满足会议客人的需要

（1）会议室的面积

会议室的大小是会议组织者最关心的问题。酒店必须拥有足够大的会议室供会议组织者选择，而且还要满足不同类型的会议需要。

（2）会议设施设备

会议客人对会议室的设施设备、会议室的装修水准以及氛围等都非常重视。尤其是视听设备，酒店要有最新的视听设备，包括电话会议设施、投影以及音响设备等。另外，酒店的会议室要能够给人一种宽敞的感觉，要有适合开会的灯光设备等等。

（3）客房设施

会议组织者重视客房的数量、大小、质量。客房数量是衡量酒店总体接待能力的最直接的指标，酒店的规模不同，能够承接的会议活动的规模也就不同。因此，酒店必须拥有足够数量的客房，可以满足各种类型会议的需求。酒店还应该合理配置单间、标准间以及套房供会议客人选择。对于客房的配备也要齐全，比如床头灯、笔、纸等，满足会议客人的需求。

3. 做好会议服务工作

热情、周到的服务是酒店客人对服务质量的重要评判标准之一，也是会议组织者重点考虑的因素。因此，满足会议客人的需求是做好会议服务工作的重要保障。

（1）酒店各部门之间要协调合作

酒店会议接待服务不仅仅只是向客人提供会议设施以及会议的专项服务，它需要酒店各个职能部门良好的沟通及合作。会议客人不同于普通客人，不论是会议组织者还是参与者，对酒店的安全卫生状况、会议设施设备、餐饮及客房服务质量、员工的总体服务质量以及酒店知名度等都有较高的要求。因此，酒店各部门必须协调合作，才能做好会议服务工作。

（2）妥善安置陪同人员

在许多会议活动中，除了普通与会者外，还包括 VIP 客人、随同人员、新闻记者等。酒店应该预先做好准备来接待这些额外增加的客人，要像对待其他会议代表一样重视这些陪同人员，并专门为他们安排一些活动。同时，酒店会议销售人员要重视陪同人员，因为有他们在身边，与会者在酒店停留的时间通常会更长一些，消费更多，酒店可以提供适当的旅游推荐和服务。

（3）做好会议收尾服务

会议结束后，酒店的工作仍要继续，使酒店的会议服务保值、增值。这部分工作是目前酒店最容易忽视的，应该注意加强。正式会议结束后，很可能还有部分客人会继续留下参观访问，或到周边地区旅游，做好这部分客人的服务也非常重要。千万不能会议一结束，就给客人冷下来的感觉。

如何应对客户的折扣要求

在酒店会议产品推销的过程中经常会遇到客人要求折扣，客人常常以竞争对手的低价来压价，以消费总额高要求更多的优惠，甚至以取消会议来要挟。销售人员遇到这种情况，不能显得厌烦，也不能以权限范围为借口，将问题推给部门经理，而是要采取相应的对策，耐心地回答客人的折扣要求。那么，应该如何应对客人的折扣要求呢？

1. 引导客人关心产品的价值而不是价格

例如：本酒店风景好、面积大、客房新、设施新、服务质量好等，而某酒店开业近十年，未装修过，会议设备、房间状况可能会比较差。

2. 向客人说明本酒店的独到之处

例如：本酒店交通便利，临近地铁，旁边有公交站，还有本市最大购物中心和特色餐厅等。

3. 把讨论引向深入，使价格不再是问题的焦点

例如：我们酒店举办过多场大型会议，会议能力和服务质量都是有保障的，而且您在我们酒店举办会议，我们会提供一系列优质的服务。

4. 从客户的立场出发

例如：您的会议客人都是国内客人，吃中餐可能会比较习惯，不如把自助午餐改成中式午餐，价格还可以从原来的 98 元 / 位降低到 80 元 / 位，您看怎么样？

5. 判断客户是利用假象压价还是实情

例如：皇冠假日酒店报给我们的房价才 350 元，你们酒店却要 450 元，太贵了。你们必须要低于 350 元，否则我们不在你们酒店开会议。

6. 坚持让酒店赢利

例如：我们这次为您提供的会议报价已经是酒店最优惠的底价了，不可以再降低了，非常抱歉，希望您能够理解。

7. 说明酒店优惠政策，让客人得到优惠

例如：您这次会议共 12 人，预算又这么紧张。这样，与其会议室租金、早餐、午餐、茶点分开计算，不如用我们最优惠的会议套餐，您看怎么样？

你抓住了会议接待的重心了吗

对于在酒店工作的人都知道，酒店服务离不开接待工作，特别是会议接待，更需要按照步骤进行，而且在接待的过程中要尽可能地满足客人的一切要求。因为抓住了会议接待的重心，就抓住了客人的心。

1. 会前的准备工作

会前的准备工作是非常重要的，它关乎酒店全部的接待服务能够顺利进行。因此要做好会前的准备工作，以便更好地服务客人。

（1）了解会议的基本情况

①当接到通知单后要熟读通知单的内容，了解会议的时间、地点、人数（主席台人数、出席人数）、性质、形式和要求。

②根据不同的接待规格做好准备。最好都提前一天准备好，以便客户方如果不满意，可以有时间进行调整。

③根据人数和会议的形式准备好桌椅，包括主席台座位、发言席等。

④做好各方面的清洁工作，确保会议现场的整洁、干净。

（2）会议桌的要求

①酒店工作人员要根据会议的类型、性质和人数，结合会议室的具体情况做好会场布置，台型要比例协调、美观。

②可以根据会议的特点安排好会议用品，做好会议室内外的卫生，保证无异味、无异物。

③会议用桌要结实平稳，桌与桌之间距离合适；台呢平整无污垢，无破损、打褶；使用台裙时，台裙扣之间距离要保持在 30 厘米左右，台裙干净无褶，接口不能朝向门和客人。椅子必须有椅子套，椅子套要干净整洁，椅子前后左右距离合适，桌椅各成直线。

（3）物品的摆放

准备会议需用物品，要按照规定摆放，并留出用量的 10% 作为备量。同时还要确保所有物品干净整洁，无破损。

（4）场地的布置

①布置听众席。

调整桌椅之间的距离，整齐划一。席位牌放在座椅的正中位置，并且距外桌边一指宽（如有外沿的桌面，席位牌放在座椅的正中位置，并直抵桌面边沿处）。

②布置主席台。

放席位牌、杯垫、杯碟、信纸和铅笔、点好茶叶的茶杯、矿泉水、鲜花、毛巾和直升杯（重大接待）。

摆放规格：席位牌放在话筒左面，紧靠桌边；杯碟距桌边、毛巾托一指宽；信纸放在座位正中距桌边一指宽，铅笔放在信纸上面成30°；如放矿泉水、直升杯和茶杯可放成一字形或三角形。

③布置接收台。

桌面要放好若干瓶开水、茶叶、纸杯、饮水机、备用杯、托盘、抹布。抽屉内准备信纸、铅笔、橡皮擦、手套等。

④提前20～30分钟开灯、开空调（根据天气情况判断开与不开、空调温度一般定在24℃）。

2. 做好会中的服务

会中的服务指的是在会议的过程中为与会者提供的服务。会中的服务更能让与会者肯定酒店的会议接待服务，而且这一环节的服务在一定程度上还有可能带来回头客。因此，酒店一定要做好这一环节的服务。

（1）迎宾服务

如果客户方要求提供礼仪，酒店要在指定的时间内安排好礼仪小姐着红色礼仪服在大堂或者电梯间迎接客人。服务员要在会议开始前1小时到达，并于会议开始前半小时在门口站立迎接宾客。服务员的仪容仪表要合格。

（2）打开相关设备设施

会场主要灯光要在会议开始前半小时打开，主席台上方会议灯开启保持灯光明亮。会议开始前半小时开始播放轻柔、欢快的轻音乐，话筒在会议开始前5分钟打开，音乐在会议开始前1分钟通知音响师停播，并检查各项会议设备设施是否正常，如有异常要及时报修。

（3）会议开始

①提前15分钟倒好主席台的茶水。

②续茶，第一次间隔 15 分钟；第二次间隔 20 分钟；第三次起每间隔 30 分钟。续一次水（视情况而定），并检查接收台上的热水瓶是否要补充。

③重要接待会议开始后过半小时换一次毛巾、之后视情况再进行更换，在更换用品时要用托盘撤换，避免直接用手更换毛巾。

（4）会中服务细节

①会议开始后，服务员要站在会场的后面或侧面注意观察全场并及时提供服务。如果会议组织者表示会议期间不需要服务时，服务员要在会场外面做好值班工作，以备客人需要，会议场内 15 分钟要巡视一遍。如果有事需要离开，必须找人替岗，保证会议有人值班。

②会议过程中，服务员要时刻保持精神集中，注意观察与会者有无服务要求，不能交头接耳，要保证会场安静，注意室内温度，合理调节空调。

③如果有茶水服务，茶水要在会议开始前 5 分钟泡好。准备足量热水瓶，热水瓶要干净光亮无水印。会议进行中间每 15～20 分钟要续水一次。倒茶水时，要在客人后面一侧进行，动作要轻稳，不能在客人头上或背部上方倒水。主席台的客人或贵宾要在其后进行服务。特殊情况可以按照客人的特殊要求进行服务。

④会议期间，服务员要勤观察，如果出现工程噪音或停电等突发事件，要及时处理上报，保证会议正常进行。

⑤会中随时用对讲机和音响师保持联系，确保音响设备的正常使用。

⑥会议期间做好保洁工作，保持警觉性，防灾防盗安全事故发生。

⑦会议期间，如客人提出额外要求，视情况及时通知上级或会议负责人解决，不能解决的要礼貌婉转地拒绝客人。

⑧会议进行中，如果有电话找人，服务员要问清被找人的单位、姓名，然后很有礼貌地通知被找客人。如果不认识要找的人，要通过会务组人员去找。绝不可以在会场高喊宾客姓名。

（5）会议中间休息

①要礼貌提醒客人随身携带贵重物品。尽快整理补充和更换各种用品，保持台面整洁，视情况对会场进行续水服务。

②当宣布中途休息时，将会场的门打开，通知音响师播放轻柔、欢快的音乐，音量适中。

③为客人指示洗手间和吸烟区的方向。

④会议开始前1分钟，通知音响师停播音乐。参会人员进场后将门关闭。

3. 会后的收尾工作不可忽略

会后要做好收尾工作，这是对与会者的服务升级，能够让与会者再次肯定酒店的接待服务工作。

（1）会议结束，要将所有门打开，礼貌送客。送别客人时要及时为客人按电梯。

（2）客人全部离场后，要检查会场有无客人遗留物品。如发现遗留物品要及时归还，不能及时归还的要及时交至总台，说明班次、地点，向上级汇报并做好记录。

（3）关闭部分空调和灯光，做好节能工作。

（4）清洗会议用的杯饮具，并分类摆放整齐进行消毒。

（5）清扫卫生，回收可利用物品，桌椅归位。撤下会议所用设备设施用品，分类归位。

（6）查看未来几日有无预定，若有，根据会议通知单做好相应摆台工作。

（7）检查安全隐患，确保无误后关闭所有灯光，撤出锁门。

4. 注意事项

（1）会场服务员要注意服装整洁，在服务过程中要注意卫生，避免带菌工作。

（2）杯、饮具用后必须及时清洗，严格执行卫生部门的"四过关"制度，即一洗、二刷、三冲、四消毒。

（3）消毒后的饮具要做好防尘、防蝇工作进行自然干爽，然后放入消毒柜内备用。

（4）茶叶一定要在密封的茶叶罐内保存好，以免发霉变质，并在规定的保质期内使用。

（5）会议用的毛巾，使用前应打湿后放入消毒柜进行高温消毒才可以使用。毛巾使用之后要及时送洗衣房进行清洗消毒。干爽之后挑选色面洁白无污迹的毛巾存放入保洁柜内保存备用。

遭遇突发事件该怎么办

一次成功的会议需要做到周密的策划、精心的准备、优质的服务以及完美的善后。但是，无论会议服务者多么精心地为会议做前期策划和准备工作，意外可能还是会发生。这就要求会议服务者要有强烈的应对突发事件的意识和处理突发事件的能力，能够在第一时间调动各部门进行积极的处理。下面从会前准备、会中服务、会后服务这三个方面提供会议突发事件的紧急处理。

1.会前准备突发事件的紧急处理

在会议开始前，通常会遇到以下这些突发事件。

（1）临时加会

酒店会议在服务的过程中，会遇到会前30分钟或1小时内忽然接到加会通知，而会议室什么都还没准备。这时服务员要保持冷静的头脑，具体做到以下4点。

①开窗透气，使会议室空气清新，检查会议室卫生是否合格。

②要考虑自己一人是否能及时做好会前准备，能就用最快速度完成，如果不能，就及时向主管反映，要求支援或直接找同事帮忙。

③查看客人对有关会议设备的要求，如投影、麦克是否准备妥当，设备是否有故障，如果有故障要立即通知工程部，并告知对方会议即将开始，要求其部门立即派技术人员维修，然后将电源插好，保证会议顺利进行。

④将上述事项完成后，将会议室门、灯、空调打开，站在会议室门口迎接客人到来。

（2）会议取消

酒店会议在服务的过程中会遇到原定会议在会议开始前30分钟忽然取消。当接到通知后，服务员要做到以下4点。

①马上跟部门主管报告情况，即使主管可能已经接到通知。

②要及时查看客人是否预定了水果，如果有预定，要将此情况与会议取消通知一同报告给主管，并将已定水果这一事实告诉跟会的营销人员。因为一般情况下，在酒店预订的水果是不能退还的。

③查看会议室未来几天是否有会议，如果近三天都没有会议要将桌面上的纸、笔、杯收到边柜中，将会议室收拾整齐；如果明后天有会，要将会议室按照客人的要求进行布置。

④离开会议室前要将灯和空调关好，拔掉电源插头。

（3）会前临时调换会场

酒店会议在服务的过程中会遇到会前客人临时要求调换会场的情况。遇到这种情况，服务员要做好以下5点。

①不能用不耐烦的语气或不耐烦的态度对待客人。

②弄清楚有哪些会议室可供选择，耐心地给客人介绍其他会议室的情况，并带客人查看会议室。待客人确定好会场后，将情况报告给部门主管，主管会根据实际情况调派人手过来。

③定好会场后，要立即进行会场布置。

④查看会议设备是否满足客人要求，及时补全客人需要的会议设备。检查会场设备是否有故障，如果有故障先看自己能不能修好，如果能修好最好，若是技术上的问题，要立即通知工程部，叫技术人员进行维修。

⑤带客人查看会场布置。

2. 会中服务突发事件的紧急处理

细致的会中服务工作是会议成功的关键，会议工作人员在会议期间承担着各项综合协调工作，会议的各项服务工作要做到责任到人、团结协作、统筹兼顾、综合协调。在此期间，如果有任何失误，都很可能导致整个会议的失败。酒店也会因此而遭受经济损失，对酒店形象也会造成不良的影响。因此，在会中的服务要求会议服务人员必须具备敏捷的应变能力，对会议期间的突发事件能够迅速而恰当地进行处理，避免给酒店造成不必要的麻烦和损失。下面将从人员问题、健康安全问题和其他问题三个方面进行简要的探讨。

（1）人员问题

①与会人员临时增加。

如果在会议即将召开时，发现与会人员比预期的人员要多，而准备好的座位又不足。此时，服务员要立即查看其他会议室是否有多余的桌椅，可以从别的会议室里借调一下，同时也要在新添加的座位上摆放好茶水、笔、纸等会议用品。如果恰好此时酒店所有的会议室都已被预订，没有多余的桌椅，服务员要立即联系部门主管，告知其具体情况，请求去其他部门借调一些。

②会议的主持人未准时到达。

主持人是会议的动力和向导。主持人的好坏决定会议是否能成功举行。因此，如果主持人没有准时到达会议现场，势必会引起议论。此时，会议工作人员要立即联系主持人，问清楚其迟到的原因，同时稳定参加会议人员的情绪，告知他们主持人马上会到。在主持人到达之前，会议服务人员可以放些舒缓的音乐或者放一些介绍公司产品或与公司有关的光碟。

（2）健康与安全问题

①火灾突发事件的紧急处理。

火灾是威胁酒店安全的主要灾害之一。在开会期间，如果不幸遇到火灾，服务员要立即拉响酒店警报，告知酒店安全部门，同时迅速通知主持人中止会议，并及时疏散与会人员，引导他们以最快的速度有秩序离开。在逃离火灾过程中，要告知与会人员不要乘坐电梯，指引他们走安全通道。服务员在客人没有安全离开之前不能自行撤离。

②医疗突发事件的紧急处理。

医疗突发事件在任何时间、任何地点都有可能会发生，尤其是在酒店这种人口流动比较频繁的地方，而且这类事故通常发生的比较突然。在会议期间，如果有与会人员突然发病，服务员要保持冷静，根据病人病情轻重程度进行不同的紧急处理。如果病人的病情不是很严重，比如腹痛、呕吐、头痛等突发性疾病，服务员可以设法将病人扶到休息区暂时休息或立即送往酒店医务室，必要时直接通知医务人员到现场。如果病人的病情特别严重，甚至是直接晕倒在地上，比如心脏病突发等突发性疾病，要立即联系酒店安全部门或者酒店指定的突发事件负责人，告知他们所发生的事情以及事件发生的具体位置，提示对方立刻拨打120，并以最快的速度找到酒店内部的护理人员。

（3）其他问题

①行为问题。

在会议进行过程中，难免会出现观点不一致的情况，与会者可能会因为意见不合而出现情绪高涨，出言不逊，甚至动粗。面对这种情况时，服务员要协助会务工作人员，制止其过激行为，控制事态进一步恶化。情形严重者，可以将其带出会议室。

②临时更换会议室。

在会议期间，很可能会因为一些特殊的原因，需要临时更换会议室，会议工作人员必须在第一时间内通知与会人员，并在登记处或者其他来宾经常走动的区域放置提示牌，指引与会人员快速找到新的会议室。当然，最好在原会议室的外面也放置提示牌。另外，团队和酒店都要安排工作人员在特殊区域给与会人员指路。

③会议设施出现障碍。

在会议的过程中，会议设备突然出现故障，虽然在会议进行前，会务组人员已经将会议室内音响等设备认真检查过多次，但是还是出现意外的事情。这时服务员要检查设备电源，如果是电池电量耗尽，要立即更换新电池；如果是插座接口松动或短路，则需重新插好或连接其他电源接口。如果服务员检查不出故障的原因，需要立即通知酒店工程部，让其马上派人前来维修，以免耽误会议的进行。

3. 会后服务中突发事件的紧急处理

周到的会议善后工作是会议成功的保障。从安排与会人员返程、会议清理、会议归程到会议精神传达，要求会议服务者做好各项工作，这样才能确保会议成功的举办。会议服务者都必须具有灵敏的应变能力，能够在突发事件发生的第一时间做出有效的措施，从而将酒店损失和影响尽量减至最小。

（1）与会人员返程安排问题

要提早做好与会者车、船、飞机票的登记预定工作。如果发现有客人没订票，要立即跟客人道歉并解释原因，在取得客人的谅解后，根据客人的时间安排以及对交通工具的要求，帮客人订票，安排好送行车辆，派人将客人送到机场、车站或者港口，待客人乘坐的交通工具启程后再返程，如果有必要还要安排有关领导同志为他送行。

（2）会议室整理问题

①视听设备缺损问题。

会议服务员在会后除了及时收拾整理放置在会议室茶杯、桌椅、笔等会议用品以外，还要检查会议室的各种视听设备，将会议室设备恢复到初始的样子。一旦发现设备有损坏或丢失的情况，要立即通知工程部，让工程部有关人员前来维修，同时还要将丢失的设备告知上级领导，再联系会务组并说明情况，与其讨论赔偿事宜。

②火灾处理问题。

会议室的烟头是引发会议室火灾的罪魁祸首，散会后，有些与会人员随手将未熄灭的烟头丢弃在纸屑当中，从而引发火灾。如果是初期火灾，会议服务员要利用会议室的灭火器械进行灭火，如果发现火势过猛，会议服务员千万不要惊慌，要冷静下来，想好下一步该怎么做。首先要立即疏散还未离开的与会人员，引导与会人员从安全通道离开，拉响酒店警报，通知酒店安保部门带领其他人迅速离开现场，拨打 119 报警。

（3）会议资料清退问题

会议文件资料的清退要统一制发清退文件的目录，分清清退文件和不清退文件的范围，避免将重要资料清理。如果没有提前发出文件清退目录，为减少麻烦，散会后应由与会人员自行清理，将他们要清退的资料带走后，再交给大会秘书巡视一遍，剩下的东西再由会议服务人员清理。

（4）医疗突发事件的处理

医疗突发事件在任何时候、任何地点都会发生，而且常常出乎我们的意料。一个人的心脏病发作的时间可能没有任何预兆，长时间待在闭塞的空间、会议散会后人多拥挤等情况都可能导致病人突然晕倒。会议服务人员要立即通知酒店医疗部门，利用酒店培训的急救措施给病人做人工呼吸或者心肺复苏，立即送往会议场地附近的医院或医疗机构。

（5）经费的结算问题

有些临时添加的小型会议是要由会议服务员代酒店向会务组签单，在这种情况下很容易发生落单的情况，一旦发现客户没签单，会议服务员要立即与销售部客户经理联系，然后再向财务部咨询正确的开票程序和收费标准，如场地费、资料费、餐饮费、培训费、住宿费等。然后再找客人签单，并在单上注明是现结还是挂房账。

（6）会后遗失物品的处理问题

在散会后，很多与会者急着返程很容易忘记携带自己的私人物品，会议服务员在清理会议室时，一旦发现客人落下的东西要立即与会务组人员联系，帮忙找到遗失物的主人，在联系到主人后要让他当面清点物品看有没有丢失什么东西。如果暂时联系不到失主或者客人已经离开，则要在安保部进行遗失物品登记，然后在经得客人同意后，让与他一起开会还没有离开的朋友帮他带回。

这就要求酒店会议服务员要在一次次的突发事件中积累经验，事后吸取教训，在每次会议之前好相应的预防工作，这样酒店会议服务应对突发事件的应急处理能力才能越来越强。也只有这样才能将会议风险降至最小，避免酒店经济损失和形象损害。

（7）别忽视了意见的收集和回访

一般会议结束后，负责此次会议团队的销售人员都会做意见收集和回访。其目的主要是为了收集客户的信息、消费感受以及意见，及时掌握客户的需求信息；了解客户的建议，让客户感受到被关注，提高客户满意度；分析发现酒店存在的问题，并加以解决；为酒店经营及管理提供依据，不断调整酒店规范流程及管理制度；提升酒店品牌影响力、美誉度。

①意见的收集。

意见的收集主要是让与会人员会议结束后填写意见反馈表。

1）会议结束后，务必要征询会务人员及参会人员填写对酒店的意见反馈表。

2）与会人员反应一般、较差或投诉事项要详细写明内容，满意的事项也可以写明内容。

3）尽可能多征询几个会务人员或参会人员的意见，注明提供意见人员姓名、联络方式，如可能，请客人签字确认。

4）将意见反馈表交部门文员处，部门必须收到每档会议的意见反馈表。

5）意见收集上报后，反馈表存档于会议客户历史档案中，以便客户将来再次会议时查询，使工作做得更细。

6）一些重要反馈意见必须立即反馈部门，以便快速对宾客进行反馈。

7）将反馈的内容收集入一周宾客意见反馈中，上报相关行政管理部门、总经理。

②回访。

会议团队结束后，负责此次会议团队的销售人员要给会议组织单位或会议组织者发一封感谢信。平时要定期利用各类通信设施发出问候，比如电话、短信、微信、QQ、邮件等。尤其是在逢年过节时更要做好回访，必要时要赠送礼物，争取把每一次"头回客"都变成"回头客"。

1）定期回访是指每个季度对所有协议单位进行一次面对面拜访，收集客户意见和加深酒店印象。

2）不定期回访是指每次重要接待后，由负责此次接待的销售人员通过客户满意度调查和本月消费量比上个月减少的客户进行回访。

- 重要接待回访：在每次会议接待、VIP 接待次日对接待的对接人进行电话回访。

- 应收账款回访：每月根据财务部提供的应收账款信息对客户进行电话回访，并对账龄进行分析，了解客户的需求，发现新的销售机会，挽回流失客户，为经营策略提供依据。

- 投诉回访：每月 15 日汇总酒店投诉记录，对客户进行重点电话回访。

3）其他回访是指节、假日对客户的短信或电话问候。

- 生日、纪念日祝福：在客户生日、纪念日提前寄送问候卡，并于当日 8：00 ～ 9：00 对客户进行电话回访。

- 节假日祝福：在节假日以短信或寄送问候卡的形式对客户进行问候。

- 气候变化提醒：在天气发生变化如降温、下雪等情况时，以电话或短信的形式对客户进行问候。

- 促销通知：酒店的促销信息以电话、短信或邮件的形式发送给客人，进行酒店宣传推介。

让"淡季"不"淡"的秘密

市场难免有淡旺季，酒店也不例外。进入淡季，随之而来的是门庭冷落车马稀，面对住客少的冷清局面，很多酒店都采取了收缩战略，减少市场投入，广告、促销、网点开发与维护等市场销售活动基本停止。其实酒店的这种做法是不正确的。面对淡季应该将原有的旅游市场变为商务市场，通过政府接待、商务会议、商务散客、集团消费等各类会议接待，能够让酒店在"淡季"不"淡"。会议接待在一定程度上还能带来政府客户、企业客户、商务会议客户等等，既能维持老顾客的忠诚度，又能提高新客户的满意度，为酒店应对中长期的市场竞争打下扎实的客源基础。最重要的是酒店还能在"淡季"的时候提高酒店的知名度和美誉度，提升酒店的品牌形象。

那么，想要酒店在"淡季"不"淡"，具体应该怎么做？

1. 产品策略

（1）酒店的产品即是客房、餐饮、会场及其相关的各项服务。酒店可以在已有传统产品的基础上增加新的特色服务项目，如一站式乘机服务、免费下午茶、免费旅游指导等，能够促进客房顺畅销售。

（2）对会议客人的惠顾可酌情改变，可以在已有欢迎果盘和欢迎茶的基础上增加晚安热牛奶，对多次入住的老顾客能够酌情赠送纪念品、免费住店等方式来抓住客人的心。

（3）餐饮方面，在完善现有菜谱的基础上，增加特色菜谱，提高菜品质量，同时在服务的过程中能够增强跟进意识，主动向客人推荐新菜品，增加客人的选择。

（4）会场出租方面，透过电话营销的方式主动询问各协议单位有无年终会议或团拜会等活动，及时通知新老客户酒店最新的优惠政策，了解市场的需求。

2. 价格策略

酒店可以根据淡旺季或者各黄金周制定不一样的价格策略，通过价格吸引会议客人来店消费。同时对酒店全年的销售活动实行全程管控，确保各项销售指标能够顺利完成。确定合理的淡季价格，配合有效的促销策略，同时完善佣金返现制度，吸引更多的会议客人，提高客人的入住率和会议出租率，提高外援的主动合作意识。

例如：商务标间320元，商务单间420元，豪华标间480元，豪华单间580元，豪华套房980元；单次预订五间以上：商务标间260元，商务单间320元，其他房型及价格不变；网络订房价格不变，对首次透过网络订房入住的客人，在原有优惠基础上增加一站式乘机服务，同时可主动与其联络签订合作协议。

3. 渠道策略

酒店可以通过电话联络、网络发帖、微信推广、电子邮件、传真宣传资料等方式，更新、增加酒店的网宣资料。并且通过合作的各大网站发布酒店的最新消息，让会议客人了解酒店最新的会议优惠政策。

4. 促销策略

（1）重点做好新客户挖掘工作。完善新的宣传册信息，在制定合理的淡季房价的基础上，加强对酒店的宣传，开发潜在客户。

（2）加强与各协议单位的联系与合作，选择适当的时间逐一登门回访，稳定现有客户，维护老顾客的忠诚度。

（3）针对新的上门会议客人进行捆绑销售，客人在酒店住房时，可以让其在餐饮、娱乐、旅游等方面享受不一样程度的优惠，通过优惠政策留住新的会议客人。

第三部分

挖掘酒店自建网站的潜能

酒店网站是酒店在互联网上的一个窗口，相当于传统名片的作用，但比传统的电视、报纸、杂志和其他广告形式更有成本效益。酒店网站可以让客人在网站上看到酒店的情况，了解酒店的客房及价格信息，满足客人了解酒店、获取信息的需求。随着网络的发展，现在越来越多的人进行网上预订，酒店网站能够为客人提供的"一站式服务"，还促进了酒店与客人之间的联系，加强了客人与酒店的互动。酒店通过网上资源共享，提高客户的满意程度，提高酒店预订，增加酒店收入。所以，酒店拥有自己的网站是很重要的。

第五章

酒店网站页面要吸引客户

　　对于酒店行业来说，一个好的酒店网站页面十分重要，它直接关系到能否吸引更多的客户，能否在激烈的竞争中生存。酒店的网站页面要吸引客户，给潜在客户留下印象，才能促使他们预订酒店，增加酒店入住率和收入。

页面设计要让浏览者眼前一亮

随着互联网时代的到来，网站已经成为客户了解酒店的重要门户。那对于酒店行业来说，一个好的酒店页面设计，直接关系到能否吸引更多的客户，能否在竞争激烈的酒店行业生存。那么，一个好的酒店页面设计都需要注意哪些要点呢？

1. 风格设计上要有特点，能够让客户眼前一亮

酒店页面设计作为酒店在网上的一个形象，能否突出自己的差异化特点是很重要的，尤其是在酒店服务同质化严重的今天。酒店在页面设计风格上可以根据具体实际情况来，或高雅古典，或美观时尚，尽可能地凸显酒店的档次与品位，最好能够让用户看一眼就记住。只有第一时间吸引住客户，才能让客户继续浏览，增加最终选择酒店的可能性。

2. 功能方面要完善且易用

对酒店网站来说，仅仅好看是远远不够的，还应当具备更完善的功能。如酒店在线预订、在线咨询、在线支付等功能都应当具备。在实现这些功能的时候还应当尽可能地人性化一些，充分考虑到用户的使用习惯，用户能够很方便地查找到自己想要的，实现功能的易用性。

3. 内容信息方面要全面，尽量涵盖用户普遍所需的信息

酒店页面设计从常规思维来看，酒店的介绍、地址、配套设施等都要在网站上进行全面的展示，让用户能够在最短的时间内了解酒店的基本情况，尤其是酒店的优势之处，如干净舒适的客房、完善的服务、便捷的交

通、优越的地理位置等。除此之外，还可以展示当地一些出名的旅游景点、特色美食、风土人情等信息，会增加用户对网站的黏性，让网站更受用户喜欢。

4. 页面的图片和视频下载速度要快，超链接要方便浏览

一个酒店网站在首页设置了图片滚动效果或者通过视频模式来宣传酒店特色，为了达到最佳优化效果，大到图片滚动的间隔时差，小到视频内部的字幕制作，包括在网页内嵌入的超链接，都应该被酒店纳入优化范围，避免死链接、图片加载不出来、视频播放不了等情况。这样的优化操作能吸引访客进行精细阅读，进一步了解酒店产品和服务范围，从而给用户留下深刻印象，提高预订量。

5. 确保网站安全性、稳定性强

酒店网站具备在线支付的功能，那就涉及支付的安全性，一定要确保用户支付安全。同时还要确保网站没有漏洞，不被黑客攻击，以免用户信息泄露。除了安全性，还要保证网站的稳定性，保证网站不出问题，能够让用户放心使用。

6. 保证网站后台数据的安全

酒店网站后台拥有很多重要的数据，一定要按时备份，妥善保管，尤其是后台登录地址、登录账号和密码、酒店网站后台发布的数据以及酒店房间预定量等，切记要做好保密工作，防止信息泄露带来的一系列问题。

"精美图片 + 视频" 更有效

现在人们对视觉效果的需求越来越高，对每个行业来说拥有令人印象

深刻的图片和视频很重要，酒店也是如此。酒店网站精美的图片和视频能够对酒店的营销推广起到很大的促进作用。酒店的产品通过精美的图片和视频能够给用户视觉享受，能够给用户留下深刻的印象。

酒店可以自己拍摄和录制一些关于酒店的照片和短视频，上传到酒店网站上。通过精美的图片和视频向用户展现房间的格局、酒店的环境、细节的布置、餐饮的多样化、娱乐设施的丰富以及服务质量等等，能够让用户更详细地了解酒店产品与服务，同时也为酒店做宣传。

为了更好地对酒店的品牌进行宣传，网站的整体风格、格局等方面要有视觉冲击力和亲和力。在酒店的页面加入动态 flash 形象页，在网络媒体中，用户的第一眼非常重要，这关系到用户是否继续浏览该网站，有了 flash 形象页，会给用户留下深刻的记忆与好感，这对于酒店品牌宣传起着不容忽视的作用。所以将酒店宣传片转换成 flash 格式放在形象页面，通过视觉与听觉的结合给用户以全面的震撼，增加酒店的预定，提高酒店的经济效益。

如何突出酒店的档次和品位

一个好的酒店网站要尽量突出酒店的档次和品位，让用户感受到良好的氛围、服务和文化，而不单纯只是住宿，这样能够提高酒店在用户心目中的形象。那么，酒店网站应该如何突出酒店的档次和品位呢？

1. 展示酒店的文化

如以书香文化为主的酒店，可以向客人展示酒店大堂吧或者书屋有藏书数百本，供客人放松心情；每间客房都有 5 本左右书籍供客人阅读或购买，客房内也会配置文房四宝；酒店还可以不定期举办书法大赛，让客人体验书法；酒店前台有与书香相吻合的鲜花和创意插画，整个酒店向客人展现中国传统文化，能够吸引喜欢书香文化的客人。

2. 展示酒店的特色餐饮

可以通过图片或者视频的形式向客人展示酒店的餐饮文化。酒店餐饮一定要立足于地域特色，无论是菜肴品式还是装修风格，包括工作人员的选择都要满足地域文化的特色。比如川菜馆用红颜色和辣味相配，而一口川音的川妹子，更能让客人，尤其是四川客人有宾至如归的感觉。在如今的酒店餐饮竞争中，品牌与文化内涵的重要程度甚至比技术还要高，在经营中要坚持文化至上，力求创造一份感觉。酒店餐饮要挖掘酒店文化、研究当地饮食文化，追求深层次的文化韵味。

3. 展示酒店的人本理念

可以展示酒店为客人提供的个性化服务。当今社会，无论销售何种产品，都可以归结成销售服务，这即是与世界接轨，也是消费者的心声。酒店行业正在从规范化跨入人本化的阶段，即注重人情、个性、多样、细节，注重实用性，在细微之处体现人本理念。酒店各部门要尽量深入了解每位客人的需求和爱好，站在客人的角度为客人着想，灵活提供个性化的服务。

4. 展示酒店的服务质量

通过展示酒店员工的服务态度和住客对酒店的评价来反映酒店的服务质量。酒店员工的精神风貌和各项素质在一定意义上代表了整个酒店的档次和品位。因此，酒店要重视员工的整体素质，包括语言谈吐、外语交流能力、身体素质、反应能力等诸多方面。同时注重客人对酒店的反馈，及时处理客人提出来的建议。

你的预定流程让客户满意吗

现在越来越多的人会在网上预订酒店，因为这样非常方便，可以通过价格、地理位置、用户评论等来选取满意的酒店，而且网上预订酒店比直接去酒店的价格更加实惠，最重要的是在网上预订酒店能够确保一定有房，避免直接去酒店没有房的尴尬。

网上预订酒店，流程是大家比较关心的问题。对于客人来说，预定流程一定要简单明了，保证使用方便快捷。所以，为了提高用户体验，酒店网站一定要简化和优化网上预订流程，不能让用户花太多的时间在表格的填写上，同时还要安排专门的客服人员来查看、跟进订单，通过电话回访订单用户，这样不仅能够保证交易的顺利进行，还能让用户感受到来自酒店的全方位服务。

一般而言，网上预订酒店的流程如下。

1. 选择心仪的房型

点击"全部房型"可展开查看所有房型，选择最心仪的房型。

2. 点击预定

点击该房型查看房间各种设施是否符合要求，如果对此酒店已满意，可直接点击"预定"。

3. 提交订单

然后，以电子表格的形式在线填写订房信息，包括预订人姓名、手机号、订房房型、人数、入住天数、到店日期、离店日期、联系方法等，确认后这些信息将提交给酒店后台管理员。

4. 订单确认

订单提交并不意味着订房已确认，酒店一般会在 20 分钟左右，以短信或者电话的方式通知预订人订房情况。

第六章

酒店网站内容要吸引客户

　　酒店网站需要用好的内容来吸引客户。比如说酒店通过特价房、会员优惠、团购、推荐旅游景点等内容来吸引客户，让客户做出最恰当的决定。

特价：吸引客户就靠它

价格向来都是大家比较关注的问题，酒店一旦推出特价房，就会吸引一大波客户前来住店。所以，酒店在网站内容设计的时候，可以把特价放在比较醒目的地方，让用户一眼就能看到。在确定房价的时候，酒店需要注意两点。

1. 合理定价

由于互联网营销使酒店的产品开发和促销等成本降低，酒店可以进一步降低客房的价格，用特价吸引用户。由于网上价格比较公开化，所以用户很容易全面掌握其他同类客房的价格，因此酒店要增加客房定价的"透明度"，建立合理的价格解释体系，向用户提供客房相关产品的定价，并开诚布公地在价格目录上介绍客房价格的制定程序，从而消除用户对酒店客房价格产生的疑虑。对于特价房，酒店要明确价格，并表明特价房是酒店对客户的一种回报，而且时间较短，需要赶快预定，这样能够更好地吸引客户。

2. 灵活变价

由于在互联网上客房价格随时都可能受到同行业酒店的冲击，所以要在网上建立客房价格自动调节系统，按照旅游的淡旺季、市场供需情况、其他酒店的价格变动等情况，在保证酒店盈利的基础上进行合理的价格调整。

酒店的价格方面，因为现在很多旅游网站或其他网站中都会提供酒店预订服务，所以酒店要确保官网上的价格和其他网站的同类型酒店是一致的，防止因为价格差而产生用户流失。另外，价格的标注要放在一些比较醒目的位置上，特别是特价房。同时，酒店要鼓励用户多进行网上预订，优惠更多。

会员优惠：黏住客户并不难

为了吸引客户，酒店网站可以经常推出一些活动，比如会员优惠。会员营销是一种基于会员管理的营销方法，商家通过将普通客户转化为会员，分析会员信息，挖掘隐形消费能力，不断吸取终身消费价值，并通过客户转介绍等方式，将客户的价值实现最大化。对于客户而言，不仅可以享受更为优惠的价格，而且在服务方面也可以得到特别对待；而对于酒店来说，为会员提供更多的实惠，能提升会员消费体验，增加会员的持续消费，可以拥有更多的固定客户群体，保证经营效益，同时客户也会乐意帮助宣传，扩大广告效应。所以，对于酒店和客户双方来说，会员制的实施是双赢的选择。

站在酒店的角度，实施会员制营销，可以达到以下 4 个效果。

1. 吸引新的客户

通过会员优惠的营销方式，酒店不仅能够巩固老客户的忠诚度，还可以赢得新客户。首先，会员可以享受到普通客户无法获得的优惠价格和增值服务，同时还参加一些普通客户无法参与的活动等，因此会员制本身的利益价值会吸引消费者加入酒店设计的会员组织。其次，会员是一个很好的宣传媒体，会员对会员制满意，认可酒店提供的产品和服务，他们会为酒店做好口碑宣传，把酒店的产品与服务介绍给周围的亲朋好友，产生链式销售，从而吸引新的客户加入。

2. 掌握客户的信息，了解客户的需求

一般来说，在消费者申请会员卡时，酒店都会要求客人填写个人资料，这样酒店可以收集到大量会员的基本情况和消费信息，并根据收集到的信息确定酒店的消费群体，掌握和了解客户群的特点，有利于对客户进行消费分析，针对会员的需求变化开展更具有针对性的营销和优惠活动。

3. 提升客户忠诚度

会员制营销的主要目标在于留住客户，建立稳定的消费者资源，与客户建立稳定长久的关系。通过会员制，酒店可以针对会员的特殊需求展开的营销活动，根据市场需求提供酒店的产品、基本服务与增值服务等，将促销变为优惠和关怀，给会员带来不同的消费体验，这样有利于与客户建立良好的关系，让客户在酒店更好地消费。此外，通过举办各种优惠活动，酒店不仅可以密切与会员之间的关系，促进会员之间相互的沟通与联系，还可以让客户产生归属感，这些都可以培养客户的忠诚度，降低酒店开发新客户的成本，从而借助忠诚客户提升酒店竞争优势，树立酒店的品牌形象。

4. 增加酒店的收入、利润和市场份额

酒店 80% 的利润来源于 20% 的关键和重点客户，会员就是这 20% 的关键和重点客户。酒店通过会员优惠，增加会员光顾酒店的次数和购买使用产品的次数，是酒店增加收入和利润的源泉，会员是酒店扩大市场份额的重要支柱，是酒店发展的动力和血脉。此外，对于一部分收费式会员制，在达到一定规模的情况下，能够使酒店在短时间内拥有大量可支配资金，并取得可观的会费收入。所以说，实施会员制能够使酒店增加收入、利润以及市场份额。

团购：如何让客户"拼"得满意

酒店网站想要把内容变得丰富，就需要定期进行团购活动来吸引客户。团购就是团体购物，指认识或不认识的消费者联合起来，加大与商家的谈判能力，以求得最优惠的价格的一种购物方式。所以，许多消费者都喜欢拼团。伴随着电子商务的发展，市场竞争越来越激烈，酒店也加入了团购营销的队伍中。酒店想要在团购方面取得长足的发展，需要做好以下几个方面，让客户"拼"得满意。

1. 酒店团购产品要不断推陈出新

酒店现在的团购项目只有客房和餐饮。随着人们消费能力和消费需求的不断增长，酒店应该尝试进行团购产品的整合打包销售，以便获得更多的订单和盈利。酒店可以根据淡旺季采取不同的团购活动。在淡季的时候可以做客房为主的团购，而在旺季的时候可以推出一些餐饮、服务、娱乐方面的团购活动。酒店还可以为团购的客户提供抽奖活动、优惠券、积分兑换等活动，通过这样团购活动来宣传酒店，并为客户提供优惠和满意度来留住顾客，增加客户下一次消费的概率。

2. 保证团购产品的品质

酒店想要把团购做好，就需要学会挖掘潜在顾客群，这样能够给酒店带来持久的好处。酒店要保证团购产品的品质，第一，要明确团购的本质，重视客户的体验。第二，团购客户在消费前，酒店要预测团购客户需求和酒店实际销售情况，做好相应的准备工作。第三，召开管理层和员工专题会议，部署专人专项工作，为团购客户做好服务工作，确保客户满意。第四，做好团购客户的市场调查，摸清团购客户消费的原因、感受、建议以及意见等。第五，对比预测需求与顾客实际需求，改变酒店的服务与产品，以便下次为客户提供更好的服务和产品，创造长期利润。

3. 利用团购发展新会员

从很多经济型酒店如汉庭、如家等，它们自身的房价适中，但入住率却非常高，经常会出现满房的状态。实际上它们搞团购的目的并不仅仅是提高入住率，还有宣传酒店的品牌形象，让更多人感受他们的服务。比如汉庭酒店集团团购业务主要以会员卡和优惠券的形式推出，并不会像其他酒店那样推出 3 折房价，最多也只会优惠到 6 折房价。所以，经济型连锁酒店做团购要选择合适的方式和价格才能达到双赢的效果。其他类型的酒店也根据酒店自身的情况采取不同的方式让更多的客户了解酒店，认可酒店的品牌，从而将新客户发展忠实顾客与回头客。

4. 与优质网站合作

选择有品牌、有实力、诚信的合作团购网站，是做好酒店团购的基础。与知名团购网站合作，将更加有利于酒店团购产品的健康发展。同时，酒店要有专门部门和责任人紧跟团购网站的团购信息和团购产品的体验效果，对发生的异常问题要及时有效地加以处理和解决。

5. 提升酒店的服务质量

服务是酒店的核心竞争力，一家酒店只有服务质量好了才能吸引更多的团购客户，才能让团购客户在酒店消费时感到满意。酒店的员工要有服务意识，平等热情地对待每一位团购客户，为每一位团购客户提供最佳的服务。酒店也能在团购客户中挖掘长期潜在客户群，建立合作关系，促进酒店的持续发展。

推荐好的旅游地，调动客户兴趣

酒店网站要想吸引客户，调动客户兴趣，就要经常在网站上介绍、推荐一些优质的旅游地。可以雇佣一些专业的人来写推荐文章，发布旅游地的图片或活动视频。具体要做到以下 6 点。

1. 让客户了解提供的产品和服务

让客户了解酒店提供哪些产品、服务以及周边有哪些好玩的旅游地，能够让你在众多酒店中脱颖而出，特别是当客户在别处不能获得这些活动或服务时。酒店要像旅行社那样，让客户在到达前就清楚酒店提供的产品与服务，而不是依赖于酒店的宣传单或小册子。同时与当地旅游部门建立联系，确保酒店提供的旅游信息是最新的。

2. 关注客人最感兴趣的事情

能够站在客人的角度为客人着想。比如客人在酒店居住的这段时间会选择哪些地方？客人喜欢哪些旅游景点？当地有哪些特色的旅游景点？客人选择这家酒店的潜在原因？客人喜欢那些旅游项目？……

3. 为客人的选择提供便利

酒店为客人提供便利也是调动其兴趣的一种手段。比如酒店为客人提供相关旅游景点的联系方式或网站链接，帮助客人预定和安排旅游活动，提供旅游景点之外的服务等等。例如客人喜欢徒步，酒店能否提供一些设备吹干或烘干潮湿的靴子？对于钓鱼活动，酒店能否帮助准备钓鱼工具？如果去一些地方比较偏远或者交通不便的地方，酒店能否帮助客人到达那里？……

4. 与当地旅游景点合作

酒店与当地旅游景点合作，能够为客人提供更加优惠的价格和优质的服务，这样客人会更加愿意购买。而且因为有旅游项目，客人也会更愿意选择该酒店，给酒店带来更多的经济效益。

5. 在活动描述中加入感情色彩

不要只是简单复制宣传单页上面的活动内容或景点信息，可以加入感情色彩，让它们变得鲜活。比如指出以往的客人都喜欢做哪些项目以及喜欢去哪些景点，再加上客人的经历反馈，人人都爱听故事，可以让酒店的旅游服务更受欢迎。

6. 反复宣传这些活动

可以在酒店的网站上提供尽可能多的信息，包括图片和视频。可以放入一些个人故事或者留言等最佳内容材料，同时提供一些额外的升级服务，使得潜在的客人更愿意入住你们的酒店。

无论你的客户是商务还是休闲客人，都希望在住酒店的期间酒店能够推荐好的旅游地，并且能够让他们在享受这些旅游景点时还能享受酒店的服务，给出行带来了方便。如果每个酒店都这么做，不仅能够吸引回头客，还会带来更多的潜在客户。

经常组织各种有趣的主题活动

酒店网站上除了降价、打折、团购优惠等促销方式来留住客户的心，还需要在网站上放一些酒店经常组织各种有趣的主题活动的照片或视频来吸引客户的眼球,帮助客户增加对服务及产品的认识,提高客户的消费素质,增加客户的消费需求,为酒店赢得人气和效益。那么,酒店应该怎么做呢?

1. 利用公益活动造势

现在一些成功的企业经常会举行一些以企业冠名的公益爱心活动,这种活动的广告效果要比直接的广告投入要好很多,酒店行业也可以利用公益活动造势,如资助出身寒门的大学生、资助无儿无女的孤寡老人、捐助福利院的残疾儿童或者身患疾病的孩子、帮扶下岗职工等等,酒店可以将这样的事情放在酒店的网站页面,让更多的人都知道酒店的公益意识和公益行为,有利于酒店的宣传。

2. 借助文化内涵吸引客户

文化是能给人的精神带来持久享受的源泉。比如酒店在举办美食节时,一方面向客户提供可口、地道的特色菜肴,另一方面对美食的文化背景也进行相关的介绍,同时在酒店餐厅的布景上也营造出一种当地的风俗民情气氛,让客户切身感受到自己身处在一种异地文化的氛围中。通过这样的主题活动向客户宣扬一种文化,一种生活方式,让客户在文化知识方面受益。酒店向客户提供看得见、摸得着的实物消费,更能吸引客户来店消费。

3. 利用活动展台布景吸引客户

一次主题营销活动的成功举办,除了活动内容要吸引客户外,必要的展台布景也是活动得以成功的重要因素。主题活动的布景,贵在简单扼要,起到画龙点睛之妙处。如酒店在举办春茶节期间,酒店在大堂放置一只巨型的,且古色古香的紫砂茶壶,可以渲染主题,再设一位女子,轻拂古琴,炒茶师傅现场焙烤茶叶,表演茶道,让茶香之气、古琴之韵,溢于大堂之内。客户进入酒店大堂后便可得到视觉、听觉、嗅觉上全方位地冲击与享受。酒店这样做既可以让客人享受"茶文化",又能给酒店吸引更多的客户。

第七章
搜索引擎营销的策略技巧

　　搜索引擎营销的策略技巧是指针对搜索引擎的算法，做出对自身产品的搜索优化，提高排名，以实现更多的曝光，提升销售。搜索引擎在网络营销中的地位非常重要，并且受到众多行业的认可，特别是酒店行业，通过搜索引擎营销，能够让酒店排名靠前，增加酒店的曝光率，以提升酒店的品牌形象，给酒店带来更多的盈利。

一定要清楚百度竞价排名的规则

百度竞价品排名就是百度推广，是百度国内首创的一种按效果付费的网络推广方式。酒店在购买该项服务后，通过注册提交一定数量的关键词，其推广信息就会率先出现在网民相应的搜索结果中。简单来说，当用户利用某一关键词进行搜索时，在搜索结果页面会出现与该关键词相关的内容。如某家酒店在百度注册提交"订房"这个关键词，当消费者或网民寻找"订房"的信息时，该酒店就会优先被找到，百度按照给实际点击量（潜在客户访问数）收费，每次有效点击收费从几毛钱到几块钱不等，由酒店产品的竞争激烈程度决定的。

现在百度是最大的中文搜索引擎，中国大多数人通过百度搜索信息，所以，要想做好推广，必须重视百度，了解百度竞价排名的规则。

1. 百度竞价排名规则

百度竞价排名规则：最终排名（关键词排名）＝质量度 × 出价

所以，可以看出排名的高低取决于质量度与出价这两方面因素。在出价相同的情况下，质量度越高，排名就越靠前。在质量度相同的情况下，出价越高，排名靠越前。在不调整出价的情况下，可以通过提高关键词质量度来获取更好的排名位置、更低的点击价格，提升投资回报率。

2. 百度新算法

2018 年百度调整了竞价，主要对自然排名规则进行了如下调整。

（1）百度排名顺序由原本的每礼拜调整 1 次排名，到此刻 1 天都有可能 3～4 次的排名调整。

（2）百度进一步提高了自己品牌的关键词排名，如：百度百科、百度地图、百度知道、百度贴吧等属于百度自己的产品。

（3）百度对信息真实的网站排名会靠前，公司性质的网站要比个人网站排名更有优势，对于一些垃圾站点，剽窃网站、模拟网站一律不给予排名。

3. 百度最新收录规则

（1）百度对新网站的收录时刻短到 1～2 周。

（2）百度网页的更新是每周日。

（3）新的站点、外链的作用将远不如以前，除了可以适当引流，其他作用不大。酒店应该把精力多放在做好酒店网站内容质量或者经常更新酒店网站信息上。

4. 百度的降权原则

（1）网站有弹窗广告这样的站点，百度给以降权措置。所以，酒店的网站上最好不要有弹窗广告。

（2）导出的单向链接过多，针对连接买卖的站点，给予降权处理。

（3）网站页面、站点里面有大量 JS 代码内容的进行适当降权处置。所以，酒店网站页面与站点不要有大量的 JS 代码内容。

（4）移动端有大面积广告的站点，同样会被百度降权。

（5）友情链接过多的站点或者是不美观的站点进行降权处理。所以，酒店网站不要设置太多的友情链接或者站点。

5. 酒店提高百度竞价排名的技巧

（1）关键词出价

酒店自助选择关键词设计投放计划，当搜索用户点击酒店的推广信息查看详细信息时，会从预存推广费中收取一次点击的费用，每次点击的价格由酒店根据自己的实际推广需求自主决定，酒店可以通过调整投放预算的方式自主控制推广花费。当账户中预存推广费用完后，酒店可以根据自身的情况进行续费。

（2）质量度

百度给关键词的一个综合评分。

①点击率：点击率是影响质量度的重要因素，较高的点击率反映了潜在客户对推广结果更关注和认可。所以，酒店网站的关键词的选择一定要有吸引力，一定要能够引起客户的点击欲望。

②相关性：包括关键词和创意的相关程度、关键词创意和目标网页的相关程度。所以，在关键词的选择方面，建议酒店最好选择最新的网络词语，这样也能蹭热度。

③创意撰写水平：创意围绕关键词撰写得越通顺、越有"创意"，越能吸引潜在客户的关注。酒店网站上的内容一定要与关键词相关，最好是围绕关键词撰写，同时应该具有酒店的特色。

④账户综合表现：指账户内其他关键词的历史推广表现。

质量度体现的关键词是相对的水平，如果不持续优化的话，是会退步的。比如，竞争对手在持续的优化，使它的整个质量水平在提升，而自己的账户没有进步，那么质量度有就可能下降。所以，酒店网站一定要加强优化。

你知道 SEO 的特点和优势吗

SEO 是针对搜索引擎的一项优化技术，目的是给网站提供生态式的自我营销解决方案，它可以通过对网站进行深度的优化，从而帮助网站获取免费的流量，进而在搜索引擎上提升网站的排名，提高网站的知名度。

SEO 能够在竞价排名的竞争中出类拔萃，受到广大用户的追捧，一定有其独到之处。SEO 作为主要搜索引擎营销之一，除了具备搜索引擎的特点之外，还具有以下特点和优势。

1. 成本低

SEO 优化推广是一种免费的搜索引擎营销方式，对于个人而言，只要掌握一定的搜索引擎优化技术就可以达到推广的目的。对于酒店而言，只需要通过招聘专业的技术人员或者让代理公司进行代理优化即可，而网站优化维持一年排名的费用也许只是做竞价排名的一两个月费用，相比较会便宜很多。而且搜索引擎优化点击越多，相对排名也会越高，这种良性的优化推广也逐渐让酒店网站有更多的曝光量，吸引更多的用户，酒店的业绩也会提升。

2. 稳定性好

百度推广只要将广告费用停止投入，所有的推广信息或内容都无法再次展示。而做 SEO 优化推广，即使在短期内不做任何操作，该展示的信息或内容也会展示给用户，而且不会因为竞争对手恶意点击就造成点击付费，给酒店带来经济损失，SEO 的稳定性非常好。

3. 关键词数量不受限制

只要能够布局好，酒店网站的关键词数理论上是可以无限往上增加的，这是任何一个操作推广都无法比拟的。当然，这也只是理论。不过酒店网站还是控制好关键词数量会比较好，这样能够让用户明确酒店的定位。

4. 适用范围广

SEO 优化最大的好处就是不仅仅只针对某一个搜索引擎，它在做网站细节优化时，同时也会让其他搜索引擎有收录排名，基本上是进行全网营销推广，会在无形中带来更多的有效访问者，这是其他广告推广无法达到的效果。

5. 实时监测

通过数据统计，酒店可以对相关数据进行查看，然后根据不同的数据表现进行策略更换，然后不断改变优化方式，从而让酒店网站优化效果越来越好。

与其说 SEO 优化推广是免费的，倒不如说 SEO 优化是以最小的成本换取最大的利益。酒店网站做 SEO 优化推广，不仅可以不用出广告费用，而且还能带来相关的流量及成效，对酒店网站的品牌宣传有一定的帮助。所以，网络 SEO 优化推广越来越受酒店行业的青睐。

SEO 与竞价排名有什么不一样

在搜索引擎中，排名主要有两大类，那就是自然排名（SEO）和竞价排名。具体说来，自然排名，就是按照搜索引擎的既定规则分析之后，得到的排名，也就是通常所说的通过优化而得到的排名。而竞价排名是对网站进行深度优化，帮助网站获取免费流量，从而提升搜索引擎中的排名。那么，自然排名（SEO）和竞价排名有什么不一样呢？

1. 费用

自然排名（SEO）和竞价排名的花费，应该从当前利益和长远利益来分析。一般说来，竞价排名的每次点击都会产生几毛到十几元的费用，算起来不多，但是当拥有一定点击量之后，费用就相当可观了。而对于自然排名（SEO）的服务来说，一般是按照一定的排名收取固定的费用，从长期来看费用远低于竞价排名的，可以给酒店节省很多推广成本。

2. 速度

在成效方面，自然排名（SEO）的见效速度没有那么快，自然排名（SEO）的效果是在做很多优化措施后，才能慢慢体现出来的。而竞价排名见效速度非常快，原因就在于竞价排名是需要花钱的，在充值并设置关键词后，马上就可以进入搜索引擎前几位，这个排名需要看价格的，想最靠前那就需要投入多一点费用。

3. 位置

当你打开搜索引擎时，在左侧那部分，就是自然排名（SEO）和竞价排名。竞价排名位于自然排名（SEO）上面。这是按照人们的搜索习惯进行设置的，毕竟人们习惯点击在最前面的那些网页。由于自然排名（SEO）是在竞价排名之下，流量可能相对较少。

4. 投入

竞价排名需要投入一定的费用，对于连锁酒店来说不是问题。但是对于单体酒店来说，没办法做到长期投入，所以不适合单体酒店。综合考虑性价比、费用、成效等因素，自然排名（SEO）服务先期投入不大，后期维持的费用相对前期投入更低，所以同样的投入能维持的效果更长，是单体酒店的最佳选择。

如何做好酒店网站的 SEO

如果想要在搜索引擎中检索一个酒店的名称，你会发现大部分的排名都已经被携程、美团、大众点评、百度地图这类服务网站所覆盖，几乎很难检索到酒店的官方网站，特别是一些中小型的酒店。如果酒店想要从线上渠道获取客源，就必须做好酒店网站的 SEO，提高酒店的搜索可见度，提升酒店官方网站在搜索引擎上的排名位置。那么，该如何做好酒店网站的 SEO 呢？

1. 重新设计酒店的网站

有些人认为重新设计酒店网站不会影响酒店网站的 SEO，但事实绝非如此。对酒店网站进行重新设计后，可以通过分析创建一个内部网站框架，以管理酒店相关的内容。通过竖井策略（silo 技术）组织内容主题，每个子级页面都会对父级页面的 SEO 产生影响。另外，酒店网站需要实现后端功能：标准化的标签、XML 网站地图、网站加载速度以及子页面的 robot.txt 文件（指定搜索引擎的访问权限的范围）等等。

重新设计酒店网站还可以为酒店网站创建一个先进的内容管理系统（CMS）。因为随着数字营销资产管理技术和集中的网站内容的需求不断增长，酒店营销人员面临着很多挑战，需要通过不同的渠道来创建和管理新鲜的内容、储存和分配酒店的数字营销资产以及提供打包产品、有关服务、动态新闻和活动等信息。如果酒店建立内容管理系统（CMS），那管理手机版网站、平板电脑版网站和电脑版网站以及 Facebook、Twitter 和 Google+ 等社交媒体的酒店信息时就会非常方便。

2. 在酒店网站上创建具有吸引力的内容

酒店网站要确保其内容具有相关性、独特性、有深度和吸引力。如果一家酒店网站不能提供具有一定深度的内容，那它在搜索结果页将无法获得较高的排名。据调查，HeBS Digital 建议有限服务的酒店要在其网站上提供至少 25 页内容，而全服务酒店要在其网站上提供 35 ～ 40 页内容。大型的全服务酒店或度假村在刚开始推出官方网站时就要提供 75 ～ 100 个内容页面。酒店还要利用网站的内容管理系统（CMS）平台来创建不同的登录页面，这些页面分别针对每个酒店的打包产品、特惠产品或促销产品以及酒店内或目的地的活动推荐和动态信息。

酒店除了提供精美的图文、视频等丰富的内容类型外，还需要做好以下内容。

（1）地理位置的历史

酒店可以尝试去挖掘地理位置的历史背景，利用特有的文化吸引访客，酒店还可以撰写一个故事，讲述酒店为什么会出现在这个地理位置，以增加吸引力。

（2）创始人的故事

个性与特色是这个时代的代名词，目前可选择性的东西太多，酒店可以利用创始人的一段经历，突显酒店产品与服务的理念。

（3）新鲜的内容

搜索引擎喜欢新鲜的内容，对于客户而言也是如此，同样喜欢尝试新的东西，好奇心是每个人满足欲望的原动力。酒店可以利用不断变化的主题房间或者是根据不同季节推出新菜品等来吸引客户光顾。

（4）UGC 问答

UGC 问答，目前是酒店网站优化的一个标配，它可以提供切实有价值的需求与解决方案，同样也是长尾词的流量来源。UGC 问答提供的用户体验攻略，是一个可以达到快速传播的营销焦点，可以让用户更好地宣传酒店。

3. 使用专业的文案

酒店需要寻找一些同时拥有 SEO 和酒店行业经验的专业文案人员，因为他们不仅能创作出具有吸引力和质量高的独特内容，还能为酒店网站提供好的想法和建议，让酒店产品与服务以最好的方式呈现在酒店的官方网站上。所以，酒店应该把精力用在长期有效的内容制作上，酒店才能长远发展。

4. 制定有关创建内容的计划

创建额外的内容能为酒店网站带来很多好处。首先，这种做法能产生更具深度的内容，有更多的空间来针对分类关键词，还能使酒店的点击付费广告活动的质量提升，并降低广告的点击付费成本。其次，通过一些针对性的事件营销内容（如附近的学院举行的学术研讨会或即将开始的全国奥数竞赛），酒店可以获得增量收入。如果酒店有关人员能够提前得知有关这些活动的信息，那就不需要通过酒店产品或服务来吸引客户，而是通过这些活动信息吸引大量客户。酒店也可以根据与本地景点相关的特惠产品来提升内容，例如主题公园、博物馆或体育馆等。最后，创建额外内容的目的是促使网站的内容以每年增加数百个内容页面的速度增长。酒店在完成了所有与网站相关的工作以及网站以外的内容拓展以后，还需要分配一些资金来做好网站的维护。

5. 实施移动 SEO 策略

高质量的内容是移动网站"最必不可少的"因素，更新后的 Google Panda 更青睐那些拥有文本内容和丰富视觉化内容的移动网站，这些网站针对搜索引擎的要求是优化内容，内容需要具有吸引力和新鲜度。创建移动版本的酒店网站需要酒店在遵循行业的最佳实践来提升网站，要求酒店针对移动网站的规则制定专门的营销策略。移动搜索引擎更青睐本地化内容，因此搜索引擎在其搜索结果中提供大量与本地相关的信息。所以，酒店经营者需要优化酒店在搜索引擎、主要的数据供应商和本地商家列表的信息和本地化内容。

6. 在酒店网站上创建一个博客

酒店创建官方博客可以使关注酒店的用户了解酒店的最新动态以及酒店所在地区的活动，还可以在博客中包含有关生活风格的元素。酒店的官方博客一旦创建就要经常更新酒店的信息。

7. 创建一个有关高质量的反向链接和推荐链接的策略

酒店网站要创建一些具备链接锚文本的、独一无二的"自然搜索"链接，例如，友情链接，提及酒店的内容、周边的会议中心、加入本地会议与旅游局网站的列表中，与本地的院校、景点和主题公园等建立友情链接。

8. 利用强大的分析方法和搜索排名技术

搜索引擎结果页面的排名只是衡量成功的其中一个因素，酒店网站在自然搜索页面的表现还能通过预订、用户在网站上的时间、收入以及其他因素来衡量。Adobe Omniture 等平台可以针对每个关键词来提供详细的衡量标准（例如页面浏览数、接入点和收入），可以帮助酒店调整 SEO 策略。在搜索排名以及推荐链接技术（如 Bright Edge）的基础上，将收入归属 SEO 的分析为酒店经营者提供一个具体的执行计划，以提升 SEO 的效果。

9. 利用在线新闻稿来推销特惠产品

以旅游特惠产品提醒信息为形式的"新闻稿"是一个重要的工具，酒店可以借此提升流量、知名度以及高质量的反向链接和推荐链接的数量。通过使用分销系统，酒店可以针对特定的地理区域，以产生最大的品牌影响。而且要在新闻稿中包含跳转到酒店网站的链接，更有利于酒店网站的宣传，吸引更多的访客。

不要陷入酒店网站 SEO 的误区

很多对 SEO 不了解或者刚入行的一些新人，对 SEO 的认知或多或少都存在一些误区。在酒店网站优化的过程中，如果不能正确认识 SEO，就很难做好 SEO 工作，容易让人陷入一种迷茫无助的状态。下面是酒店网站 SEO 最容易陷入的 6 大误区：

1. 频繁更新内容，以提升排名

酒店经营者认为酒店网站需要频繁更新酒店内容才能提升排名。其实这种想法是错误的。因为酒店网站页面上有关酒店及其所在地区的介绍也很少发生变化，像有关当地兴趣点的点评等辅助内容也是如此。除非说酒店定期举办一些会议，才会影响有关在该酒店举办会议的新情况的搜索。一些酒店会通过安装一个脚本来每天更新文章的发布日期或者随机地在文章中注入新的词汇，这些做法效果甚微。因此，酒店经营者应该记住，只有创建高质量的内容，SEO 才会对其排名进行更改。

2. 竞价购买搜索关键词，以获得较好的排名

很多酒店经营者认为用钱就能让酒店网站的排名靠前，导致他们觉得 SEO 不好。那些排在首页的网站拥有更老的域名、数以千计的反向链接以及多得只能想象而无法企及的在线访问量的酒店是投入了大量的资金和几十年的努力才有今天的排名。对于新兴的酒店网站想要拥有靠前的排名，是需要付出巨大资金和努力的。酒店可以集中针对那些特定的长尾关键词来进行竞价，并利用 Google+Local 等 Google 的其他产品（利用 Google+Local 能使你出现在 Local 版块中）。酒店也可以针对特定搜索关键词的结果页获得较好的排名。

3. 在酒店网站的页面上堆砌关键词，并经常更改这些关键词

有些酒店经营者会在页面顶部和页面底部添加 X 数量的关键词，并在页面的不同位置添加关键词，以使关键词密度达到 X% 的比例。这种做法是不对的。在页面上更换关键词不仅无法使酒店网站通过新的关键词在 Google 搜索结果页上获得显示，反而会减弱影响页面排名的因素，使得酒店网站只能通过新词来重新进行 SEO。

4. 创建博客可以获得好的排名

由于博客可以让网站快速而轻松地创建内容，随着时间推移，SEO 服务商通过某种方法让酒店经营者确信博客本身具有神奇的 SEO 效应，使得博客内容在 Google 上获得的排名比非博客内容的排名更高。其实事实并非如此，Google 是根据内容来决定排名的，而不是根据用于创建内容的软件。所以，酒店创建博客并不能获得好的排名。

5. 所有反向链接都是一样的

酒店认为反向链接都是一样的，于是会雇用 SEO 服务商来为酒店网站增加反向链接，比方说在未来 6 个月向 SEO 服务商支付 × 美元，让 SEO 服务商添加 × 条反向链接。SEO 服务商将通过简单的方式来为酒店获取一些低质量的反向链接，然后 SEO 服务商会通过一份报告来表明他们很好地完成了任务。其实并非所有反向链接都是一样的，酒店付钱购买的很多反向链接实际上根本没有价值，例如论坛签名档链接、新闻稿上的链接、博客评论链接、侧栏和页脚链接等，这些反向链接所具备的价值远不如在文章的正文部分放置内容编辑所需的链接。

6. 认为付了钱就能一直在搜索引擎获得好的排名

酒店认为可以通过付费的方式来操控 Google。这种观点是错误的。酒店应该将时间和资金投入到创造一些好的产品和服务当中，邀请朋友或者可信赖的服务提供商来帮助酒店进行 SEO，只要他们是在尽力帮助 Google 理解你的内容，而不是试图操纵其搜索系统。一个网站如果没有办法向用户提供高质量而且能经受时间考验的可被信赖的内容，那么，它将会被遗忘。酒店应该花费时间和精力在线上渠道上增加酒店曝光度，即使是在酒店尚未开张的情况下，也要做好宣传。酒店越早推出网站，那么酒店就可以更早在行业中脱颖而出，就能越早收集到高质量的反向链接和打造在线品牌知名度。

第四部分

充分利用各种营销推广工具

　　网络现在已经成为我们生活中不可或缺的一部分，我们无时无刻都在谈论和使用网络，这个通往世界窗口的工具使得世界变得更小。酒店因为有互联网的存在，拉近了与客户之间的距离，使酒店与客户的沟通显得更自由、更及时、更近距离、更多样化。与客户沟通的工具有微信、微博、QQ、短视频、社群、论坛等，酒店要充分利用这些工具，进行有效的营销推广。

第八章
酒店微信推广营销技巧

　　微信的用户已经突破10亿，各行各业都把微信作为重要的营销工具，酒店行业也不例外。因为微信不仅能够帮助酒店开拓新的宣传渠道，为酒店塑造品牌形象，而且还能增强客户群的互动，为酒店进一步发展潜在客户提供有利条件，最重要的是，微信能够及时为酒店推送各种促销、优惠信息，吸引更多的客户来预定。既然微信能够带来这么多的好处，那么，下面就具体讲述酒店如何去做。

先做好定位，后进行推广

在微信公众号运营过程中，定位是至关重要的。一个合适的品牌定位可以使品牌、产品在用户的心目中形成适当的概念，造成一种思维定式，以此来获得用户的认同，并在用户心目中占据适当的位置，让其产生购买欲望。

酒店微信公众号的定位要从酒店自身或者产品与服务出发，酒店提供什么产品与服务、微信公众号能提供什么样的资讯、怎样覆盖用户的特征、酒店的规模等等都需要进行考虑。在创建酒店微信公众号前，要先确定账号的 ID、名称、头像以及描述，这些都需要根据酒店的特征来定，还需要符合用户的习惯。例如账号的 ID 要简短明确与酒店名称相符合；酒店的名称需要符合用户的搜索习惯以及偏好，这样才能增加酒店微信公众号的曝光率和关注度；头像最好是酒店的图片，方便用户辨识；描述可以简要地阐述酒店提供哪些服务与产品以及酒店的定位。

酒店微信公众号的定位要明确酒店所能提供的内容，例如酒店能够提供售前售后服务、客房的预订服务、在线咨询服务、旅游咨询服务、专业技术解答服务或者时事热点等等。酒店需要有一个明确的定位，然后再去建设酒店的微信公众号，这样才能形成酒店微信公众号独有的特色。

酒店微信公众号的定位除了从自身出发外，还需要向竞争对手学习。所谓"知己知彼，百战不殆"，想要将酒店的微信公众号运作得好，就需要充分地了解竞争对手。第一步，分析整个外部环境，确定"酒店的竞争对手是谁，竞争对手的价值是什么"。第二步，避开竞争对手的强势或是利用其弱点，确立酒店的品牌优势。第三步，学习竞争对手微信公众号运营的方法与技巧。

酒店公众号运营没有想象的那么难

随着微信使用人数的增加，越来越多的酒店注意到微信的巨大流量，想要借助于微信公众号的社交属性，实现酒店信息、产品与服务的推广和传递，试图以较低的运营成本获取高效益的回报。所以，如何做好微信公众号的运营成为酒店营销的重要内容。

微信公众号最直观的方式就是推文。推文就要做好文章的标题、选题、内容、格式、阅读原文以及阅读量。

标题：用词要精准，能够抓住人眼球；要做标题党，但避免夸张声势。

选题：紧抓实时热点或客户心理，符合酒店或产品的定位。

内容：故事化，条理清晰，叙事准确。

格式：美观大方，简洁干净。

阅读原文：学会插入外链。

阅读量：主要依托内容和粉丝。

下面介绍一些酒店微信公众号运营的小技巧，希望能够帮助酒店做好微信公众号的运营。

1. 做好内容

在流量的大时代，内容是最主要的。对于酒店来说，内容是获取流量的最快捷和最稳定的途径。所以，酒店微信公众号的内容要有特色，用户才会一直关注你，并且愿意花时间与精力进行互动。酒店想要做好微信公众号就要做好内容，除了要与酒店或产品特点紧密结合外，要学会站在用户的角度为用户着想和思考，而不是一味地推送乏味地营销内容。因为微信公众号不是为酒店服务的，而是为用户服务的，只要用户能够从微信公众号中获得想要的东西，用户才会忠实于你，才会为你推销的产品与服务买单。

2. 做好推送

推送的内容要简洁明了、接地气、版面精美有序、性价比高。对于订阅号而言，每天都能够实现一次推文，每天都有 1 次群发消息的功能，而且一次可推送八篇文章。酒店微信公众号最好一次性不要推送那么多，因为用户会关注无数个订阅号，推送的信息看不过来，所以如果不是想获取流量，尽量抓住关键点推送，不要一次性推送太多内容。酒店微信公众号可以一周一次推文，这样不会打扰到用户，也不会因为过少的曝光度让用户取消关注，反而比较符合用户使用习惯，能够让用户留下良好的印象。推送的形式可以是图文专题式的，也可以是一些短文本，文本字数大约在两百字左右，文章的内容最好能够引发读者的思考，产生思想的火花，形成良好的互动效果。

3. 拟好标题

标题是最重要的一部分，它能够给人醒目的印象分。想要做好酒店微信公众号就要学会做一个标题党。标题可以以私密型、疑问型、情绪煽动型、利益诱惑型、权威性、极端型、时下热点型、共同属性型或是加推荐词汇型，但是要谨记必须与推送的内容有关联性。标题方面一定要注意不要剑走偏锋，拒绝低俗情色和金钱诱惑，要有一定的道德操守，避免 UC 震惊体。

4. 关键词回复

色彩鲜明的微信公众号要有关键词回复，简介要言简意赅。因为微信公众号运营时间长了，积累的素材很多，早期发的内容就会在底部，酒店微信公众号建立关键词回复系统就非常必要。这样可以让用户及时找到自己想要的内容，加强与酒店的互动，增加用户与酒店的黏性。

5. 互动延伸

从线上到线下常见的方式是组织线下活动或是定期的见面会，实现面对面的交流，能够拉近彼此的距离，更容易增进用户与酒店之间的感情。线上线下活动结合的意义在于面对面的交流更容易培养忠实的粉丝，产生更接地气、更鲜活的内容，这样的微信公众号才会显得更真实、更有亲和力。另外，微信公众号光靠自然增长用户会比较有限，线下活动也是增加微信公众号用户的重要手段。所以，酒店做好线上互动的同时也要做好线下互动，有利于增加微信公众号用户。

6. 了解同行

想要把酒店微信公众号运营得好，就一定要了解同行酒店，一方面是为了学习和借鉴对方较好的运营方法和技巧，另一方面是为了对照查看自身的不足和缺陷。了解同行也就是在不断完善自己。更重要的是同行的运营更能直观清晰地反映出市场和用户的心理和变化，让酒店更好地运营微信公众号。

7. 简单有效的微信营销形式

关注有礼：通过线下的宣传、礼品赠送让用户关注酒店的微信公众号。
有奖转发、有奖问答：通过转发让更多的人了解到酒店的微信公众号。
投票评选：提高用户对酒店微信公众号的关注。
除了以上这些，还有电子优惠券、趣味小游戏……
众所周知，做好微信营销的目的只有一个——引流，为了让更多的用户关注酒店，所以培养粉丝和圈粉是重中之重。通过微信公众号这个平台让更多的用户了解酒店，对酒店感兴趣，从而达到了营销的目的。

这样做，酒店微信群一定火

"微信群"这个概念相信大家并不陌生，我们每个人都有几个微信群，有的群是为了纯交流沟通，有的群是为了获得福利或者奖励，还有的群是为了工作需求。对于酒店来说，拥有一群精准的粉丝是至关重要的。在酒店推出新品或者促销的时候能够第一时间快速传播给这群精准的粉丝，获得预订的同时还能够获得粉丝的二次传播，尤其是在推出新品或者促销获得忠实粉丝的认可后，他们会在群里主动帮助酒店去做宣传。那么，酒店应该如何做好微信群呢？

1. 先弄清楚酒店的客户是否适合"微信群营销"模式

微信群作为一个社交媒体，并不是所有的酒店都适合"微信群营销"。对于一些高端的酒店或是度假村，他们的客户群相对年龄和消费能力都偏高，客户并不是很在意酒店是否提供打折或者促销活动，也不是很喜欢在微信群里进行互动聊天，这样的高端酒店和人群并不是特别适合微信群营销，而是应该把重点放在酒店的产品品质和服务质量上。而对于一些中低端酒店来说，微信群营销的模式却是非常好的，通过微信群能够带来更多的客户，还能发掘潜在客户。

2. 微信群初期建立，打好基础是关键

在确定酒店适合微信群营销后，要做好以下几点。

（1）建群

建群最好是酒店的经理，因为酒店经理的微信上会有一些现有客户的

微信，群建立完成后首先将这批老客户拉进群。

（2）设定群名称

群名称设立时，要学会利用关键词营销，站在客户的角度为客户着想和思考，让客户能够在众多微信群中快速找到酒店的微信群，建议格式：×××酒店微信粉丝福利群。微信群的建立明确这个群是一个"粉丝福利群"，并非一个广告群。如果想要禁止有些发小广告的人潜进群去发广告链接，可以用"×××酒店微信粉丝福利群＋禁外链广告"的名称，由于群名有字数限制，所以在设定群名称的时候要综合考虑。

（3）编写群公告

无规矩不成方圆。群公告的内容非常关键，直接影响到客户的体验。在建群前一定要设定好群公告的内容，而且要记住群公告的内容不能过多或过于复杂，言简意赅即可。

3. 微信群建立完成后，如何增加粉丝

微信群的第一批粉丝一定是原本就有的忠实粉丝，他们对酒店有很高的认可度和认知度，可以帮助酒店进行口碑传播的第一批"建朝功臣"，一定要认真对待。第一批粉丝进群后先发布群公告（相当于自我介绍），然后发一个红包表示欢迎进群、感激支持，这样能够让粉丝更加有动力，同时让这群忠实粉丝将身边同样经常住酒店的朋友拉进群，每个人身边的朋友都有和自己类似的爱好，所以，这群粉丝身边的朋友也会是酒店的潜在客户。

4. 如何提高粉丝的黏性

一个好的微信群营销人员，一定要足够了解微信粉丝。只有了解粉丝，才能将粉丝转化成忠实粉丝，提高粉丝的黏性。那么，酒店应该如何提高粉丝的黏性？

（1）价格

粉丝之所以不会从群里离开，一定是这个群里有他想要的东西。其中价格就是一个重要的因素。酒店可以在整个价格策略根基稳定的基础上，给予群里的粉丝一些小的价格差异，例如一间标间一晚 228，第三方团购渠道卖价是 198，建议在微信群里卖 168。但是考虑到第三方团购合作伙伴的利益，所以在预订方式或者价格策略上要"讨巧"，例如告知粉丝该价格仅限群里的粉丝可以享受，也仅限群里 @ 酒店经理直接预订，让粉丝拥有专属感，感受价格的独特性。

（2）产品

建立群的一个重要原因是在酒店推出新品的时候，能够有一个出口让酒店以最快的速度和最精准的方式告知精准的客人。除了平时在群里分享日常酒店的产品外，建议在推出新品前招募群里的粉丝先体验，让粉丝参与，为新品提供建议，这样会让粉丝感觉自己被重视。另外，平时还可以在群里进行"美食竞猜"，吸引没有来酒店用餐的粉丝猜一种美食，猜对就送。

（3）互动

除了前面说的"美食竞猜"，酒店还可以举办类似"才艺大比拼"的活动、摄影大赛等互动，让粉丝无论是在日常生活期间还是在酒店居住期间都能够一直活跃。

（4）福利

群福利最先想到的就是红包。酒店可以在特殊节假日找一个主题发红包，让粉丝们因为发放红包而活跃起来，也可以红包接龙，让每个粉丝都有机会参与。另外，酒店可以做一个"粉丝答谢计划"，分月度、季度或者年度，举办相对隆重的粉丝派对，通过不同的粉丝派对主题，给粉丝留下深刻的印象，提升酒店的品牌形象。

5. 微信群营销的注意事项

（1）打鸡血式的消息推送方式

有的群主比较激进，不断地在群里发消息。无论是否和群的主旨相关，也不管粉丝是否感兴趣，导致群信息堆积，粉丝疲惫，很容易令粉丝退群。所以在发群消息的时候一定要注意，不要长篇大论，不要刷屏，不要一味地推销酒店产品与服务，而是要给粉丝想要的，语言做到精简、精准。

（2）在群里推送质量劣质的消息

有的群主喜欢自己用手机软件设计一些图片或者视频发到群里，导致这些图片或者视频与酒店原本的样子不符合，让粉丝失去信心。在群里发的所有的图片和视频代表了酒店的品质与形象，切记不可随意。

（3）回复群消息不及时

群主要及时关注群里粉丝的消息，尤其是粉丝要预订房间时，任何人都希望自己第一时间被关注，消息延时回复，粉丝体验感就会降低。所以，群主要及时回复群里粉丝的信息，保证与粉丝之间的互动。

这就是酒店公众号吸粉的技巧

对于有些酒店来说，微信公众号建立起来之后，总是吸粉很困难，已经运营了好长时间，粉丝量并不大。没有粉丝的微信公众号，对酒店的运营没有任何帮助。只有大量吸粉，拥有数量众多的粉丝，才能充分体现出微信公众号的价值，使其成为酒店业务推广和盈利的利器。

酒店公众号吸粉不能单纯地从线上或者线下单独来进行，必须把二者结合起来。单一渠道吸粉效果很差，线上线下同时联动，才能起到很好的效果。

1.线上吸粉

酒店的线上吸粉主要有以下几种方式。

（1）利用关键意见领袖（KOL）

KOL 的一句话，往往能够顶别人的千句万句，让酒店公众号的关注度大幅增长。比如某个大咖、网络名人、著名主持人推荐了某酒店的公众号，那么，这些人的粉丝就会受到影响，去关注某酒店，就有可能成为酒店公众号的粉丝。要知道，这些人的粉丝群非常庞大，他们拥有成百上千万的粉丝，即使只有百分之一的人成为酒店公众号的粉丝，那数量也是很惊人的。

所以，要千方百计找到 KOL，不管是利用私人关系，还是合作的利益关系，让他们为酒店公众号"代言"。

（2）利用媒体平台

只要利用得好，媒体平台对酒店公众号的粉丝增长很有帮助。这里的媒体平台不单单是指常规的网络媒体、视频媒体和音频媒体，还包括很多自媒体平台，比如今日头条、百家号、大鱼号等。另外，知乎、豆瓣、简书等平台，对酒店公众号吸粉也很有效。

（3）利用搜索平台

搜索是现在人们寻找信息的最常用方法。比如，王某想去桂林旅游，寻找住宿的酒店时，就会在网上搜索桂林有哪些好的酒店，然后就会去看那些排名靠前的。通常，酒店官网上都有微信公众号的二维码，如果王某扫码关注，则有很大可能成为酒店公众号的粉丝。当然，为了吸引人们关注，酒店会推出相应的活动，比如关注公众号会获得优惠等等。

这里的关键是如何让人们搜索到你的酒店。这就需要在搜索上下功夫，比如在搜索引擎上做优化（SEO）或者营销（SEM）来提升酒店的排名，增加酒店的曝光率等。

（4）利用微信矩阵

微信矩阵，指多个公众号通过集群展示，方便订阅用户迅速了解一组公众号，同时点击各公众号即可完成关注。通俗地说，就是一家公司（比如酒店）拥有多个微信公众号，这些号组成了一个矩阵。其关键就是互推，相互借力，相互赠粉，从而起到集群效应，增加粉丝量。

2. 线下吸粉

酒店公众号的线下吸粉主要有以下两种方式。

（1）利用线下广告

这包括两部分，即酒店内的广告和酒店外的广告。

酒店公众号在室内的推广空间包括餐厅、大堂、电梯等。其实，只要做得好，酒店本身就是一个极具吸引力的广告载体。

在餐厅，餐桌或者结账的吧台上，可以放置印有酒店公众号二维码小台卡，让就餐的客人扫码。当然，这需要引导。比如扫码关注参与"今日赠送特色菜"抽奖、扫码关注领取折扣券或现金抵用券、扫码参与最新粉丝福利活动等。

在大堂，接待吧台就是酒店公众号吸粉的好地方，可以像餐厅一样引导客人扫码。

在电梯，可以设置 LED 广告牌，以吸引客人，达到引流的效果。比如设置"住店客人专享"广告，既让客人觉得受到了专属待遇，又引导客人享受了消费优惠，客人自然会喜欢。当然，这些好的待遇都需要通过扫码参与。

（2）举行各种"聚粉"活动

线下举办各种活动，是酒店业务推广促销的手段之一，也是酒店公众号吸粉的好机会。只要客人参加活动，进入场景，就很容易转化为酒店公众号的粉丝。这些活动包括儿童节、音乐节、美食节、圣诞派对、跨年派对等。

当然，线上线下的吸粉活动，还需要酒店领导的大力支持，其他相关人员的积极配合。只要认真做，多动脑子，多出创意，再使用正确的方法，就一定能使酒店微信公众号的粉丝量大幅增加。

不要为提升酒店微信粉丝转化率而发愁

酒店拥有巨大的粉丝数，如果粉丝转换率不高，也仅仅只是数字而已。那么，酒店应该如何提高粉丝的转化率呢？

1. 会员卡

微信官方是有卡券的，酒店可以在微信公众号中绑定的会员卡，利用官方入口，可以选择卡券营销引流。使用微信官方会员卡可以降低发卡的门槛，而且覆盖的用户群体更大，解决了酒店的卡券营销需求。如果还搭配上一些折扣活动，微信的粉丝转化率也会提高。

2. 储值

很多酒店的会员卡都是可以储值的，用户在使用的时候直接刷卡就可以了。酒店可以在微信公众号上使用储值的功能，设立一些不同的充值赠送方案和自定义充值金额，可以满足用户的不同需求。储值也是酒店增加收入的一种方式。

3. 快速买单

酒店可以在微信公众号中设立快速买单的功能，用户通过卡券直接买单，可以实现快速结账，减少了手印的压力，也避免了用户的不满，让用户在消费的时候有更好的消费体验，粉丝也就自然转化为酒店的盈利收入了。

4.通过公众号投放优惠券

酒店可以在微信公众号投放一些优惠券，不仅仅可以做免费的推广活动，而且能够轻松的抢占微信朋友圈的流量。微信优惠券可以打通了微信的关系链，可以选择"一人领取、多人共享"的方式，不仅大幅降低了酒店制卡与推广的成本，而且能够让酒店的口碑在微信中呈现爆炸式传播，使酒店卡券的实际效果得到极大提升，酒店也可以通过微信公众号获得巨大利润。

5.折扣叠加的优惠

用户如果使用微信结账，可以享受折扣、积分抵押、优惠券、买单立减等活动叠加起来，可以更好地吸引粉丝来消费，提高粉丝的转化率，也丰富了酒店的优惠形式，让酒店的营销方式更加灵活。

酒店通过微信群和微信公众号与粉丝建立一些联系，然后通过一些活动强化和加深与粉丝的关系，让路人变成粉丝，让粉丝变成忠实的会员，会员转化成消费，从而提升酒店微信粉丝转化率。

让"微信小程序"为你助力

微信小程序为酒店的营销推广提供了新的途径。酒店开发上线自己的微信小程序，有利于抢占用户市场，获取超高流量，有效实现线上线下流量的互通，再结合微信公众号内容为用户提供优质个性化服务，能够使酒店的营业额提升更快。那么，微信小程序能够给酒店带来哪些好处呢？

1.多流量入口

对于酒店行业来说，做好引流是最重要的。微信小程序多流量入口的开放，尤其是"附近的小程序"能够帮助酒店获得大量的用户流量。因为微信小程序可以轻松实现线上和线下的流量转换，微信小程序线上引流效果非常明显，能够得到好的用户资源，线上引流的用户资源可以直接到门店进行消费，用户在得到更完美服务体验之后，自然就可以将自己使用的微信小程序分享出去，这种引流裂变的效果更加明显。

2. 提供更多个性化服务

想要在酒店行业中脱颖而出，就必须通过更人性化的服务来吸引更多的用户，展现出酒店的服务特点和优势，提升用户的满意度和对酒店的认可度和信任度。酒店的微信小程序可以在服务标准化的基础上做好个性化服务，满足用户的需求。酒店的微信小程序能够实现酒店商城、会员预定、VIP服务、电子现金、优惠券、积分兑换等功能，能够有效地帮助酒店实现良好的服务效果，抓住更多的用户资源，给用户不一样的消费体验。

3. 用户数据分析

通过酒店的微信小程序建立专属的数据库，了解到更多用户的需求信息。通过数据分析结果，酒店可以根据用户的需求、喜好提供更贴心、更个性化的服务，提升用户的满意度和认可度，为酒店做好口碑的传播，给酒店带来更多流量。

4. 带来全面的营销

酒店的微信小程序能够实现很好的营销推广目的，让营销的效果变得更加直观，还能更好地控制营销推广的成本，降低酒店的营销成本，提高酒店营销的性价比。用户可以在微信小程序上进行个人信息管理和订单管理，实现多样化的会员服务功能。对于酒店来说，能够更好地获取用户的评价和使用效果，可以有针对性地改变酒店的营销方式，提高用户流量。

5. 降低成本

酒店对第三方平台的依赖性过大，高额的入驻佣金会导致酒店利润被大大削弱。酒店的微信小程序开发能够帮助酒店自建微信小程序，提供一个订房和咨询的平台，降低酒店的获客成本，还能更直接地吸引更多的用户进行消费。

不能忽略朋友圈、摇一摇等功能

除了公众号、微信群、小程序，酒店还可以利用微信朋友圈、摇一摇等功能进行推广宣传，让更多的人了解酒店，吸引更多的用户，提升酒店的经济效益和品牌形象。

1. 朋友圈

朋友圈是微信中使用效果最好的功能，能够分享自己的喜怒哀乐，也能看到别人的即时动态。酒店可以利用朋友圈进行营销，宣传酒店的产品与服务，让用户更好地了解酒店的产品与服务。那么，酒店应该怎样使用好微信的朋友圈功能呢？

（1）宣传方案

要制订详细的宣传方案，可以编辑软文，然后插入相关的酒店信息；也可以设置一些优惠活动来吸引用户的关注等等，这些都是需要进行详细的策划。

（2）内容编辑

关于酒店的相关信息、会员折扣、优惠活动、会员积分送礼等信息和图片都需要进行合理的编辑，通过提升文案的内容质量，吸引到更多用户的关注。

（3）视频宣传

可以将酒店的产品和个性化服务拍摄成视频，把相关的信息编辑好，加入一些创意，丰富视频的内容，通过视频宣传吸引用户的关注。

（4）优惠的活动

通过优惠的方式来激励用户积极地在朋友圈转发酒店的相关信息、宣传内容等，可以通过用户集赞、转发等方式来获得优惠，这样就可以在一定程度上增加回头客的概率，而用户的好友通过好友圈看到这位用户在分享之后也想入住，也可以享受一定的折扣，这样一来也吸引了大量的以这位用户为中心的其他用户。

（5）积极转发

转发可以提升酒店的宣传力度，通过酒店员工来进行转发、宣传，然后带动宣传内容的不断扩展，从而达到宣传的目的。

（6）保持亮点

朋友圈宣传最主要的是要保证宣传内容的真实性以及各种优惠活动的好处，这样才会引起用户的关注、转发、点赞，达到酒店宣传的目的。所以，酒店在宣传的时候要保证宣传内容的亮点。

2. 摇一摇

摇一摇是一种微信随机交友应用。通过摇手机或点击按钮模拟摇一摇，可以匹配到同一时段触发该功能的微信用户，从而增加用户间的互动。

酒店可以利用微信"摇一摇"功能，摇到微友后发布一段语音或文字，进行酒店产品与服务的宣传，邀请微友加入酒店的微信群。

微信摇一摇功能除了提供线上服务，还提供线下服务。主要为线下商户提供近距离连接用户的能力，并支持线下商户向周边用户提供个性化营销、互动及信息推荐等服务。酒店可以借助微信摇一摇的线下功能，为用户提供个性化服务，给用户带来更多的便利。

第九章

酒店微博推广营销技巧

　　随着微博的蓬勃发展，微博营销作为一种新型的网络营销方式出现在各行各业当中。酒店业作为近年来发展较为迅速的行业，微博营销同样成为了其营销活动中的宠儿。大多数酒店都注册了官方微博，通过微博平台对酒店的品牌以及产品进行宣传。酒店想要做好微博营销推广，就要了解微博营销推广的技巧。

你知道酒店微博推广的特点吗

现在大家一有空闲就刷微博，因为微博有着庞大的用户基数，所以微博是有很大的影响力。微博对酒店有着重要的作用，很多酒店都会利用微博来宣传和推广产品与服务，以提升酒店品牌。但是，想要把微博推广做好并不是一件轻松的事情，必须要详细地了解微博推广的特点。

1. 微博推广的优点

微博推广的优点大体来说有以下几点。

（1）内容表现立体化

微博推广可以借助先进多媒体技术手段，从文字、图片、视频、超链接等形式对酒店的产品与服务进行描述，从而使潜在用户更形象、更直接地接受酒店产品与服务的信息。

（2）内容传播速度快

微博最显著特征就是传播迅速。一条关注度较高的微博在互联网及与之关联的手机 WAP 平台上发出后，短时间内互动性转发就可以抵达微博平台的每一个角落。微博的传播速度完全是由其平台运作机制决定的，只要你是酒店的粉丝，那么酒店一发布信息，就能立刻看到酒店的信息。不像硬广告、SEO 等其他网络推广方式那样，还需要等待生效，并需要搜索等行为。

（3）推广过程快捷

其他网络广告推广需要经过内容审核、进度审批等各种烦琐的流程，而微博推广却不需要。微博发布后的内容就已经被推送给所有的粉丝，不需要经过任何的审核，这种推广过程的快速与便利是很多网络推广方式所无法比拟的。

（4）信息传播广泛

微博的信息传播是一对多的广播式信息主动传递模式，这既不同于QQ一对一交流的模式，又不同于全网 SEO 的被动传播模式。微博信息通过"粉丝"形式进行交叉式传播，同时，又能因名人效应使事件传播呈几何式放大，使所有的人都知道这个事件，这使得微博推广传递的范围非常大。

（5）和粉丝的互动性强

相比其他的营销手段来说，微博推广的互动性是一个先天的优势。微博内容发布之后随时能和粉丝们进行互动，一旦有什么好的建议或者反馈，可以及时对粉丝的问题给予回应。这样的互动能够增加酒店与粉丝之间的黏性。

（6）推广成本低

在传统的营销媒体当中，电视、广告牌等宣传都需要巨大的资金投入，报纸、广播等宣传时间又有限，因此都不是理想的宣传方式。而微博推广的营销方式不同，在互联网平台上，酒店可以申请官方微博账号，并利用此账号进行酒店的信息发布、优惠宣传、品牌宣传等活动，这一系列过程几乎不需要任何资金投入，大大降低了酒店的推广成本。

2. 微博推广的缺点

微博推广的缺点就是起步困难。微博推广不同于其他互联网推广渠道，很难在短时间内积累大量的活粉。要想通过微博推广酒店的产品与服务，首先就是看酒店有没有足够的粉丝，没有粉丝的微博没有任何价值可言，一切推广都是空谈。人气是微博的基础，在没有任何知名度和人气的情况下去进行微博推广是非常困难的。众所周知，微博用户数量众多，信息更新也比较快，如果粉丝没有把博主设置为特别关注或者没有及时关注到博主发布的信息，那就很有可能埋没在海量的信息中。所以，酒店想要做好微博推广，应该先拥有大量的活粉，才能进行好推广。

如何让更多的人关注酒店微博

酒店想要做好微博营销，应尽可能地更加微博平台互动，包括关注酒店业内其他同行及人物、关注与酒店业相关的行业动态、转发评论他人微博等方式，让更多的人关注酒店微博。想要更多的人关注酒店的微博，可以从以下 10 个方面来做。

1. 精心设计微博的头像、文字简介、标签等基本展示元素

酒店微博的头像要精致、有特色，给人眼前一亮的感觉，或者使用品牌标志，提高潜在粉丝对品牌的识别度。酒店介绍要简短有趣，能够在第一时间吸引眼球，可以借助广告公司专业文案来进行参考。酒店微博标签的设计也很重要，可以设置为会员回馈、优惠活动、快捷酒店、经济型酒店、旅游、网上预订等，当中可以包含酒店的自身特色，提升被搜索的机会，还可以让潜在粉丝从标签当中知道酒店信息。微博当中的标签是由酒店自行设置的，酒店可以通过微博定制标签，带来更多的粉丝，让粉丝可以更方便地找到自己的需求。微博标签是潜在粉丝搜索到酒店微博的重要途径。

2. 品牌拟人化

将酒店品牌拟人化，使其具有某种特别的性格，让客人喜欢她。对酒店的品牌价值和品牌"性格"进行诠释，例如让客人意识到酒店是绿色低碳的企业，有社会责任感，关爱酒店员工，是最佳雇主，是美和爱的创造

者、传播者；酒店的服务是"细意浓情"，致力于为客人提供优质的服务；酒店的文化是坚持"以人为本"，能够时刻站在客人的角度为客人着想。

3. 淡化产品色彩，关注客人的价值感受

酒店卖的不仅仅是客房和餐饮，而是一种生活方式与服务理念。酒店在推广的时候不能直接介绍酒店的产品和服务，而要将舒适的大床、精美的食物、有质感的茶具、窗外的风景、专业的贴身管家、浪漫的调酒师、服务员的笑容、私人健身教练的服务以及酒店常客与员工之间老朋友般的友谊打包成独特的、充满魅力的生活方式与服务理念，推荐给客人，并与潜在客人分享其他客人住在酒店的幸福生活。告诉客人，酒店拥有不同风格的客房，能够让客人体验到不同的生活方式，如浪漫风、休闲风、贵族风、运动风以及田园风等等。除此之外，还可以告诉客人，酒店还能够为其提供个性化的服务，为其设计和营造独特的、梦幻般的新生活。

4. 故事化、戏剧化

基于公众感兴趣的酒店行业各种典型的人物形象，例如总经理、贴身管家、西餐大厨、健身教练、调酒师等，塑造相应的、虚拟的微博角色，围绕酒店官方微博形成一个营销网络，让他们与客人进行交叉互动，介绍他们在酒店的工作和生活，与客人分享酒店在精致烹饪、健康生活等方面的经验，上演一出微博版的"星级饭店"连续剧，能够让粉丝更好地融入到酒店的产品与服务中。

5. 内容要丰富多彩

酒店微博发布的内容可以是精品内容、经典语录，或者发起礼物赠送、设计大赛等活动，能够引发粉丝大量转发或积极参与，从而提升酒店微博的关注度。例如每年可以开展若干次热闹刺激的秒杀活动，向符合一定发帖条件的粉丝免费赠送折扣券或免费住店，使酒店成为粉丝热议的中心，

帮助酒店提升热度。

6. 巧妙借助知名人物、热点事件，提高酒店的人气

例如，借助名人入住酒店的事件，提高转发量和评论数，增加酒店的推广。此外，要主动评议有意思的、人气高的话题，经常与粉丝进行互动，引发别人对酒店的关注。

7. 学习借鉴

经常去研究分析高排名的博主是如何创作微博内容的、其博文为何能得到大量转发以及粉丝都喜欢什么内容等。

8. 保证微博内容的质量

酒店的微博管理员需要从各个方面收集和整理微博的内容，确保微博信息的高质量。同时内容的来源，要有酒店的原创内容。控制微博的发布频率，内容并非越多越好，每个微博账号每天可控制在 10 ～ 20 条左右，发帖太多、速度太快容易导致受众反感，反而不利于酒店的推广。

9. 24 小时的在线服务

指派专人 24 小时维护酒店官方微博，能够在第一时间回答客人疑问，解决客人的实际问题，并坚持不懈，持之以恒。让客人体验到与微博交互的价值，从而对酒店产生信任感与认可度。

10. 重视线下推广

对前台、预订、销售等所有与客人接触的部门员工进行培训，让他们精通关于微博的一切知识和常识，让他们利用各种与客人接触的机会进行酒店微博推广，让更多的人关注酒店微博。

微博推广不能"三天打鱼两天晒网"

大多数的酒店在微博平台都有账号，但是却没有制定科学合理的运营策略，导致出现很多荒废的账号，或者是"三天打鱼两天晒网"地进行维护，推广效果很差。也有一些酒店为了得到高回报率的营销效果，过分关注粉丝数，而忽视了倾听用户声音、加入用户对话、解决用户真正需求的服务，最终导致微博推广效果不尽人意。

酒店官方微博账号是需要精心维护的。酒店发布的微博信息也是有讲究的，有规律发博才能增强与粉丝之间的黏性。如果酒店在微博推广上总是三天打鱼两天晒网，时间长了，粉丝就会对酒店失去兴致，甚至会出现粉丝取消关注的可能性。酒店微博推广必须要坚持细水长流的原则，不能期望一两天就可以有爆发性的事件去进行推广，而是要在酒店价值观的引导下，每一天都平等、友善、持续地跟粉丝进行互动与交流，构建起长期的关系，而非时断时续的管理。

酒店想要做好微博推广就要有耐心，切勿急躁与怠慢。酒店在做微博推广的时候，粉丝一时半会了解是正常的，酒店官方微博应该细心地给粉丝讲解，千万不能显出急躁和怠慢的情绪。真诚地对待每一个粉丝/客户，这样他们就会真诚地对待你。在微博上肯定会不定期的遇到粉丝反映的问题，要及时地进行回复、解释、整理、总结和上报，这样有利于对酒店的方案和产品进行改进，增加粉丝对酒店的信赖度。

当然，酒店还可以运用 24 小时每一小时滚动资讯、在线咨询服务、分店与分店之间的账号联动，做到与粉丝实时互动的模式，以展现酒店微博的人性关怀以及实时服务的特点，提升粉丝的主动传播以及关注热情，从而提升酒店品牌以及快速销售转化的双重作用。

除此之外，酒店在微博推广上，可以在固定的时间段发布微博，并且确定每天发微博的数量，一般控制在每天 5 条，因为发太多也会让粉丝觉得过度营销，反而达不到推广的目的。

加强酒店微博互动性的窍门

微博的魅力在于互动，拥有一群不说话的粉丝是很危险的，因为他们慢慢会变成不看你内容的粉丝，最后取消关注。因此，互动性是使微博持续发展的关键。微博互动的关键是要主动，比如别人点评了你的微博后，你要及时主动地和他们进行对话，回复他们的点评。酒店应该抓住好微博这一特性，利用微博发布酒店的信息或者优惠活动，以此来增加粉丝的互动。在互动的过程中，酒店可以挖掘客户或潜在客户，以此来实现酒店产品与服务的互动营销。

那么，酒店应该怎样加强与粉丝之间的互动呢？

1. 发表微博、评论和回复时语言要讲求生动性，减少与粉丝的距离感

语言的魅力是很大的，发表微博时可以用一些诙谐幽默的话，可以运用网络上流行的话语，这样能够有效地缩小与粉丝的距离，增加粉丝评论的欲望，加强与粉丝之间的互动与交流。在回复粉丝评论的时候要做到生动性、礼仪性，一定要尊重粉丝，千万不能太生硬和死板。

2. 多转发和评论公益活动或一些能帮上忙的微博，号召粉丝献爱心和转发

微博上，公益活动的转发率和关注度都很高，要多转发此类微博，一

方面可以提升酒店的品牌形象，也可以提高酒店的知名度与认可度，增加粉丝数，扩大宣传面。

3. 用私信交流一下不便公开的事

微博拥有私信功能，对于一些不便公开的事情可以通过私信交流，比如说一些客户的资料，一些不便公开透露的信息等，都可以通过私信和粉丝交流。不要什么事情都在微博上公开说明，要分轻重，避免酒店与粉丝利益受到损害。

4. 可以定期举办抽取奖品的活动，提高转发率和粉丝数

运用参与可抽奖的模式，要求粉丝关注酒店并转发就可参加抽奖，这种活动能够激发很多粉丝积极参与活动，增加酒店的信誉度和知晓度，为酒店做好推广，同时会带来大批粉丝，增加酒店官方微博的粉丝数。

5. 把握节奏，适度推广

酒店发布的新闻、动态、产品广告、打折信息等要把握节奏，做到适度。虽然发布这些信息能够赢得一些粉丝的好感，但是有些粉丝对这些信息是不感兴趣的，所以不要过于频繁发布。酒店应该着重精选粉丝关注的促销信息，并且要以粉丝能够接受的表达方式进行推广。

6. 积极耐心地与粉丝进行互动

想要做好微博互动就要有足够的耐心。发现酒店的微博评论中或他人发布的微博中有一些有必要回复的问题，要根据不同问题的性质，进行不同方式的回答，如评论、转发、私信等。真诚地对待每一个粉丝，这样才能给酒店带来更多的利益。

总之，良好的互动能够增加酒店与粉丝之间的信息沟通和相互理解。微博是一个非常强调互动的新媒体平台，酒店要重视微博的互动性，加强

酒店微博互动性的窍门，让粉丝更好地了解酒店，为酒店做好宣传，提高酒店的品牌形象和知名度。

能把粉丝转化成客户才是真本事

微博推广营销中，无法将粉丝人群转化成客户，这样的问题是很常见的。因为大部分时候营销人员都过于的强调如何去多引流，而没有将注意力放在转化率的问题上，导致粉丝无法转化成客户。转化率是做任何一种营销都无法避开的话题之一，做微博推广营销也一样。转化率无法提高的话，营销的效果永远都出不来。真正把微博推广营销做好的，就是能把粉丝转化成客户。

1. 私聊挖掘

通过私聊的方式来和潜在客户进行直接的交流，是一种最直观的转化方式。比如在客户对酒店产品与服务进行浏览和话题参与或关注的时候，营销人员可以私聊客户，了解客户真正的想法和需求，询问客户对酒店的产品与服务有什么看法或者感兴趣的地方，从而开展一对一的营销挖掘。

2. 评论挖掘

有时候客户会在微博的下方进行一些留言的询问或者看法的发表，对此营销人员可以通过评论来与客户进行互动与交流，从而挖掘客户的需求，向客户更详细地介绍极端的产品与服务。

3. 粉丝开发

微博中有一个常见的词汇叫互粉，就是当对方关注你的时候，你也可以关注对方，让对方有种被重视的感觉，营销人员可以通过这样的方式来开发潜在客户。酒店成为目标客户的粉丝有助于彼此间的交流，而这样的方式也能够得到粉丝心理的认可，彼此是站在一个相同的角度，交流起来自然会更加顺利。微博的互粉可以拉近酒店与粉丝之间的距离，更有利于实现微博推广的目的，把粉丝转化成客户。

4. 在微博中"主动提及"购买地址

这是大多数酒店都会忘记做的事。酒店可以利用微博将酒店的产品与服务包装成一篇又一篇美妙故事，并且附上"地址"和"地图"，粉丝可以通过微博地图上显示的酒店位置，来酒店进行消费，直接将粉丝转化成客户。

所以，酒店要开发潜在客户，把粉丝转化成客户，就要与粉丝进行主动的去交流和互动，才能得到粉丝内心真实的想法与需求，从而进行有针对性的开发，让粉丝更信任酒店。

如何才能让大 V 愿意与你合作

如果一个人只依靠自己拥有的资源，是很难成就一番伟业的。创业者也是一样，如果公司想要不断地壮大，就需要更多的资金投入和人脉来帮助企业做大做强。这个时候通常会进行融资，寻找风险投资快速帮助企业做大企业，作为企业创始人就会寻找合伙人。微博的推广也是，想要做好微博推广，就需要学会借力，让拥有大量粉丝的大 V 愿意与你合作，帮助宣传酒店产品和服务，这样能够在短时间内获取大量的粉丝。

那么，如何才能让大 V 愿意与你合作呢？

1. 吸引大 V 的注意

如果酒店不想办法吸引大 V 的注意力，怎么能谈得上推荐，酒店要做的就是在 10 万个人当中，让大 V 知道你是谁，是做什么的，这是非常重要的。最好的办法就是多跟大 V 沟通，在大 V 的微博底下多留言，阅读大 V 的每一篇文章，提出自己的观点，这样可以增加互动与交流的机会，自然可以吸引大 V 的注意和关注。

2. 让大 V 了解酒店的微博

要让大 V 了解酒店的微博，大 V 不可能推荐一个不认识的微博，谁知道酒店的微博是不是一个垃圾账号，对于大 V 的粉丝有没有帮助。如果酒店的微博内容全是广告，就没有人会推荐。想要让大 V 帮助推荐酒店的微博，首先酒店的微博内容要有价值，能够让大 V 可以放心地推荐给他的粉丝，能对他的粉丝有一定的帮助。同时要让大 V 知道酒店的微博做得非常好，有特色，值得他推荐。

3. 提供自己的价值，获得认同

一个愿意主动帮助别人的人，这样的人才受欢迎。酒店可以先利用自己的优势，帮助这些大 V 去宣传他们的微博，在自己的微博里推荐，分享大 V 推送的文章。当你开始帮助他们推广以后，他们就会开始注意你，你和大 V 之间的关系也就随之改变，大 V 会更加认同你的微博账号。

4. 建立关系，增加沟通

要想建立关系，就要知道对方的联系方式，如个人微信号、qq 号、手机号等等，有了这些联系方式以后，你可以随时和大 V 聊上两句，这样可以增加你们之间的感情。感情好了，自然很乐意帮助你推荐微博，推荐酒店的产品和服务。

酒店微博营销的注意事项

前面讲述了酒店微博的各种运营技巧和方法，只要用心体会，使用得当，努力去做，就会取得良好的营销效果。当然，这还需要注意以下几点，以避免走入误区，适得其反。

1. 切勿太过依赖抽取奖品获取粉丝的关注

在微博推广营销过程中，很多酒店为了在短时间内获得大量的粉丝，便会采取送礼品的形式来进行，如免费住套房、免费旅游、送化妆品、送手机等，这种方式确实能够在短时间内积累了大量的粉丝。但是大部分粉丝都是冲着奖品来的，甚至有些抽奖控是专业来微博参加活动获取奖品的专业户。如果酒店的微博不做活动，这些粉丝就不会持续关注酒店的微博，酒店的微博粉丝也会流失比较快。

2. 微博发布的内容中，广告要适量

酒店的微博内容不能有太多的广告，而是要包含新闻和生活的信息。如果微博全是广告的话，很容易引起粉丝反感。所以对于酒店来说，微博推广营销既要做好广告宣传，又要做好粉丝互动，同时对广告和内容做一个比较好的控制，使广告融合到内容当中去，只有这样才能让酒店微博推广达到最好的营销效果。

3. 营销期望不要过高

微博确实是火爆，但并不意味着它可以代替一切，更不要期望它可以

立竿见影。因此，不要对微博寄予太高的期望。在酒店刚开始进行微博推广的时候，效果可能会不大理想，这时不能放弃，要坚持下去。微博推广可以作为酒店的一种长期宣传，就像品牌宣传一样，都需要一个长期的过程，酒店要做好打"持久战"的准备。

4. 与粉丝进行及时、真诚的互动

在微博推广营销过程中，粉丝对酒店的产品或服务提出一些看法，如评论或者私信。对于这些评论和私信，要注意和粉丝进行良好的互动与交流，而不是每天盲目地发内容。与粉丝进行及时、真诚的互动，能够提高酒店的真诚度，提升粉丝的忠诚度，为酒店带来更多的预定。

在微博推广营销过程中，酒店要注意以上事项，及时地关注和反馈信息，才能在第一时间对粉丝的反馈采取有效的措施，最终达到微博推广营销的目的，为酒店带来经济效益。

第十章

酒店 QQ 推广营销技巧

　　尽管微信出现之后，QQ几乎退居二线，但是QQ仍旧是非常重要的社交平台，注册用户数量高达10亿，活跃用户达7亿，所以QQ推广依旧是网络营销的一大法宝。酒店可以利用QQ进行推广和宣传，树立酒店品牌形象，从而吸引更多的用户。

走好第一步，巧妙设置酒店的 QQ 资料

在人际交往的过程中，个人形象是非常重要的。良好的个人形象有利于与他人进行有效地交流和沟通。酒店在做 QQ 推广的过程中，当用户不清楚酒店的真实情况下，给潜在用户展现一种怎样的品牌形象是非常关键的。酒店的品牌形象主要通过 QQ 资料来展现，想要做好 QQ 推广，就要学会巧妙设置酒店的 QQ 资料。

1. 头像设置

其实无论是在现实生活中，还是互联网的虚拟世界中，以貌取人的现象是比较常见的。所以，作为企业的QQ，其头像最好能给人一种成熟、稳重、真实的感觉。在 QQ 推广中的头像设置，建议不要使用动物头像、明星头像、非主流头像，QQ 头像是酒店给用户的第一形象，良好的头像可以提高用户对酒店的印象和可信度，能够树立酒店的品牌形象。酒店的 QQ 头像可以使用酒店的 logo 或者酒店外观的图片，这样辨识度更高，更容易让用户信任。

2. 昵称设置

QQ 昵称的设置和 QQ 头像的设置有些类似的地方，不建议使用明星名字或者非主流名字。最好的昵称就是让用户通过昵称就能轻松记住酒店。另外，QQ 昵称和头像就像一个人的衣服，不要轻易更换，时间久了会产生一定的品牌效应。所以，酒店 QQ 昵称的设置最好是酒店的名字，为酒店树立品牌形象。

3. 个性签名

QQ 个性签名设置成与空间说说同步，只要酒店有说说更新，那么酒店的个性签名也会更新。QQ 个性签名主要是根据自己的爱好和心情来设置，现在不少的人把个性签名变成自己的个人介绍。酒店可以利用个性签名展示酒店定位与服务，向用户展示酒店能够提供哪些特色服务，通过个性化的服务吸引用户。

4.QQ 等级

在进行 QQ 推广中，等级高低是非常关键的。QQ 等级太低会给用户一种"小号"的感觉，很容易造成信任危机。建议酒店使用高等级的 QQ 号，Q 龄最好在 3 年以上，最好是 8 位数的 QQ 账号，这样更有利于用户记忆和信任，增加酒店的可信度。

5. 个人信息

QQ 个人信息的填写也是比较重要的，个人信息有利于酒店和用户之间建立信任。所以，酒店在设置个人信息的时候一定要保证完善与真实。

如何做好酒店 QQ 群的推广

QQ 群不同于网站，它的信息是即时滚动的。如果机械式地加群、发广告，那么会被踢，最终达不到推广的效果。所以，对于 QQ 群推广，应该本着"一群一阵地"的原则，要持之以恒，长期坚持。

那么，如何做好酒店 QQ 群的推广？

1. 对于新加入的群，要以"先建感情，后推广"为主要原则

随着网络诈骗的出现，大家对于互联网上的信息越来越谨慎。所以，

对于 QQ 群推广来说，应该本着"先建感情，后推广"的原则。酒店应该与群员打好感情基础，酒店与群员彼此熟悉了，群员才会接受酒店的推广信息，这样才不会被踢出群。

2. 广告频率应该本着"少而精"的原则

如果一直在群里发广告，很容易引起群员的反感。酒店在群内做推广时，重复的内容最多一天发送一次，关键是要"少而精"。

3.QQ 群推广要本着"具体到人"的原则

推广的最终效果是让群员转化成为用户，蜻蜓点水式的乱发广告肯定是徒劳的，只有在一个群里长期奋战，保证信息传递给每一个人、影响到每一个人时，转化率才会体现出来。

4. 在聊天中植入广告

在群内发硬性广告的效果越来越差，软性植入广告才是提升营销效果的良药。可以在聊天时，多多融入要推广的内容，这样群员不但不会反感，反而会自然而然地接受酒店植入的广告信息。

5. 申请管理员或搞定群主

自建群费时费力，而在别人的群又不能随便做推广，但是如果成功申请管理员身份，酒店不但能够免费使用群内的所有资源，而且还省去了建群、维护群等繁杂的事务，节省了大量的时间与精力。

6. 利用群的各种工具

除了聊天等基本功能外，QQ 群还拥有群共享、群空间等各种辅助工具，比如将新闻、动态、软文、优惠活动等发到群空间，将宣传资料发到群共享等。酒店可以利用这些功能将酒店的宣传信息发布在群里。

7. 强大的群邮件功能

QQ 群自带有群邮件功能，可以针对群内所有成员群发 QQ 邮件，并且在发完邮件后，QQ 会在电脑右下角自动弹出邮件提醒消息，保证每个群员都能及时看到邮件内容。酒店可以利用群邮件功能向群员发送酒店的信息。

8. 建立 QQ 群联盟

可以建立 QQ 群联盟，进行多方合作。群达到一定数量后，本身也会形成品牌。

沟通好，酒店 QQ 的推广效果才会好

很多营销人员在做 QQ 推广时，在 QQ 交流上并不会注意太多的细节，这样容易给对方留下不好的印象，从而导致营销失败。QQ 推广的本质在于与用户的互动与交流。所以，酒店在进行 QQ 推广的过程中，要做好沟通，要多考虑对方的感受，多尊重对方。只有我们尊重别人，别人才能尊重我们；只有我们为别人着想，别人才能为我们着想。只有这样，酒店 QQ 的推广效果才会好。

酒店如何利用 QQ 与别人做好沟通？沟通时应该注意什么？

1. 交流时间要恰当

在使用 QQ 交流沟通或者做 QQ 营销推广的时候，一定要选择恰当的时间。一定要避开在饭点或深夜给对方发送消息，这个时间点是休息时间，如果贸然去打扰对方的话，很容易引起对方的反感，不利于后期的沟通和推广。

2. 语言要礼貌客气

在 QQ 平台上，大多数的 QQ 用户都是习惯用文字来进行沟通，没办法看到对方的表情，因而无法理解屏幕另一面的他究竟是什么样的一种状态，只能通过枯燥乏味的文字去感觉。所以，在和他人进行沟通的时候，一定要注意语言规范，学会尊重对方，不要说一些不友好、不礼貌的话。沟通时多用"你好""您""请""谢谢"等一类的词汇，它们会产生非常神奇的效果，更有利于酒店做好推广工作。

3. 聊天的速度要适当

在使用 QQ 交流沟通的时候，聊天的速度要适当，本着"就慢不就快"的原则，让对方可以跟上交流速度。如果聊天速度太快的话，无形之中会给人一种压迫感，让对方感觉和你聊天很累，很吃力。除了聊天速度外，还要注意回复速度。回复对方的速度要适中，不能过快，也不能过慢。

4. 弹窗抖动不能乱发

弹窗抖动是 QQ 用于提醒用户的一个交流功能，但是这个功能记得一定要谨慎使用，因为随便发弹窗抖动都是一种不礼貌的行为，除非你有很要紧的事情，并且你们之间的关系非常的熟悉。在使用 QQ 交流的过程中，如果对方没有及时回复消息，要先耐心等待，因为对方可能正在忙别的事情，不方便回复，要表现出自己的耐心。作为企业的 QQ 运营人员，要显得专业、有素养，所以更不能顺便发送弹窗抖动，这样会影响用户对酒店的看法，不利于酒店的形象。

5. 称呼不能太随意

用 QQ 做交流沟通的时候，对对方的称呼也是很重要的。你对别人的称呼可以反映出一个人的素质和修养。很多企业在做 QQ 推广的时候很容易忽视了这个细节，所以，要引起注意。酒店利用 QQ 在与别人进行聊天的时候，一定要尊重对方，不要随意称呼对方，不要让对方感觉不懂规矩。

6. 图片表情慎发

图片表情本身是大家用来调节聊天气氛的，让大家之间的交流气氛变得更加轻松。如果使用图片表情不恰当，随意使用图片表情，可能会造成他人的误解和猜忌，使他人产生了不愉快的感受而造成沟通障碍。酒店QQ 作为一个公众账号，更不能随意向用户发送图片表情，不利于酒店的品牌形象，容易给用户造成误解。

7. 聊天的气泡字体不要乱改

QQ 推出了许多彩色气泡类型的聊天框，为的是能够让聊天看上去更加美观。对于酒店来说，使用一种就别随意切换类别，因为反复更换会对酒店的形象有打折扣的危险。QQ 字体使用自带字体，切勿乱换。

不要让 QQ 的各种功能成为摆设

酒店借助 QQ 进行推广，应该学会利用 QQ 的各种功能进行营销，这样更容易达到最佳的营销效果。

1.QQ 本身的直聊功能

QQ 的直聊功能是 QQ 最基本也是最重要的应用，包括 QQ 群的群聊功能，可以对酒店的产品与服务进行一对一或者一对多的推广。在利用 QQ的直聊功能进行推广时，有两个关键性的问题需要注意：一是确定目标群体，实现精准的推广营销；二是精心打造准备发送的广告语，尤其是在

QQ 群里，要做到群员不反感，不被踢。除此之外，利用 QQ 直聊功能进行推广时，还需要注意以下问题。

（1）所用的推广 QQ 有一定的级别，最好能开通 QQ 会员。

（2）利用 QQ 直聊功能进行推广，不适合有很高流量需求的网站，而更应该是与目的性极强的潜在客户进行沟通和交流。

（3）先交友、拉关系，有了一定的美誉度和知名度后再进行推广。

（4）在推广酒店具体的产品与服务时，推广用的 QQ 最好能够体现出酒店的品牌形象，可以对目标客户进行一对一的推广。通过 QQ 推广，树立酒店权威和诚信度。

2.QQ 空间的转载功能

利用 QQ 空间的转载功能进行推广的基础是拥有高质量的软文。通过高质量的软文实现病毒式的扩散传播，带来更多的销售，实现更多的浏览。在利用 QQ 空间的转载功能进行推广时，主要有以下几个关键点需要注意。

（1）成功的关键是高质量的软文，所以，酒店要拥有高质量的软文。高质量的软文主要是能够给看的人带来一定的价值，这样看到软文的人才会转载，才能实现病毒式扩散，让更多的人看到。

（2）酒店在推广时要采用列表式的软文，这样被转载的概率要更大一些。

（3）在有能力的情况下，酒店可以做一些宣传网站、产品与服务、有价值的视频，视频类的软文在 QQ 空间里面被传播的可能性也会比较高。

（4）酒店要注意利用 QQ 空间和其他产品的合作进行推广。

3.QQ 相册的功能

很多人对别人空间里的照片都是感兴趣的，这是一个很好的推广资源，一定要善加利用。使用 QQ 相册进行推广时应该注意以下 4 点。

（1）为了吸引别人点击空间进入相册观看，可以放酒店产品和服务的图片。

（2）照片要进行细致的分类，比如酒店的产品图片、美食图片、生活照片、服务图片等。

（3）上传的照片可以加上酒店的水印，同时应该重点关注每一张照片的相片描述、标签等，这是进行宣传推广的重要环节。

（4）新建相册进行设置时，为了让更多的人可见，应该设置成允许转载和分享，同时，全部的相册都设置成所有人可见。

4.QQ 的自动回复功能

利用 QQ 的自动回复功能进行推广是要借助其他互联网工具的，下面以跟百度知道结合来进行说明，假设我们要推广酒店的网站。

（1）申请（或者购买）QQ 号码，并对 QQ 资料等进行设置。QQ 头像、QQ 昵称、个人信息以及个性签名等要能让人信服；QQ 日志中主要是以酒店的产品和服务为主，可以在文章末尾统一加上：想要获得更多关于酒店的资料，请进入酒店网站（后面有酒店网址链接）。

（2）然后到百度知道去回答或者自问自答（如果自问自答一定要注意不能用同一 IP 地址和账号进行）与酒店相关的问题。回答时一定要尽可能专业，但是又要留有一定的余地，在答案中写明：想要了解更详细的信息可以加 QQ×××进行详细咨询。

（3）对 QQ 号进行自动回复设置：因为咨询的人太多，暂时比较忙，亲们可以留言或者进入酒店网址（做好是相应的版块），那里有酒店的专栏，可以查看能否解决亲的问题。

（4）这样流量就会导入到酒店的目标网站，该方法成功的关键在于网站上要有优质的内容，能够给人们提供有价值的资料讯息。

5.QQ 好友印象

利用 QQ 的好友印象功能既可以做主动推广（去评价别人），也可以做被动推广（别人评价自己从而引起关注）。所谓的被动推广就是让朋友、酒店所有的广告 QQ 之间加好友进行互评，这种评价可以直接是一些赞美之词，比如很好的网站、很好的酒店、贴心的服务等。对于主动推广来讲，因为腾讯现在屏蔽了品牌名、屏蔽了网址，但是可以利用软性的语言去评价别人，要求所有的 QQ，只要有一个好友，就去对好友进行好友印象的评价。

6.QQ 表情

腾讯 QQ 表情从腾讯 QQ 聊天软件延伸出来的一个东西，其实 QQ 表情也就是图片，一般是 jpg 或者 gif 类型的图片动画。现在最新版的 QQ 表情还在表情框右上角增加了搜索功能，可以搜索自己想表达文字含义的表情。还有 QQ 会员的涂鸦 QQ 表情、魔法 QQ 表情、自定义 QQ 表情、QQ 表情在线制作 DIY 等类型。利用 QQ 表情进行推广的关键就是酒店可以制作自己的 QQ 表情，方法如下：找专业的人员制作一两套 QQ 表情，在QQ 表情上面写上酒店的网址，一般放在右下角比较好；制作表情的时候要注意流行 QQ 表情的两大主题：搞笑、可爱；表情制作好后，可以提交到 QQ 表情论坛或者 QQ 表情站供别人下载；主动将 QQ 表情发给 QQ 好友或者 QQ 群里面。

7.QQ 的发送离线文件功能

首先要制作有价值的文档（word 格式最好），可以是酒店的产品资料、优惠打折信息、软文等，以发送离线文件的方式将文档发送给客户，文件上传到服务器后，一般会保留 7 天。对方如果没有马上接受或者不在线，只要对方每次登陆 QQ，就会看到"下载文档"的提示，直到对方接收了（或者拒绝了）发送的文档，提示才会消失。但是必须要注意，利用这个方法的时候有两个很大的弊端：（1）对方会对酒店强加的东西感到极其反感；（2）对方可能会怕是病毒，不敢接受酒店发送的东西。

第十一章

酒店短视频推广营销技巧

　　随着抖音、快手等平台的崛起，表明短视频推广的时代已经彻底到来，在巨额资金与海量内容生产背后是相当可观的用户注意力和流量，而这恰恰成为短视频营销商业变现的重要保障。酒店行业也不例外，许多酒店都纷纷加入短视频推广的队伍，致力于拍摄各种酒店的视频，试图拉近酒店与客户之间的距离，为客户传递更多的信息，满足客户对酒店的需求，吸引更多的客户前来酒店消费。

制作高性价比的酒店短视频就这几招

酒店视频营销能够创造出属于自己的风格，让酒店自身的价值在众多竞争者面前脱颖而出。因此，越来越多的酒店开始进行短视频营销。那么，酒店如何制作高性价比的短视频？

1. 提高品位很重要

酒店属于服务性行业，要学会与时俱进，在制作的过程中要强调酒店的设备、灯光、音响设备等，致力于为客户提供先进的设备体验，这样才能突出酒店自身的特点和品位。

2. 客观说明服务

服务不能主观说明酒店到底有多好，相反以例子、以服务时效、服务速度、服务设备等来说明效果会更好，如酒店所有工作人员统一的制服、24 小时有效地受理客户的要求、及时应对突发事件的流程和方法等。也可以运用客户住店的服务经历，让客户对酒店做点评，能够起画龙点睛的作用，更好地说明酒店的服务。

3. 针对客户群要明确

针对客户群要明确，对酒店类型与定位要有一个明确的概念，要拍摄出酒店的风格与特色。如商务型的酒店，主要针对的是会议人群和交易会人群，那么酒店的短视频就要讲究会议的布置、如何替客户把会议的流程处理得妥妥当当、酒店的会议茶室曾接见过哪些人、酒店的服务得到过什么奖项、哪位名人对酒店的口头称赞等都可以运用到短视频的解说词里面，增加客户对酒店的信任。

4. 通过酒店故事，传达酒店品牌

酒店短视频制作可以采取讲故事的方式，这样能够轻松捕获客户的芳心。主题酒店作为天然具备内容属性的特色酒店，酒店短视频故事的类型也非常丰富，大概有以下几种：创始人的故事、与产品相关的用户的故事、团队的故事、主题文化的故事等，最好富有感染力，比如一誓玫瑰浪漫酒店，可以围绕浪漫布置求婚，讲述浪漫的爱情，传达浪漫的生活方式。这样用心拍出来的短视频，一定能击中追求时尚浪漫的年轻人的心。酒店的故事需要酒店能选择好的角度，用心去打磨一个故事，表现一种生活理念，就能够感动客户、吸引客户。

5. 寻找代言人进行品牌宣传

一说到品牌代言人，大多数人想到的是邀请明星代言，但是这样酒店的宣传成本就会增加，这对于中低端酒店来说，负担比较重。其实品牌代言人并不一定是明星，也可以是主题酒店里的一个普通职工，甚至也可以是一个动画人物，或者一个物品的拟人化。如宣传酒店的卫生，可以是一块抹布、酒店前台员工、酒店的蜡烛或者是酒店的浪漫策划师等。最关键的是要用心去把这个人物进行包装，赋予人设与品牌内涵，明确这个人物的形象。只要酒店品牌方能够做出有创意，有情感，符合消费者期待，有趣有灵魂的短视频，一定能够获得客户的喜欢。

6. 搜集客户关心的问题，进行解说

对于酒店来说，每天都会遇到各种各样的客户咨询，如果酒店能够通过短视频将这些问题的答案有趣地表达出来，一定会给客户带来非常真实的认知。酒店也会因此获得准客户的好感。解答的范围不仅仅局限于酒店

范围，旅游、附近交通等方面也可以，如果是景区型主题酒店，可以聊聊景区的有趣故事、旅游攻略以及当地的文化历史等。总之，短视频里的内容要实用，表达有趣，能够解决客户关心的问题，切合酒店品牌精准定位，那么一定能够给酒店带来大量的忠实粉丝。

7. 选择合适酒店品牌调性的平台

不同的短视频平台定位不一样，人群也不一样。只有当酒店的品牌形象和平台粉丝属性一致时，才能获得更多的认同。比如抖音多为城市白领，需求相对高一点，而快手粉丝相对偏年轻，多为三线城市或者乡下，需求会低一点。尽管一个视频可以在多个平台发布，但是如果能选择其中一个平台作为首发，就能获得更多的平台扶持，流量也比较高。因此，建议酒店在做短视频时，要注意选择合适的发布平台，可以各个平台都发，但注意分主次去对待，如果时间与精力有限，可以先用心做好其中的一两个平台。

这些视频平台，最适合酒店推广

视频能通过对观众视觉和听觉的刺激，使他们对视频内容的印象更加深刻，从而产生潜移默化的影响，提高广告转化率。酒店想要做好短视频营销，就需要了解短视频平台，选择适合酒店的短视频平台进行推广。酒店拥有的短视频平台越多，曝光率就会越大，受关注度就越高，获得的粉丝就会更多。

对于酒店来说，不同的短视频平台定位不一样，人群也不一样。只有当酒店品牌和平台粉丝属性一致时，才能获得更多的认同。因此，酒店在制作短视频之前，应该对各大短视频平台有一定的了解，才能为酒店选择最适合的平台做推广。

1. 抖音

抖音引入头条最核心的算法优势，一开始就在产品层面加入算法推荐模型保证内容分发效率。后面除了以工具属性为核心，抖音从美拍批量导入 KOL 和承接头条的明星资源，极大提升了曝光率和关注度。平台稳定之后并入 AD 后台全量上线。

主打广告：信息流广告（原生广告、单页广告）、开屏广告（开屏－CPM、开屏－轮播 CPT）。

用户特征：90 后用户占比 85%，用户群体多为 95 后和 00 后，男女比例为 4：6，70% 以上核心用户来自一二线城市，用户消费水平比较高。

优势：日均播放量高达 20 亿台，月均独立设备 1.4 亿，月总有效时长 5.38 亿小时，利用头条核心算法优势、意见领袖及明星资源，吸引众多年轻群体的关注。

2. 快手

快手平台总用户超 7 亿，一句"记录世界记录你"深入人心，也是时下发展火速的短视频平台，拥有许多核心用户，日活跃用户数达 1 亿，具有一定的平台曝光度，如今快手也实现商业化，不断创新平台营销模式。

主打广告：视频信息流广告，包括用户发现页第五位、品牌空间页、广告详情页等；广告转化以品牌推广、应用推广为主。

用户特征：80、90 后主力消费人群，社交属性强，喜爱秀颜值，分享吃喝玩乐以及新世界。

优势：短视频 APP 周活跃渗透率第一、每天 1000 万多的 UGC 视频，日用户使用时长超 60 分钟，日均播放视频次数 100 亿，参与、曝光、放大三管齐下，能够达到很好的品牌营销效果。

3. 火山小视频

火山小视频是今日头条打造的短视频矩阵之一。在火山小视频中不仅可以快速制作短视频，还可以在短视频中添加滤镜、文字、海量音乐等，可以将普通视频制作成大片，同时还可以在火山小视频上用手机进行直播，与粉丝零距离互动。精美高清的视频画面让用户有极致的感官体验。

主打广告：开屏广告、视频页面第四条信息流、消息推送、直播页面顶部 banner、关注页面顶部 banner 等。

用户特征：25～35 年龄层为核心用户群体，男性用户远高于女性用户，年轻群体的数值上有点出入。

优势：火山小视频有强大的入口资源，广告主可以选择在火山小视频的开屏投放广告，也可以在视屏页面第四条信息流、直播页面顶部等投放广告，有专门用于定制的品牌贴纸，也可以让客户的音乐入库，并且火山小视频拥有丰富的红人资源。火山小视频基于今日头条的算法推荐优势，可以根据用户的兴趣将广告定位投放给适合的用户，让用户看想看的视频。在火山小视频推广有很多种渠道为广告主提供专属的广告推广形式，对提升品牌影响力有很大的帮助，广告效果比较好。

4. 小红书

小红书是一个"种草神器"，用户在平台上分享自己的穿搭单品、护肤产品、家居物件等，由于涉及购买渠道，小红书开辟了海淘商城，用户可以直接在小红书上购买被种草的产品，是一个非常不错的平台。

主打广告：品牌小红书号的运营，小红书商城的运营，小红书直发广告，小红书 KOL 红人营销推广。

用户特征：大部分都是 95 后，以女性为主，用户大多数爱海淘。

优势：小红书平台日新增用户近 70% 是"95 后"用户，年轻用户数量迅速增长。在未来很长的一段时期内，用户群体的年轻化将会使得小红书的在线用户数量和消费额得到可靠保障。

5. 爱奇艺

爱奇艺效果推广——奇麟神算，依托爱奇艺平台，拥有庞大的用户群体和优质的流量资源，结合广告主的行业特点，为广告主提供跨平台、多终端的网络推广服务。爱奇艺平台的大数据，也为广告主推广提供了数据基础，能够让广告主明确用户和定位方向。

主打广告：信息流广告（频道信息流、资讯信息流、播放信息流、社交信息流）、框内广告（贴片广告、浮层广告、暂停广告）、展示广告（开屏广告、焦点图广告）。

用户特征：35 岁以下年轻用户占比超过 80%，用户的知识水平和经济收入比较高，具有高学历、高消费能力。

优势：日均覆盖独立设备 1.5 亿台，月均独立设备 5.5 亿，单机有效时长 11.5 小时，月观影时长 63.8 亿小时，利用强大的技术实力和百度大数据，爱奇艺效果推广将广告无缝植入相关视频，更有利于广告主的推广。

6. 美图

美图商业化全面开启，接入美图秀秀、美颜相机、潮自拍、美拍、美妆相机为主的 5 大高流量平台，不同的 APP 满足不同用户的场景需求，不断提升人工智能，提升美图的口碑。

主打广告：视频类以潮自拍、美拍为主。

用户特征：80 后、90 后、00 后年轻群体，70% 用户收入 1 万元以上，以女性用户为主。

优势：拥有 5 亿海外总用户数，4.8 亿月活跃用户数，以女性消费群体为主，用户购买能力强。同时，拥有 15 亿的全球独立设备安装量，680亿的年处理照片数。

7. 陌陌

陌陌短视频平台，在"附近""关注"两个位置均有入口。同时，陌陌平台拥有数万红人，10 亿曝光，可商业化的红人人均粉丝 60 万，短视频总活跃用户渗透率 58%，足以看到陌陌这个短视频平台的强大。

主打广告：话题营销，滤镜广告，陌陌直播视频、红人视频类互动产品如主播推广，视频话题营销等。

用户特征：80 后、90 后、00 后年轻群体，70% 用户收入 1 万元以上，以女性用户为主。

优势：日均短视频上传数 100 万以上，渗透率达 46%。内容原生、创意驱动、精准定向。

酒店可以根据自身的具体情况，再结合各视频平台的特点和优势，选择最适合自己的宣传平台。

让酒店在抖音上"抖"起来

抖音拥有强大的引流能力、创意内容以及算法机制，这让各行各业垂涎不已，纷纷想要"入坑"。酒店行业也是如此，借助抖音，酒店就能够增加自身的曝光率和知名度，提升入住率。

一个好的抖音视频，能够展示酒店的素质、凝聚力以及正能量。酒店想要借助抖音让酒店"抖"起来，需要做好以下几点。

1. 反差感

所谓反差感就是打破用户的认知惯性，给用户带去具有刺激性的新鲜体验，激发用户的猎奇心。例如，"强烈推荐这家酒店！真的太好了！要爆炸了！85 元一晚！只要 85 元人民币！"价格跟酒店的反差制造了反差感，打破了用户的认知惯性，让酒店的曝光量达到了千万。用户刷到这条内容的第一秒，打破常识的酒店价格，文案内容里流露出来的强烈情绪，配上音乐与视觉上的刺激体验，让用户对内容的真实性，产生信任心理，最终让酒店的曝光量超过千万。

2. 认知偏差

巧妙运用好用户的认知偏差，对于一些刚成立不久、缺乏实力的连锁酒店或者是一些单体酒店来说是一个简单高效的突破口。用户点进抖音后，抖音会根据用户偏好自动推荐和用户偏好相符合的内容，也是对用户认知偏差的控制表现。因为样本较少，缺乏对比的状态下，用户认知极易出现偏差，这样一来在抖音的带动下很容易诱发用户的消费心理，出现消费的冲动。

3. 全方面展示酒店环境

这样的短视频以美女自拍的形式，多场景切换，为用户全方面展示酒店的内部环境，让用户在短短 15 秒内就有了"身临其境"的感觉。配合富有节奏感的音乐和美女的手势，使得场景切换更为自然，让看到视频的人不厌其烦地反复重播视频，加深记忆。

4. 抓住了用户的当下参与感

拍摄视频的主角往往是普通用户，呈现的内容也往往是普通用户生活中的小亮点。视频开篇只是一个朴素低调的小门，但随后的视频却是一幅开阔的店内景象。很轻松地用反差的小手段，不仅让用户感觉到新奇，还让用户拥有了当下的参与感。视频制作者从一步步进门地节奏开拍，视线景物所出现的改变都时刻刺激着用户，用户在刷抖音的过程中，很容易有身临其境的感觉，会不知不觉接收着来自视频制作者的信息。这种状态下，用户很容易被安利。所以，一个让用户感到很真实，同时又有趣、不拖沓的 15 秒的小视频，能够激发用户极高的参与感。当用户愿意参与其中，一遍遍看酒店的视频的时候，就证明酒店的推广目的达到了。

5. 巧妙植入

既然推广的最终目的是增加流量，那么在视频里进行广告植入是必不可少的一部分。想要在视频里，通过合理的方式把酒店产品与服务植入进去，既不会引发用户的反感又要能吸引用户抓住重点，这是非常难的。这种情况下，可以找意见领袖。意见领袖的短视频能够帮助酒店得到更多的推荐量，意味着能被更多的人看到，酒店可以通过意见领袖，利用场景带入的方式进行"广告植入"。如果不找意见领袖，也可以通过邀请客户拍视频送礼物或者培养一个意见领袖的形式来实现"不那么硬广"的宣传。

6. 增加曝光入口

在抖音上传酒店的推广视频，归根结底还是为了增加酒店曝光量和知名度，让更多人关注酒店。如果酒店的推广视频让用户产生了兴趣，那么就会有很多人在评论中问酒店的位置，甚至想要看更多关于酒店的视频。酒店可以通过增加标签，用户点击后就能知道酒店位置并查看更多小视频。

用好快手，不愁客源

在年轻群体当中的火爆程度，决定了快手这个平台，成为众多商家进行品牌营销的一个重要的战场。这是基于快手的庞大用户群体，这个庞大的用户群体，对于酒店来说，无疑是一个目标客户的庞大信息库。那么，酒店应该如何去利用快手来做品牌营销呢？

1. 完善账号的个人资料

很多用户注册完毕之后，就急急忙忙地去发布视频，但其实是不对的。注册完毕的第一时间应该去完善账号资料，比如个人介绍、写明酒店的定位与服务、感谢官方、打造绿色平台等。

2. 把握自己的风格和主题

一个酒店的快手账号就要拥有自己的风格和作品主题，能够让别人一看到这个主题，就能想到这家酒店。

3. 制作引人注目的视频封面

不管酒店的视频制作得如何，但是一定要创作一个足够吸引眼球的封面，可以让酒店的视频杀出一片重围。酒店在制作视频时一定要善于利用封面，给用户视觉冲击力。

4. 善用快手装饰

快手上有很多装饰工具，如添加文字、背景音乐等，能够让作品更有味道。众所周知快手的功能很简单，并没有很多花里胡哨的功能，如果酒店想要通过快手平台吸引更多的客户，就要学会借助这些工具，让快手"潜意识"认为你很喜欢，增加推送的可能性。

5. 和大团队合作

和大团队合作能够让他们的粉丝注意到酒店，这是一个非常好的引流方法。通过与大团队的合作快速地吸引大批量的粉丝。

6. 搞活动活跃粉丝

时不时搞一些活动，增加与粉丝之间的互动。通过转发和关注让粉丝来帮助酒店把产品与服务推广给更多的人。搞活动还能够留住粉丝，增强粉丝的忠诚度。

7. 前期保持活跃

保持不间断的发作品，能够时刻使人注意到酒店，但是一定要注意作品的质量问题，所以可以尽量多积累一些有关酒店产品与服务方面的视频，定时定量地发布，维持粉丝的关注度。

8. 评论别人的视频

在做好酒店作品的同时也要多去逛逛其他人的作品，多去评论、收藏，多学习别人是怎么做的。还可以在别人的作品下推广酒店，可以更快地让更多的人知道酒店，增加曝光率。

9. 分享到社交软件

发布完作品的第一时间要将作品分享至各种软件，微博、微信朋友圈、QQ 空间等。让发布的作品短时间涌入更多的流量，可以更快地上热门。

10. 保证作品的质量

人都是第一感官的生物，如果作品第一眼给人感觉很好，那么作品就自然就积累了口碑和人气。如果作品总是一些无聊的东西，原来的粉丝也会跑掉的。所以，酒店制作视频的时候，一定要保证作品的质量，作品中要有粉丝想要的东西。

现在快手用户超过 7 亿，用户大多数都是年轻人，能够进行有效的沟通，对于营销推广具有一定的作用。酒店在快手平台上分享酒店的产品与服务能够让粉丝更好地了解酒店，发挥快手的营销作用，使酒店达到营销的目的。

如何利用火山小视频推广酒店

火山小视频是今日头条旗下，内嵌于今日头条的短视频 APP。火山小视频是一款 15 秒原创生活小视频软件，由今日头条孵化，通过小视频帮助用户迅速获取内容，展示自我，从而获得粉丝，发现同好。

通过火山小视频，可以展示酒店的产品与服务，让更多的人了解酒店。火山小视频内部有很多资源，功能深受广大用户的喜爱。火山小视频拥有大数据算法，同步算出用户的兴趣，定制用户专属的直播平台和视频内容。用户的每一次互动、点赞、评论、分享造就个性化用户数据，火山小视频会根据数据产生用户画像，向用户推送用户喜欢的小视频。酒店可以利用火山小视频的大数据算法来增加酒店的曝光率，提升酒店的知名度。火山小视频还设置了这样一个功能，就是长按视频可以减少某类内容，这样可以给用户更好的体验，对于不喜欢的可以不看。从侧面来说，用户对于喜欢的，会一直保留在界面，这样也有利于增加酒店在用户心中的地位。由于火山小视频是今日头条旗下的，所以火山小视频也会通过"算法"，给用户精准推送内容，给用户更好的体验。酒店可以根据自己的定位与火山小视频平台合作，通过精准推送的算法，实现酒店营销的目的，吸引更多的用户，为酒店带来更多的客源。

对于酒店来说，想要在火山小视频拥有一定的流量，那么制作的视频就必须有内容，能够传达给受众有利的信息。酒店的视频内容要原创并且清晰度高（最好使用火山自带的拍摄功能），这样能够充分地吸引粉丝的好奇心；视频内容要吸引人、有笑点、有爆点，吸引粉丝观看和下载使用，然后让粉丝转发给好友以求提高曝光率和关注度，可以带来更多的流量。

酒店要持续更新视频，数量要控制，细水长流，保持粉丝活跃度，增加粉丝留存。酒店发布的视频要美化，拍完后需要对视频进行美化、修剪等，加上特效，选好封面，这样能够给粉丝良好的视觉效果，增加对酒店的关注度和喜爱。除此之外，酒店还要经常与粉丝进行互动，点赞、评论、分享等，能够增加粉丝的信任，让粉丝主动进行消费，达到酒店推广的目的。

酒店利用火山小视频进行推广的关键在于能够将酒店的产品特点和服务质量充分展示，从而获得大量的粉丝，增加酒店的曝光率和知名度，树立酒店的品牌形象，增加酒店入住率，提升酒店的经济收益。

第十二章

酒店社群推广营销技巧

随着移动互联网的不断发展，酒店开展营销的方式更加多元化。以往依靠传统营销手段带来大量用户，利用广告推广等活动改变消费者的消费习惯的方法已经很难奏效了。近几年兴起并且不断壮大的社群营销成为企业品牌宣传推广的一大新选择。社群营销就是基于相似或相同的兴趣爱好，通过某种载体聚集人气，通过产品或服务满足群体需求而产生的商业形态。社群营销的载体不局限于微信，它可以存在于各种平台，甚至线下的平台和社区都可以做社群营销。通过社群营销可以提供实体的产品与服务满足社群个体的需求，也可以提供其他的某种特殊服务，比如招收会员、专家咨询服务等。酒店采取社群营销的方式进行推广，能够吸引更多的精准客户，能够实现最大的转化率，给酒店带来实际的收益。

酒店社群建立的步骤有哪些

社群对于酒店营销推广有非常重要的意义。那么，如何建立酒店社群呢？有哪些具体的步骤？

1. 重新定义目标用户群体，确立产品定位

首先要设计联系群体成员的纽带，不论是内容、产品还是服务。群必须要有一个载体作为入口，产品、服务或解决方案等都可以，如酒店的载体就是客房。在移动互联网和消费升级的推波助澜下，整个商业逻辑发生了变化，过去是先有产品后有用户，但是现在可以先有用户后生产产品。因此，对于酒店来说，最主要的是重新定义目标用户，根据用户画像以最快的速度推出最小化可行的产品，就是所谓的 MVP。产品是凝结群成员关系的媒介和群成员需求的解决方案，群的调性、价值观标签固然可以把群成员快速圈起来，但是如果没有产品把群成员的痛处抚平，标签就会陷入"然并卵"的窘境。所以，酒店必须对目标用户定位精准。

目标用户定位明晰后，接下来就是确定产品，在这个用户要求越来越高的时代，产品的功能不仅需要满足用户的诉求，还需要肩负起用户展示自我以及与外界互动的使命，这就使得产品人格化的特征越来越明显。除此之外，产品还要符合"平民的价格、贵族的气质"才可能打动用户，才能让用户主动向别人分享与推荐酒店的产品与服务。

2. 寻找 100 位 KOL 进行产品测试

从万千潜在用户中筛选 100 位 KOL 关键意见领袖。第一批 KOL 只能

靠创始人的人脉资源来定向邀请或从垂直论坛找达人或大咖，这些人名气不一定大，但是在细分领域有绝对的话语权、影响力和语言表达力，能够让大家信服。这些意见领袖都有一个共同的爱好，喜欢分享，晒个不停。因此，第一批进入者必须高度认可群发起人、群文化和群目标。某种程度上用金钱来投票是甄别是否为同路人很管用的方法。金钱既是一定的门槛，同时愿意为一个群付出金钱的人，也愿意付出时间与精力，愿意为群投入时间与精力的人才是真正的铁杆。当然并不是所有的群都需要用金钱来投票，但是加入群必须有门槛，无门槛的群，只是一味地拉人头追求群员数量，并不能很好地实现推广的目的。

3. 策划群活动，强化身份认同

群是一群志同道合的人聚集和连接在一起，线下活动是保持群活跃度和生命力最为重要的保障。人与人之间的连接，只有在高频互动中才能强化群成员彼此的连接，增加群成员的归属感。互动分为线上互动和线下互动。线上聊一百次不如线下见一面，通过移动互联网的连接很容易找到价值观相近的伙伴，但是如果没有线下见面的机会，彼此很难产生信赖。目前很多线下活动都是新产品体验、邀请铁杆会员参观企业等。很多群不重视群成员之间的交流，而过度在意活动的规模或影响力，导致群活动没有发挥实质作用。群活动的目的是促进群成员之间的交流，而非活动本身，更不是形式上的在一起。总之，群想要运营得好，就需要通过一系列的活动对内聚拢群成员，强化群成员关系，对外宣扬群核心价值，吸引新成员加入，同时不断地向外界宣告群存在的意义。在信息泛滥的今天，如果人们一周看不到酒店的消息，就很容易被人们遗忘。所以，酒店应该加强群活动，强化酒店的身份认同，保持群成员的忠诚度。

4. 构建一套极客文化体系，提升成员专业认知

文化是群的灵魂，群的文化体系包括群目标、群公约、价值观。群成

员必须要一起做一些事才能加深和固化彼此的感情。优秀群的基础在于让对的人在一起做对的事。这里"对的事"就是共同的目标，或者说共同的任务。有了共同的任务、持续的活动，群才有活力，才可以持续发展。群目标和价值观可以增加成员之间的情感连接，让弱关系升级为强关系，群目标不仅可以激发人们的潜能，也是吸引新成员加入的关键要素。所以，酒店社群要有群目标、群公约和价值观。

移动互联网时代的群除了要遵循"平等、开放、协作、分享"的互联网法则外，还要有利他的文化基因。法国思想家卢梭在《社会契约论》里讲人类社会早期，是混乱的，个人放弃部分权力和自由，共同来维护集体的权力，以集体的力量来帮助每个人，这就是社会契约，这样群才能发挥巨大的力量。其中关键是精神的认同与思想的引导。因此，对文化的认同是一切关系的开始，创造共同的价值和认知后，追随是必然的行为。群只有源源不断地带给群成员归属感和优越感，群成员才会留下来，并自发做好群文化的传播工作。

对于产品型群而言，最重要的就是打造一套极客文化体系，塑造极客文化氛围。当群目标定位为中产阶级后，那么无论是产品定位还是群调性，都要宣扬一种极客的价值文化主张。从认知到行为、从文化符号到仪式展演、由内而外全方位提升群成员的专业认知，为群建立品牌保驾护航。通常采用的手段就是提供一套鉴别方法，与友商 PK 各个指标、参数突显自身产品的独一无二。所以，酒店打造一套极客文化体系是至关重要的。

运营酒店社群是个"精细活"

群的价值在于运营。运营需要有专业的执行团队，至少承担四个职能，活动策划、内容生产、新媒体运营、客服。当然，还需要有一套群管理软件、微信群、微博群、QQ 群、贴吧、APP 等。

一个群体的成功与否取决于互动的时空环境与机制等，而不是互动这个动作本身。因此，要想让群成员的连接与汇聚产生群体智慧，更重要的是改善连接与汇聚的机制。

群有共同价值观和责任，同时构建群的规范，通过层级、角色和制度来进行区分群成员，并通过权利和权益的不同、分配、激励的干预和惩罚措施等影响和控制群的集体行动，提升群的执行力和认同感。所以说，运营酒店社群是个"精细活"，具体应该怎么做呢？

1. 梳理酒店业务流程定好方向

酒店在运营群之前要先梳理好酒店的业务流程。梳理好酒店的业务流程至关重要，这直接决定着酒店的战略方向。群为福利型群，起到的作用就是为群成员提供酒店各种的优惠活动，提高群成员的黏性以及对酒店的信任度，在此基础上进行业务转化。群运营对象主要就是酒店端、传统金融机构、互联网金融平台。但是有一点需要强调的是三者混在一起运营是不合适的，因为这对于酒店核心业务会产生冲突。所以，群运营必须分开，避免业务冲突。

2. 盘点酒店现有用户，了解用户是根本

不了解用户是绝大多数人的通病。想要拥有大量用户，就必须了解用户，挖掘用户的需求，需求分为业务层面的需求、知识层面的需求以及生活层面的需求。了解用户目前主要参与的组织，用户获取信息的渠道，用户时间精力的分配，用户认为比较好的群。酒店能够做的事情就是瓜分用户的时间与精力，所以要知道用户的时间与精力分配，用户的关注点是什么，只有这样才能够知道酒店群在用户心目中的正确位置。了解用户最喜欢什么样的群以及最喜欢的群状态，以便于做好用户期望管理，为用户提供一个理想的群。

3. 做好内容运营，重点是产生互动内容

群的内容分为酒店生产的内容和用户生产的内容。

酒店产生的内容：视频、文章、各种酒店资料起到一个媒体作用，服务于用户的同时，还是进行对外传播的载体。

用户产生的内容：用户在群里面活跃产生的内容。盘活一个群靠的是群成员之间的互动，而互动依靠的是话题。

盘活群最根本就是要创造话题与群成员进行实时互动，通过互动增强群的活跃度。

4. 做好话题约局流程，让话题的讨论有序进行

确定好话题方向之后需要做好组织工作，话题讨论具体的执行非常关键。话题讨论分为正式讨论和随机性讨论，前者就是大规模的主题讨论，后者是日常的及时性聊天。

5. 群管制度决定着群互动体系能否持久运转

任何的决策终归要落地执行，执行需要依靠人进行。如果全部依赖于酒店的员工去做管理，那人力的负担将会让酒店无法承受，并且员工任务过载也很难保证服务质量。所以运营群一定要学会让群成员去管理群成员。

群管理的原则就是要均衡，要学会分配任务，勤奋地思考如何去做好群管理。轮值的好处就是让群成员的负担不会过重，因为一旦有人超负荷工作就会影响整体质量，对于酒店而言是得不偿失的。假如一周轮值一次，那一年内至少有 52 人是高度活跃分子，他们再互相搅动，作用可想而知。

6. 做好用户期望管理，减轻服务压力

人性也是有不好的，喜欢得寸进尺。不是说酒店的服务越好用户就会越满意，有些用户的期望是永远满足不了的，这一部分用户是被惯坏的。

所以用户期望管理是非常重要的，否则酒店的服务成本将会很高。

7.确定好群最佳状态的标准

按照进群的人的层次进行划分，如果进来的都是一群行业大咖，但是几乎都不说话，对酒店的意义也不大。群信息每天一点开就是上千条，各种信息刷屏，这样对群成员来说也是一种骚扰。所以，运营群要确定好什么样的群状态才是最佳状态。最佳状态的参考指标是话题参与度、文章的转发率、内容的价值含量、群成员抛出问题的解决速率和群成员的主观感知。如果酒店能够把这几个做好，那么群成员自然会越来越多。

8.结成群联盟，一起为用户提供福利

当酒店的群达到一定数量级的时候，就可以寻找一些互补型企业形成群联盟，让他们提供一些奖品来为自己的用户创造福利。通过各种福利也可以反向刺激群成员的参与感与体验感，提高群成员的黏性以及愿意为酒店做出贡献的积极性。

群裂变：酒店社群运营的关键

群裂变是用户增长必备的核心技能之一。同时，它也是刷屏案例必不可少的环节。如果缺少群裂变则很难扩大传播层级，传播层级决定裂变效果。

社群运营关键在于群裂变。酒店想要做好社群运营，就要做好群裂变。那么，酒店应该如何做好群裂变的运营？

1.主题很重要

（1）主题要新颖。一定要结合酒店自身的产品与服务走差异化路线，

让用户能记住酒店的产品与服务，如果一味地复制照抄他人的运营方式，则最终的效果也会越来越差。

（2）主题要小，越具体越好，这样会比较容易切中用户的痛点，也能跟精准地吸引目标用户。

（3）语言要易懂。做裂变的海报、群聊、朋友圈转发时，一定要通俗易懂，故作高深的话，用户容易产生反感，活动的内容要有干货、有质量、有价值，用户才愿意参与。

2. 裂变的要点

（1）权威性：用户对行业的权威人士一般会比较信任，内心觉得有权威人士参与的活动或产品，质量肯定不会差，就像现在有些酒店品牌请明星代言打广告，给品牌带来明星效应。所以在做海报活动时，如果能够邀请到行业权威人士来进行推广参与，相信结果会比普通营销强几倍甚至几百倍。

（2）紧迫感：不管线上线下营销都要让用户产生紧迫感，增加用户购买欲望。如：原价 888 元 / 晚，现价 388 元 / 晚；活动时间仅限 1 天；名额仅剩 8 名等。其营销目的就是给用户一种紧迫感，让用户觉得错过今天就再也没有机会了或错过今天只能明年再来，好比现在的双 11 活动。

（3）描述场景：直接挖掘用户的痛点，直击内心。学会站在用户角度思考，表达出用户的需求痛点，用描述场景的方式表现出用户的需求，引导用户进行购买，让用户自己思考需要这个产品或这项服务。

3. 裂变的海报

在群的裂变中，常见的都是以裂变海报为主，既方便又实用。传播能否成功，海报在一定程度上起到了关键性作用。一张成功的裂变海报要包含用户身份、信任资料、主标 +（副标）、内容大纲、额外价值、紧迫感。

标题的大小要保证在朋友圈或微信群里时，不用点开也能看得很清楚，并且一眼就能看到海报所表达的活动意义，要让用户在看到海报后3秒读懂海报的要点。活动提炼的内容要简洁、清晰，文案要抓住用户的痛点，要制造出紧迫感或稀缺性的氛围，让用户感兴趣。

4. 群内的引导

（1）进群推送文案主要是欢迎语和群规，要让用户知道需要做什么才能参加本次活动。

（2）用户转发海报文案要简洁、明确痛点。

（3）审核成功文案主要包括提示用户成功参与活动，怎样领取相应的福利等。

5. 裂变的方式

裂变的方式主要采用内容裂变。根据群用户的画像，建立群与用户画像一致的群，然后针对群用户提供相对应的高质量内容，并通过活动营销方式，让用户自行裂变获取需求或支持方式。在裂变活动中需要保证所有信息的真实性，让用户不断在群内发布得到相应的需求与回报，这样才能无限裂变群，最终出现不断复制的模式。

酒店社群运营有哪些注意事项

社群运营是网络营销的一部分，也是大家比较关心的热点。但是，酒店的社群运营需要注意哪些事项呢？

1. 入群前

酒店需要了解清楚酒店要做什么样的群，去吸引什么样的用户加入。

然后还要确定邀请进群的用语、群规则、图文宣传、海报制作等。除此之外，还要在群成员进群之前做个表格收集用户的信息，这样方便更好地了解各个成员，努力为群成员做好细节服务，才能运营好社群。

2. 入群中

需要时刻了解每个群成员的想法、动态和需求，积极维护群规则，注意说话的态度。在做群分享的时候还要用不同的互动形式来引起群成员的兴趣，在做群活动需要策划好怎么做。回复信息要及时，对每个成员的问题要做到有问必答。要保证群的活跃度，保证群的氛围，不要让酒店群成为死群，否则后期各种没价值广告也会随之发到群里。所以，要让每个群成员觉得群有价值、有内容，要把群做到非常专业，才能为后期的营销做好铺垫。

3. 出群后

做完群后，哪怕要解散，也要提前做好预告，告知群成员解散的原因，不能直接移除群成员或者解散完之后就不和群成员联系。做群后也要学会积极总结经验，这样才能为以后做群运营积累经验。

综合来说，酒店社群运营需要注意的细节点很多，需要酒店用心去做好细节服务，服务好每个群成员，才能让整个群获得更多的好感，才能实现推广的目的。

第十三章

酒店论坛推广营销技巧

　　酒店论坛营销，就是利用论坛这种网络交流的平台，通过文字、图片、视频等方式发布酒店的产品与服务的信息，从而让目标客户更加深刻地了解酒店的产品与服务，最终达到宣传酒店品牌、加深市场认知度的网络营销行为。当然，这里面有许多方法和技巧，只有掌握了，才能让酒店的推广宣传效果达到最佳。

寻找最适合酒店推广的论坛

酒店想要做好论坛推广营销就要寻找最适合酒店推广的论坛，因为一个好的论坛，能够给酒店带来好的宣传效果。如果去一个不好的论坛，人气很低，一个版区没几个人在线，甚至一天都没几个新帖。那么，酒店的素材再好，再熟练的发帖与回帖技巧，都没有用，无法给酒店推广带来任何好处。

1. 寻找目标论坛

目标论坛不是越多越好，关键在于论坛的质量。论坛推广不是简单在论坛上发广告，酒店要做的是长期对一个优质的内容帖进行维护。所以，论坛的质量是很重要的。

目标论坛不是越大越好，很多大论坛的监控会很严格，而且帖子也容易被淹没。所以，选择大的论坛不如选择一个中等的论坛，要求不会太严格，更有利于酒店帖子的发布。

目标论坛一定要和酒店的产品与服务相关的论坛，一般可以通过百度搜索关键词 + 论坛去寻找。

目标论坛要有签名功能、有链接以及修改功能，这样方便帖子的编辑。

2. 熟悉目标论坛

目标论坛确定后，先不要急于发酒店的广告，先了解一下论坛的规则和用户的特点，因为每个论坛的特点和规则都是不一样的。比如哪些版块最火、各版块的主题特色是什么、用户喜欢什么样的内容、论坛用户的特点是什么、哪些版块适合发广告、论坛对广告的管理态度如何、论坛的管理尺度有多大、有没有空子可钻等等都需要酒店做好了解。所谓知已知版，百战不殆，所以，酒店应该先花点时间与精力充分了解论坛，是相当重要的。对于一些论坛，会有专门的广告版或者某些版块是允许发软文的，而且有些论坛有专门的广告版，也允许在一些版块和一些情况下留外链。所以，酒店要充分熟悉目标论坛，了解目标论坛的特点和规则。

先注册账户，混个脸熟

想要做论坛推广，就要先注册账号。注册账号是最关键的一步。在同一个论坛，尽可能多注册一些账号。注册账号要注意以下几点。

1. 账号名字尽量用中文，要有特色

一个有特色、有亲和力的名字，能够让人第一眼记住。账号名字最好不要用英文名字，因为很难让人记住，而且也不要用一些没有意义的名字，比如在论坛里，也经常有人来做论坛营销，但是有些账号名字起得非常烂，一看就知道是来做广告的，基本上还没开始发广告，就已经被屏蔽了。所以，账号名字建议实名制，最好能够使用酒店的名字，能够引起人们注意，让人记住。

2. 及时更新更换个人资料

个人资料越丰富，就越容易让大家对酒店产生好感和信任感。比如，地理位置、联系方式、个性化签名、个性化服务等等。特别是头像，一定要及时更换，如果可以自定义头像，尽量上传个人的真人照片或是酒店的真实图片。

3. 前几天多积极一点，提升一下论坛等级

注册完账号，不要立即发广告。要多和会员互动，特别是要和老会员和版主混熟。互动的时候，也不要一味地纯灌水，甚至用回帖机回帖，单纯地追求论坛积分和等级没用。要让论坛里的版主和会员感受到，是实实在在的真人在和他们进行正常的交流。

4. 适当地与人争论，让人记住你

快速融入一个新论坛最好的方法，不是顺着别人顶贴说好话，而是发表一些自己原创的、独特的看法和见解，因为这样更能吸引别人的关注或者引起共鸣。如果不能写，也可以就别人的帖子发表看法和见解，一样能达到效果。论坛的独特之处在于争议越大、观点越独特，别人就会越关注你。但是要记住，一定要把控好尺度，不可过度，要谨记酒店的目的是为了融入。

你必须熟知的发帖技巧

论坛发帖推广一定要注意推广的对象，做好了会得到事半功倍的效果。写什么样的帖子要事先想清楚，而且论坛有防广告的机制，这就限制了发帖的范围。因为你所发的帖子的类型决定你的帖子能引来什么性质的用户。所以，酒店想要做好论坛推广，一定要熟知发帖的技巧。

1. 要有一个暧昧的题目

一个暧昧的题目能够让人想入非非，很容易就让人想歪，要给人一种犹抱琵琶半遮脸的感觉，这样能够激起人们的好奇心与试探心理，很自然地就会点开酒店发布的帖子，这样帖子的点击率也会提高。当然，题目一定要与内容相关或者与酒店的产品与服务有关，不能脱离主题。

2. 内容要有争议性

如果发布的帖子内容没有争议，人家都是一看而过，很少会留下只言片语。如果发布的帖子内容有争议，那么，帖子的回帖率也会比较高，引起的关注度也会比较高。酒店可以从有争议的主题下手或者试着写一些关于酒店的热点新闻或者事件，这些内容的帖子一般回帖率都比较高。

3. 学会借助他人的热帖

想要创造出受欢迎的帖子不是一件容易的事情，但是酒店可以在论坛上寻找一些回帖率高的帖子，再拿它到其他的论坛进行转帖，并在帖子末尾加上酒店的签名进行宣传或者加上酒店的广告进行宣传，也能够达到很好的宣传效果。

4. 长帖短发

一般论坛中看帖的人都没什么耐性，太长的帖子，不管它有多大吸引力，都很少有人能够把它完整地看完。所以一定要长帖短发，尽量缩短帖子的内容或者将一帖分成多帖，以跟帖的形式发。但是要记住不要超过 7帖，并且可以每隔一段时间再发一帖，让别人有等待的欲望。

5. 发广告要巧妙

帖子发表时不要一开始就发广告，这样的帖子很容易被当作广告帖删除，可以利用长帖短发的方式，在后面的跟帖里发广告，一般不会被删除，一个帖子刚刚发表时，版主一般会进行检查，如果帖子中有广告的内容，一般被删除的概率比较大。但是经过一段时间后再对原帖进行修改，重新将广告内容加上，这样的成功率要高一些。如果论坛的账号被封了，改天换一个再发也可以。当然，帖子要与论坛的主题相关才好，并且论坛里要有链接功能。

6. 发帖要求质量第一

发帖不在乎发帖的数量多少，发的地方多少，而在于帖子的质量。因为发的多，但总体流量不多，发帖的关键在于让更多的人看到，变相地宣传酒店的产品与服务，追求的是最终的流量。所以，酒店一定要发高质量的帖子，专注一点，可以花费较少的时间与精力，获得较好的宣传效果。另外，如果酒店的帖子质量好，就可以获得别人的转载，给酒店带来更多的关注度。

7. 正确利用回帖功能

如果要在回帖中发广告，一定要争取在前 3 位回帖，这样被浏览的概率比较高，可以搜寻那些刚刚发表的帖子。所以，不一定所有的推广都需要自己去写主帖，如果平时多观察看到好的新帖并及时回复，在回帖中加入酒店的宣传广告，再去顶帖也是可以的。

8. 做好帖子的管理

在哪些论坛发过帖子、这些帖子的宣传效果如何、别人的反映怎么样等都需要统计和管理。酒店可以用 EXCEL 表格做好记录，这种方法适用于发帖初期。后期可以借助流量统计工具，可以查看是哪些论坛帖子所带来的流量，并且可以很方便地根据这些记录，及时地进行回帖。

顶帖，是有技巧的

顶帖是论坛中常用的方式，主要是为了把自己沉下去的帖子，顶到首页，让更多人看见。还有就是自己跟自己对话，在网友面前唱独家戏，也能够起到一定的宣传效果。但是，顶帖需要哪些技巧呢？

1. 要知道哪些版区的刷屏时间段是多少（就是首页的帖子全部更新一次），不同刷屏时间段版区的帖子，去顶帖的次数也不同。一般热门版区的帖子一天顶 3 ～ 5 次，普通版区的一天顶 1 ～ 2 次就可以了，冷门版区就不用去发了，因为没有多少人看。

2. 很多网民怕发的帖子是病毒，而不敢去点，很多帖子也就因此沉底了。所以一般发了新的宣传帖，就会用另外的账号去 2 楼回复。例如说这个帖子里面宣传的素材是可以看的、很精彩、谢谢楼主等。这样其他网民再进来看时，看到已经有人看过了，而且评价还这么高，大多数人就会放心地点击，这样能够提高点击率。

3. 顶帖也要顶有意义的帖，不要灌水。例如看到有求助的帖子，如果能够帮助楼主，就仔细回个帖帮助一下。对于讨论的帖子，顶帖时要说出自己的见解和想法。如果楼主或者路过的看到有共同话题也许会成为你的朋友，也会点击你的帖子。

记住要和版主搞好关系

版主是从论坛社区优秀网友中产生的，协助管理具体论坛的秩序，活跃版面讨论和交流气氛，为网友建立和维护一个良好的交流环境。酒店想要在论坛做好推广营销，一定要和版主搞好关系。如果你发的帖子经常被删掉，或者被禁言，那么就没法在这个论坛里做宣传推广了。

那么，如何与版主搞好关系？

酒店可以通过论坛找一下版主的联系方式，经常和版主进行交流。然后在版主的论坛下发表一些高质量的内容。如果发表的帖子被删除了，也不要和版主争吵。发表的内容被删除了，说明这样的广告营销效果很差，酒店可以好好跟版主沟通与交流，看看能否通过别的营销途径发布帖子。

因为版主有置顶权，如果酒店的产品、服务或者项目很有特色，能够给网友带来商业启示或者福利，一般版主都会愿意帮忙重新进行包装，从而帮助推广。由于是版主帮忙的，所以可信度比较高，网友也会更加容易接受，更愿意点开看，这样酒店能够很快地达到营销的效果。

第五部分

采用最实用的酒店营销策略

酒店的营销策略关系着酒店的发展和前景。所以，酒店在经营的过程中，要制定最佳的营销导向，选择较好的目标市场，采取最实用的酒店营销策略，以达到优质营销的最终目的。酒店具体的营销策略包括口碑营销、事件营销、免费策略、饥饿营销等。

第十四章

做好口碑传播

　　沃顿商学院营销学教授乔纳·伯杰曾说过，口碑传播的效果是传统广告的10倍。相关数据表明，92%的用户更信任认识的人的推荐，77%的用户会愿意购买朋友或家人推荐的新产品。所以，酒店做好口碑传播，不仅可以节省成本，而且可以带来巨大的影响力。

洞悉口碑传播的特点

口碑传播是酒店运用各种有效的手段，引发客户对酒店的产品、服务以及整体形象的谈论和交流，并激励客户向其周边人群进行介绍和推荐的市场营销方式和过程。口碑传播属于非正式的人际传播，除了具有双向性强、互动频度高、反馈及时、方法灵活等明显的人际传播特点外，还具有以下特点。

1. 可信度高

酒店在宣传产品与服务时一般都站在酒店的角度思考，消费者有理由怀疑其准确性和真实性，不愿意接受那些带有明显商业目的的营销也是情有可原的。口碑传播与大众传播不一样，口碑传播者同样是消费者，与服务的提供者没有密切的关系，不会因推荐产品而获得物质收益，这样让其他消费者更愿意信服。

在口碑传播中，传播的双方多同处家庭、朋友等群体中，其观念、意见、文化和价值判断相当接近，双方相互理解和认同消费观念，更容易相信和接受传播的信息。酒店信息在这样的基础上进行口碑传播，可信度会比较高，更值得消费者信任。

2. 传播成本低

"口碑传播"素有"零号媒介"之称，是最廉价的传播媒介。与报刊、广播电视等日益上涨的宣传费用相比，口碑传播的成本是最低的。口碑传播利用人类传播信息的天性，不用另外付费，成本几乎为零。良好的口碑是酒店宣传的巨大财富，它的形成需要酒店方方面面的配合，前期需要投入较大的人力、物力、财力，口碑一旦形成，消费者就会自行宣传酒店的产品和服务，并且很容易形成稳定的忠实客户，这会大大节省酒店的广告费用投入。好的口碑传播能够得到良好的宣传效应，更重要的是人们对它的信任远远超过其他传播媒介。

3. 有利于树立良好的品牌形象

口碑传播不同于广告宣传，口碑传播是酒店的良好形象的象征，广告宣传只是酒店的商业行为，两者的性质是不一样的。口碑传播是消费者满意度较高的表现，夸张的广告宣传可能会引起消费者的反感。拥有良好口碑的酒店往往会受到社会公众的支持和拥护，酒店赢得好的口碑后，就能拥有高美誉度和知名度，树立良好的品牌形象。良好的品牌形象一经形成就会成为酒店的无形资产，有利于酒店的产品与服务的销售与推广，有利于酒店新产品的推出。

4. 提高客户忠诚度

拥有良好的口碑是赢得回头客的保证，也是反映产品和品牌忠诚度的重要指标。消费者信任和喜爱口碑良好的酒店，会在情感上认同、接受酒店的产品和品牌，通过满意的体验而上升为依赖和忠诚。所以，良好的口碑有利于提高客户的忠诚度。

酒店口碑传播，要分这几步走

口碑传播是一个建立口碑——传播口碑——接收口碑——维护口碑的循环过程。酒店的口碑传播可以根据建立口碑对象——传播口碑形式——接收口碑渠道——维护口碑方式这四大步骤来开展。

1. 建立口碑对象

建立口碑对象要从用户心理为出发点去选择，当用户对某类产品或服务有消费需求时，更倾向于选择家人、朋友、专家、交流平台和互联网信息等的推荐。建立口碑对象要以这些口碑获取方为对象，以第三方的身份解决用户的消费诉求，满足用户的需求，获取用户的信赖。

2. 传播口碑形式

不同的消费群体有不同的消费需求。年轻人注重外观，中年人注重舒适健康，老年人注重性价比，根据不同的消费需求和侧重点，酒店要确定自身的核心竞争力和精准受众人群。通过不同的传播口碑形式，对用户产生不同的传播效果，大概可分为评论形式和问答形式两大类。

问答形式是在百度知道、百度问答、知乎、贴吧等平台以第三方身份对酒店的产品和服务进行介绍和推荐，通过帮助其解决问题的形式进行无形的推广，这样信服力更大。评论形式是在百度口碑、贴吧、论坛、自媒体等平台进行评论，扩大酒店的传播度和知名度，达到口碑宣传的目的。

3. 接受口碑渠道

接受口碑渠道是和传播口碑一体的，不同的人群有不同的信息了解渠道。要根据酒店的营销目的和受众人群选择合适的传播渠道，向受众人群传播有价值的信息，以获得更好的营销效果。

4. 维护口碑方式

维护口碑方式和传播口碑形式一样分为评论和问答两种，目的在于通过这两种形式完整传递酒店的产品、服务和品牌信息，积极与用户进行互动，保持酒店的热度，并挖掘潜在客户，争取达到口碑营销的最大效果。

这四个步骤环环相扣缺一不可，只有全面兼顾才能达到最大化的营销效果。所以，想要做好酒店的口碑传播，要做好以上四个步骤。

引爆"口碑效应"

口碑传播操作的关键在于通过引爆受众的眼球和生成可谈论的话题来引爆"口碑效应"。那么，如何引爆"口碑效应"呢？

口碑传播主要是利用人的显摆与分享心理，所以从用户的心理需求入手，是最佳选择。

1. 新奇

当人们遇到新奇而有趣的事时，总会情不自禁地关注和分享，因为谁都想表现得知识渊博一些，备受关注一些。所以，酒店在策划口碑营销时，可以从新奇出发。如亚朵知乎酒店，能够让客户在住店的期间体验各种电影角色，让客户开启奇妙的体验之旅。

2. 快乐

没有人会拒绝传播快乐，当酒店能够给客户带去快乐时，想让客户不传播都难。例如酒店在客户住店的时候，提供优质的产品与服务，让客户感受到快乐，客户自然会不由自主地帮助酒店做好口碑传播。

3. 故事

好的故事，人人爱听，听完后自然也会传播。酒店的故事想要引起口碑，必须要有话题才行，而故事本身就是非常好、非常持久的话题。所以，酒店在口碑营销中，可以制造有趣和易于传播的故事，让客户自主进行口碑传播。

4. 关怀

消费者是很容易被感动的群体，只要对他们好一些，或者能够站在他们的角度为他们着想，他们就会非常满意，愿意用口碑或者消费来回报。所以，酒店在做口碑营销时，要做足功课，努力为客户的利益着想，给予客户足够的关怀。

5. 互惠

感恩是人类的优秀品质之一。酒店如果能够有效帮助用户解决问题，用户自然会用口碑回报。酒店可以为客户提供旅游指南，解决客户在住店期间的问题，帮助客户节省大量的时间和精力，他们自然会愿意为酒店做好口碑传播。

6. 利诱

客户最关心的就是自己的利益，是否能够得到实惠。所以，酒店可以直接让客户受益，帮客户省钱，自然会受到客户的支持与拥戴。酒店可以提供特价房、会员打折等活动，利用这些福利让客户增加对酒店的喜爱，让客户经常来酒店消费，增加酒店的收益。

7. 共鸣

心理学中有一种策略和方法叫"情感共鸣"，通过此方法，可以快速拉近与陌生人之间的距离，从而影响别人。酒店在口碑营销过程中，如果能够引起用户的内心共鸣，自然就会形成口碑效应。

做公益，传播酒店口碑

常言道："做广告不如做新闻，做新闻不如做公益。"公益营销是口碑传播最好的载体。做公益事业就是企业奉献爱心和承担社会责任。酒店可以利用媒体和公众关注的热点事件和热点人物，结合酒店自身的情况，经常性推出公益活动，以加深客户对酒店形象的深度认识，为酒店树立良好的品牌形象。因此，酒店要多做公益，传播酒店的口碑，其主要作用体现在以下 4 点。

1. 提升酒店的品牌形象

公益营销的基础是从事公益活动。公益活动的目的在于提供人类福利和增进公共利益，它包括提供有形的财物、无形的劳务、对他人表达善意、对他人提供帮助、对社会做有意义的贡献等等。酒店做公益活动是指以酒店的名义，采取提供金钱、实物或实务等方式，主办、参与或协办公益活动。

酒店做公益活动，不仅能够增加社会的公共利益，而且能够提升酒店的品牌形象，为酒店的口碑传播奠定基础。很多酒店在制定长远战略时都会将公益事业作为一项重要内容来考虑。所以，公益事业是酒店经营策略的一个不可忽视的组成部分，是树立酒店品牌形象的一项重要举措。

2. 提高酒店的经济效益

酒店做公益活动应该从利人与利己这两方面进行考虑。酒店想要做好口碑传播，不仅要对社会作出回馈，同时也要考虑酒店自身的利益。酒店获取利润对社会是有贡献的，有了利润酒店才能回馈投资人、员工，才能缴纳税金给政府，供应商才能从酒店获取他们的利益，诸多利益相关部门能从酒店中得到利益，也就是说，获取利润是酒店作为一个组织存在于社会的理由。所以，酒店在做公益活动时，不仅要考虑社会效益，也要考虑酒店自身的效益。酒店多做公益的目的在于传播酒店的口碑，增加酒店的效益。

一个良好的酒店需要有出色的利润与良好的公众形象，酒店不能只顾自身利益而忽视社会效益，也不能不顾自身利益用酒店赚取的钱去盲目地回馈社会。总之，社会公益活动、促销活动都是酒店发展中必不可少的活动，两者不能相互替代，酒店要根据自身情况找到两者之间的平衡点，既做好社会公益活动，又维护酒店的利益。

3. 拉近与客户的关系

酒店对社会公益的投入，能够维持老客户的支持，加强与老客户的联系。在竞争激烈的市场中，酒店的产品与服务能够脱颖而出，酒店与整个社区的联系，也变得更密切，有更好的回报。当酒店的产品与服务是广大群众都会用得到的类别，酒店就需要用有广泛影响的公益活动，吸引客户的关注和支持，在竞争激烈的市场中获取显著地位，拉近与客户的关系。

4. 提高社会效益

酒店往往比较注重经济效益，忽视了社会效益、生态效益。随着社会的不断发展，人们越来越重视社会效益，酒店也应该把眼光放得更加长远，将正确的理念和价值观传输给社会，通过开展公益活动来积极影响社会，提高社会效益，同时也给酒店创造一个更加广阔的发展空间。

多分享，让酒店口碑爆棚

客户的认可是最好的认可，客户愿意把酒店的产品与服务分享出去才是最有说服力的，能够让酒店的口碑爆棚。在自媒体疯狂肆虐的现在，口碑传播成为酒店行业最有力的营销手段。那么，如何让客户愿意多分享酒店的产品与服务呢？

1. 产品与服务要让客户有分享的冲动

大家外出旅游都喜欢拍自己喜欢的东西，发出去的也是自己觉得特别好看的照片。酒店可以利用客户的这种心理，为客户营造良好的住宿体验，使客户达到"忍不住要晒"的效果，客户才会心甘情愿地分享。当然，酒店的产品与服务不一定要惊艳，但是一定要能够引起客户的分享欲望。

2. 酒店产品与服务一定要有创意

随着社会的不断发展，人们的见识越来越丰富，很多东西大家都见过。所以，酒店在推销产品与服务的时候，一定要注重产品与服务的创意性。因为一款创意别致的产品与服务，能够引起客户的分享。通过客户的分享，能够吸引来更多的新客户，使酒店的口碑传播达到最好的效果。

3. 酒店提供拍照装置，方便客户拍出大师水平的照片

在一言不合就自拍的朋友圈，好的照片能够让你分分钟登上朋友圈的头条。所以，如果酒店能够把握客户的这种心理，那么酒店的产品与服务就一定会出现在客户的朋友圈中，比如以色列的一家餐厅就很好地把握了客户的这种心理，推出自带拍照装置的餐具，能够让客户吃得开心也拍得舒心。

第十五章
巧用事件营销

　　事件营销是酒店的有效宣传推广手段之一。事件营销，就是指酒店通过策划或借用具有新闻价值、名人效应以及社会影响的人物或事件，来吸引大众媒体、社会团体和消费者的兴趣与关注，以提升酒店或品牌的美誉度和知名度，进而为酒店树立起良好的社会公众形象，并直接或间接地带动酒店的产品销量，从而为酒店赢取更多的利润。所以，酒店一定要学会巧用事件营销。

事件营销的关键：轻、快、爆

在获取流量的各种营销方式中，事件营销一直是酒店行业比较青睐的。因为事件营销能够迅速打开知名度，聚集关注，能够以小博大，节约大量媒体投放费用，获取流量的性价比较高。

对于消费者而言，每天接触到的信息要远多于他们愿意接收的信息。信息的超负荷接收，导致信息的价值降低，消费者注意力成本增加，出现审美疲劳。很多时候，酒店辛辛苦苦做的宣传内容，消费者可能根本没时间看、也没心情接收，酒店的宣传效果会很差。所以，酒店要善于通过事件营销来增强宣传推广的效果。

进行事件营销要注意一点，不应该做得太重。现在的事件、热点来得快去得快，所以事件营销一定要做到"轻、快、爆"，能出创意、见效果。

"轻"指的是内容要轻、媒介选择要轻。在事件营销过程中，创意不要太复杂、太花哨，而且媒介最好选择线上的投放形式。"轻"本身就是为事件营销争取最快的时间。

"快"指的是发力速度、传播速度要快。现在信息更新比较快，如果预热准备期过长，等到创意出街，市场和竞争环境可能已经出现了巨大的调整和改变。一个好的广告作品可以打磨3个月甚至半年以上，但是一个性价比高的事件营销，必须要做到速度快，要超过大众预期。

"爆"指事件营销的爆点要强而有力。现在的事件营销爆发的核心路径普遍都在互联网的社交媒体上，所以不论是创意设计还是媒介组合，都要围绕社交媒体来设计，让事件营销能够"爆"。在"爆"的方面，要注意以下5点。

1. 热点

热点就是借势营销、借公众情绪达到推广宣传品牌的效果。追热点已经成为广告人、营销人的基本技能，目的在于增加流量。酒店想要造出一个热点、一个事件的难度要远远大于借势热点的难度。现在热点营销越来越常态化，追热点动作要快，可以提前储备，也可以及时反应。

2. 爆点

事件营销中的爆点，指的是事件营销中的"关键词"或"符号"。每个事件营销必须有简短且识别度高的关键词，一般为 5 个字以内的关键词，有明确的双井号关键词。除此之外，关键词还要具有强化统一的视觉符号，关键词的创意要干净简单。只有关键词和符号突出，才有利于媒体的报道描述和大众的口口相传。

3. 卖点

在事件营销的整个过程中，必须突出酒店产品与服务的核心卖点。只有把握住核心卖点，才能防止流量外溢，才能保证营销效果。

4. 槽点

社交媒体让大众传播变得更加便捷和简单，在人人都可以发声的情况下，吐槽的门槛越来越低，受众对于事件的参与度越来越高，扩散性越来越强，使事件营销达到了一个前所未有的高度。酒店可以借助吐槽的势能，通过"埋槽点"控制受众吐槽的方向，然后借助段子手、普通网民的吐槽来保持酒店的话题热度，最后再进行收割。槽点要能够引发话题争议，槽点要简单，方便网友随时进行吐槽。

5. 节点

掌握事件营销的节奏，是长期经验的积累，也是执行的关键。在事件营销中，关键人物和时间节点的把握都很重要，可能会改变酒店对整个事件的把控方向。在选择关键人物要注意是否与酒店相关，尽量选择与酒店相符合的，以便进行传播配合；与酒店无关的最好不要硬营销，否则会带来不利因素。时间节点要考虑的变量问题。正常的事件营销最好的时间安排在周二到周四，因为很多人这段时间都在上班，看到一个事件爆发可以顺便吐个槽。竞争型话题一般都选在周四，这样竞品很难迅速在周五做出反应。周末休息时间，话题一般容易遇冷，不推荐。

推动的不是事件，而是人心

表面上看，事件营销的关键是推动事件，引导事件发展，而实际上是推动人心，引导人的心理和情感的发展。随着产品同质化的加剧，可替代性越来越高，功能性要求的满足已经不再是消费者最关注的。现在消费者最关心的是购买或使用的产品时能够得到情感上的满足。所以，酒店在进行事件营销的时候，推销的产品或服务最好能够迎合消费者的情感，与消费者产生情感上的共鸣，满足消费者的情感需求。

具体而言，在酒店的事件营销中，要抓住消费者的以下几种情感需求。

1. 爱情

以爱情为主题的事件营销有很多。在感性消费的时代，广告诉求更是把爱情作为宠儿。现在大多数酒店在进行事件营销时，都会把爱情作为事件营销的主题，将酒店与爱情很好地结合，让消费者产生情感的共鸣，一起共诉爱情观。

2. 亲情

亲情，是任何东西都无法代替，也无法相比的，而且亲情是无价的。

酒店可以举办"亲子活动""关爱留守儿童"等活动来引起消费者内心深处的亲情，通过酒店传达的亲情，让消费者重新认识亲情，这样能够产生了较好的营销效果。

3. 友情

酒店可以凭借多种广告语，表达朋友久别重逢或相约聚会之际心中所有的激动与情感，能够让消费者产生的联想，认可酒店的情感表达，从而提升消费者的忠诚度。

4. 博爱之情

爱国之情、民族之情、社会之情、团队之情、公益之情等都是集体情感，广告创意与实事的结合，不仅能够引起注意，还能够借机宣传，起到更好的宣传效果，如奥运会等社会事件。当然，也可以运用民族元素、民族特色、民族符号等，不仅能够增加亲切感、拉近与消费者的距离，还能借助消费者熟悉的元素符号增强其对酒店品牌的识别度，为酒店树立品牌形象。

5. 其他

怀旧、回忆、向往自由、追求个性、祈求健康等也都是常见的人类的情感。尤其是回忆，遇到熟悉的场景或者特别的事物，很容易勾起人们内心深处以往的某些经历，从而引发共鸣，更愿意接受酒店提供的产品与服务，甚至为此增加消费。

抓住这 5 类人，酒店事件营销就成功了一半

在移动互联网发达的时代，每一个人都是一个传播节点。事件营销主要是依赖于人的传播，往往会比较有趣、接地气，人们会选择从社交平台

切入，如微博、微信朋友圈、QQ空间、论坛等等，实现爆炸性传播。所以，酒店想做好事件营销必须抓住这5类人。

1. 种子用户

找到一批种子用户，建立情感的联络，让他们自然为酒店发声，这批种子用户需要活跃在各类社会化媒体里，如微博、微信、论坛、贴吧等，他们发言踊跃，能够带动一批人。找准这批种子用户是宣传酒店产品与服务成功的基础，更是酒店的生死命脉。如果酒店无法留住这批种子用户，那么酒店产品与服务的生命力可想而知。酒店找到这批种子用户，需要用心维护，让他们成为铁粉。铁粉，就是即使酒店产品与服务有不好的地方，他们依然支持与拥戴。

2. 明星用户

找到几个明星用户，这里的明星不是单指娱乐明星，还有很多社会公知或者说意见领袖，让他们喜爱酒店的产品与服务，没事就在微博、微信、贴吧晒一下酒店产品与服务的照片，炫耀一下产品与服务的质量，传播酒店的理念和价值观，为酒店树立品牌形象。

3. 民间评论家

找到一批民间评论家，让他们能够经常在网上为酒店发声，并有一定的辩论和写作能力。有很多媒体人、行业人士在业余时间都会经营自媒体，他们的评论往往能起到较好的传播作用。所以，酒店可以让他们多为酒店的产品与服务做评论，让更多的人关注酒店的产品与服务。

4. 记者用户

找到一批忠实的记者用户，及时响应他们对产品与服务的需求，让记者成为酒店的粉丝。记者背后拥有广大的媒体平台，对酒店产品与服务的传播具有一定的优势，记者的信息通过媒体这个大分子传递出来，辐射面更大，衰减时间长，容易形成较大范围的扩散，能够给酒店的事件营销带来很好的营销效果。

5. 员工

让酒店员工热爱酒店的产品与服务，这一点很多酒店都会忽略。其实员工是首位产品与服务的体验员，是最了解酒店的人，也是重要的传播者。酒店员工热爱酒店产品与服务，在外面碰到生人或者熟人，都会夸一夸酒店的产品与服务。如果酒店员工都不热爱酒店的产品与服务，那么酒店的产品与服务就没办法受到其他客户的喜爱。

善于借势，是酒店事件营销的诀窍

所谓借势，是指酒店及时地抓住广受关注的社会新闻、社会热点、社会事件以及关键人物的明星效应等，结合酒店的产品与服务展开的一系列相关活动，以实现公众对热点话题的关注转向对酒店品牌的关注的营销策略。酒店要善于通过借助人们关注的焦点顺势搭车，让更多的人认识和关注酒店的产品与服务，以此提高酒店的美誉度与知名度，从而实现事件营销的目的。

1. 借势的三要素

（1）反应快

这是最基础的，考验的是执行力。要有即使在寒冷的冬夜看到突发事件也要挥泪告别被窝起来敲键盘的精神，要及时抓住热点的时效。不管热点的好与坏，内容如何，每个热点爆发后第一个借势的人，推文的阅读量都会比较高。

（2）创意好

创意是可遇不可求的，总体来说与执行者的个人能力是密不可分的。想要写出有创意的推文，就要增加自己的知识和眼界，博采众长，多观察和学习其他的热点话题人物、借势大师是怎么做的。

（3）有实效

不带明确目的借势营销就是耍流氓，增加品牌曝光是无法被列入 KPI 的附加值的。所以，酒店推文的阅读率、转发率、新增粉丝数就是实效。

2. 关键在于"善借"

善于借势就是善于整合资源，其关键在于发现和挖掘与产品或品牌价值相关联的事件，并对时机进行精准把握。机会可能稍纵即逝，对势的把握是否及时，将直接影响最终的势能。所以，酒店应该竭尽所能通过"借"最大可能地将酒店的产品与服务和事件关联起来，通过事件的热点提升酒店的品牌和销量，为酒店树立品牌形象，使酒店处于有利的竞争位。在事件营销中学会借势是不需要花费太多的营销经费，就能够实现最大化的营销效果。

3. 借势的原则

（1）不是所有热点都适合借势

需要思考热点事件本身是否能与酒店产品、服务或品牌形象产生关联，与酒店品牌结合是否合理、是否贴切。热点事件的关联性越强越能产生好的营销效果，对于没有关联性的热点事件而硬生生地去做结合，营销效果或许会适得其反。当然，对于那些违反道德与法律，会造成视觉垃圾的热点，例如违法违规、负面的、重点灾难事件等，都不能拿来作为事件营销。

（2）区分跟风和借势的区别

借势营销，重在"借"，而不在"势"。如果重在"势"，只会陷入盲目跟风的境地。"借"主要是借助消费者购买或认同心理的"势"，满足消费者的喜好而并不是借与品牌毫无相关的热门事件的"势"。好的借势营销应该围绕酒店的品牌优势进行创意，强调突出酒店的品牌形象、产品优势以及服务质量。

（3）借势传播还要讲究速度与技巧

势具有普遍性、偶发性、时效性，一般认为6个小时以后的热点就失去了时效性。所以，借势一定要讲究速度和技巧。

（4）借势需要活动激励，延续话题性

借势营销可以结合优惠活动、附赠彩蛋等形式，这样可以让传播效果翻倍，同时能突破热点事件的时间限度，适当延续话题性。

（5）多问自己几个问题

在进行借势的过程中，要多思考几个问题，比如：只是借助热点，植入酒店的产品与服务就一定会让酒店的知名度更高吗？就算知名度提高了，会增加用户的好感吗？会提升酒店品牌的正面形象吗？在众多的借力营销中，能否获胜？等等。如此一来，就会做得更好，使得"借"的效果更完美。

酒店事件营销的误区有哪些

事件营销的重要作用无须再讲，不过，有一点必须明白，事件营销只是一种"营销手段"，而不是"营销目的"，尤其是在酒店行业中，不少酒店在进行事件营销时或多或少存在一些误区，影响了事件营销的效果。

那么，酒店的事件营销存在哪些误区？

1. 盲目跟风

成功的事件营销要有赖于深厚的酒店文化底蕴，不能盲目跟风。在做网络营销推广也是如此，不能看到某个方法火，就盲目去用，关键要看酒店自身是否合适，是否符合酒店的经营理念，针对酒店自身的情况进行有效的结合实施。

2. 违反新闻法规

事件营销无论如何策划，一定要符合相关的新闻法规，不能越位。一旦违反新闻法规，那么事件营销就没有意义，甚至会给酒店带来负面影响。

3. 事件与品牌无关联

如果事件营销与酒店品牌无关联，那么生硬地将事件与酒店品牌联系，也起不到营销的作用。事件营销无论怎么策划，一定要与酒店品牌有关联。事件营销的目的在于能对酒店品牌起到宣传作用，提升酒店的品牌形象。

4. 无法控制风险

在策划一次事件营销方案之前，一定要考虑到风险的要素。酒店进行事件营销时，一定要控制好风险，千万不能对酒店的品牌造成负面影响，所有的推广都是为了提升酒店的品牌形象。

5. 不能引起媒体关注

事件营销，最早也叫新闻营销，所以事件营销与媒体是密不可分的。一个好的事件营销一定要能够引起媒体的关注，媒体关注了，酒店的品牌才能给被更多的人所知道，才能达到营销的效果。

6. 没有曲折的故事情节

好的事件营销，应该像讲故事一样，一波三折，让人们看了大呼过瘾，看了还想看，这样新闻效应才能持久。

7. 认为事件营销只是临时性的战术

不要把事件营销当成临时性的战术，随性而为之。想要做好酒店的事件营销就要将事件营销当成一项长期战略工程来实施，并要注意事件短期效应与酒店品牌长期战略的关系，做好事件与品牌的关联。

8. 不敢尝试

在事件营销的过程中，不一定都是顺风顺水，大众对事件的关注程度不一定与策划时想象的一样。所以，酒店想要事件营销成功，最重要的是要戒骄戒躁，坚持实施，不断尝试。

第十六章
适当地采用免费策略

免费策略是一种很有效的营销策略。因为对于免费的东西，大家一般都没有防备心理，很容易接受。在网站看到免费东西的人，可以没有心理负担地向其他人推荐，反正是免费的，不会被人觉得是拿了什么回扣或好处才推荐给别人。免费策略营销是用免费的东西获得客户，然后从其他的地方赚回来。现在越来越多的酒店采取免费营销，这样不仅能够留住老客户又能吸引新客户，为酒店带来更多的客户和更多的利润。

关于免费策略，你知道多少

免费策略就是给客户提供一些免费的礼品或者免费的服务，以此来吸引客户，从而促成一定的转化。

那么，对于酒店来说，免费策略都有哪些呢？

1. 免费体验

免费体验是一种很吸引人的方法，它能吸引潜在客户来尝试酒店的产品或服务。从销售效果来看，要想让客户对酒店的产品或服务心动，最简单的一种办法就是让客户去体验一段时间的产品与服务。所以，除了线下实体店提供免费体验，线上也可以提供免费体验功能，这样能让客户更好地体验。

2. 固定时间免费模式

对于客户流量集中于某个时段的酒店可以采取这个模式，如酒店的餐厅在流量少的时间段向客户开放免费服务，吸引更多的客户群体来消费，既弥补了某时间段客户流量少的缺憾，又拥有了一批忠实粉丝，这样可以推动酒店内部其他产品与服务的销量，属于产品之间的交叉补贴。

3. 部分用户免费模式

这种模式主要是为了吸引更多的客户，能够让酒店从中赚取一定利润。这种模式可以让一部分人带动另一部分人进行消费，属于客户之间的一种交叉性补贴。

4. 提供额外项目免费模式

通过向客户提供一些额外的免费项目，增加酒店产品与服务的曝光率，吸引更多的客户前来消费。例如酒店的主题餐厅，消费比其他餐厅略高，但还是会有很多人去吃饭，因为客户在这里吃饭可以享受到在普通餐厅感受不到新奇感，让客户忽略价格的昂贵。

5. 固定位置免费策略

很多酒店在场地安排方面，都会区别对待，如设立贵宾席、贵宾餐厅、贵宾套房等。相对的，也有一些位置属于"偏冷型"，很少有人去光顾，如餐厅最偏远座、酒吧最角落位置、KTV 最角落包厢等。面对这种情况，酒店可以采用固定位置免费策略，让这些偏冷位置得到有效利用，既增加了客户的流量，又增强了客户的体验，同时盘活了酒店的生意，避免偏冷位置给酒店带来的损失。

6. 跨界免费营销模式

有些产品的使用是需要搭配其他产品一起使用才能发挥出其最大价值的。酒店可以用这个特点进行跨界免费营销，将一些产品的其他组成部分作为免费产品，赠送给客户，既可以吸引更多的客户来关注和了解酒店，又可以引导这些客户进行消费。

7. 免费样品

提供免费样品是一种非常强大的销售技巧。例如，酒店餐厅在大堂内设立品尝区，客户可以免费品尝产品，通过免费品尝吸引更多客户来用餐。

8. 免费赠品

只要是免费的东西就会有吸引力，免费的赠品能够提高销售业绩。但是需要保证免费赠品有吸引力，所以在选择免费赠品时要考虑是否有人会去购买它。一旦客户因为免费赠品而购买产品那就证明这个免费赠品深得客户的心。当然也可以继续尝试另一种免费赠品，看其是否能够在销售业绩上超过前者。酒店赠送的免费赠品越多，那么给酒店带来的客户就越多，销售也会越好。

9. 免费现金或免费现金券

现在免费现金策略应用得最广的是商场开业，免费派发红包。相比免费现金，绝大多数商家应用最多的是免费现金券。酒店可以采用这种免费策略，向客户派发纸质现金券和电子现金券，这种方式能够刺激客户的消费，让客户为了现金券而消费。

10. 免费奖励积分

对于俱乐部或客户经常光顾的项目，免费奖励积分可以提高销售额。例如酒店经常会对客户按照住店次数来进行积分，达到一定的积分的时候，为这些客户提供特别的奖励。但是，在设置免费积分奖励的时候，一定需要注意积分一定要诱人，兑换积分的地方一点要便利，最好是酒店前台可以直接兑换。

免费策略有很多，酒店要根据行业的特点和发展趋势来选择使用。在移动互联网快速发展的时代，通过免费营销模式，吸引客户产生购买欲望，发生购买行为，让酒店能够在激烈的市场竞争中生存下去。

人人都有占便宜的心理

人人都有爱占便宜的心理，因为占便宜能够带来心理满足。在推销人群中流传着这样一句话：客户要的不是便宜，而是感觉占到了便宜。也就是说只要客户有了占便宜的感觉，就会接受你推销的产品与服务。只要销售人员能够利用人们的这种心理，在未做生意或者生意刚刚开始的时候拉拢一下客户，能够提高双方合作的可能性。所以，酒店经常会利用降价、打折等活动来吸引客户到店消费。

除了利用价格悬殊来推销产品之外，优惠政策也是酒店抓住客户心理的一种推销方式。大多数客户只看给出的优惠是多少，然后和同行的竞争对手做比较，如果没有让客户感觉到优惠，那么客户可能就不会购买，而如果酒店给出的优惠达到客户想要的，那么客户就会购买，甚至给酒店带来更大的效益。因此，酒店在营销的过程中，要注意满足客户这种想要优惠的心理需求。优惠政策是酒店用一些小利益换来大客户的一种手段，而且在优惠的过程中酒店会传达给客户这样一种信息：优惠并不是天天有，要抓住机会。这样一来，客户才会更愿意来店消费。

另外，当酒店推销的产品在某方面有些不足时，也可以通过一些优惠让客户满意而忽略产品的其他不足之处。如果客户对酒店的产品提出意见，千万不要直接否定客户，要正视产品的缺点，然后用产品的优点来弥补这个缺点，这样客户可能更容易接受一些。比如客户说："给我安排的那个标间怎么连窗户都没有？"这时，酒店的销售人员可以说："我们的那个标间确实没有窗户，所以才进行优惠处理，做特价房。不过，我们可以确保房间的透气性不受任何影响，而且非常安静舒适。这种价格住这种档次的标间非常划算。"这样一来，酒店的保证和产品的价格优势就会促使客户产生购买欲望，达到酒店营销的目的。

因此，酒店在使用这些策略时，一定要注意方式和分寸，既要满足客户喜欢占便宜的心理，又要确保客户得到实实在在的优惠，这样才能保持和客户长久的关系，实现互惠互利。

提供免费的早餐，拉住客户的心

一般酒店都会为客户提供免费早餐，说是免费的，其实都是包含在房费里的。但是直接和客户说提供免费早餐，他们反而更容易接受，觉得占了便宜，更愿意来酒店消费。很多酒店就是利用客户的这种消费心理，来留住客户的心，提升客户的忠诚度。

1. 是否提供免费早餐

一般来说，以 OTA 客户、协议客户为主，特别是以外地商务客户和旅游客户为主的酒店，一般都会提供免费早餐。但是需要注意，是否提供免费早餐，需要根据酒店的规模、档次以及自身的情况等来决定，比如酒店的房价 288 元，只有 30 间房，这样的情况下提供免费早餐，确实不太好安排，而且容易造成酒店损失；而对于高端酒店来说，房价 888 元一晚上，而且酒店有 100 多间房间，酒店提供早餐既能留住客户又能刺激客户进行其他的消费，更有利于酒店的盈利。因此，酒店是否提供免费早餐，还要取决于酒店的规模、档次以及自身情况等。

2. 免费早餐的分类

常见的早餐分为 4 种：合作早餐、打包早餐、围桌早餐和自助早餐，最为常见的是自助早餐。

合作早餐是指酒店和旁边的早餐店合作，客户可以直接去早餐店用餐，不必另外付费。比如酒店和旁边的肯德基合作，客户凭券到肯德基可以领一份免费早餐。

打包早餐多见于接待旅游客户时使用。由于旅游客户出团比较早，酒店没有时间准备，只能从外面打包给客户享用。

围桌餐在旅游景区酒店多见。酒店按桌提供，食品固定，每个人多少分量都提前准备好。

自助早餐的菜品和样式比较多，随取随用，基本能够客户的需求。开餐时间一般为 7:00 ～ 10:00。

3. 免费早餐的注意事项

（1）酒店的免费自助早餐品种不能少于 20 种，包括凉菜、热菜、点心、粥、饮料等。少于 20 种容易被客人投诉。

（2）早餐虽说是免费的，但一定要确保菜品的质量以及服务的态度，保证客户食用开心。

免费住宿，吸引客户

对于消费者而言，酒店免费策略里面最具吸引力的当属免费住宿了。酒店的主要功能就是住宿，其主要收益也是来自这一部分，当这一项服务免费了，消费者自然是趋之若鹜。当然，酒店付出如此大的代价吸引客户，必然会想方设法使其效用最大化。

有一家顶级度假酒店就采用免费住宿的策略，而且取得了很好的效果。这家顶级酒店的免费住宿到底是怎样的模式？

这家顶级酒店原来的模式是存款 3 万块免费住 12 晚，也就是说存 3 万押金，在一年之内可以在酒店免费住 12 个晚上，不管是旺季还是淡季，当然住店的话要提前预约，3 万块一年到期后全部返还。对客户来说，酒店确实免费住了，而且对于一些经常有度假需求的客户来说，还是有一点吸引力的，12 个晚上，按照最便宜的 500 块来算，也是几千块了。这种模式虽然有吸引力，但是后来发现吸引的客户不多。原因在于 3 万块不是一个小数目，这个门槛对于普通客户来说还是有点高。

后来酒店为了吸引更多的客户前来住店，把门槛降低，把原有的存 3 万块免费住 12 晚改为存 5 000 块免费住 3 晚。5 000 块对于大多数客户来说，是可以接受的，而且 5 000 块一年到期仍然返还，相当于免费住了酒店。

也许大多数人会说，这家酒店让客户免费住 3 个晚上，客户是赚到了，但是对于酒店来说根本没赚钱，因为存的钱最后还要返还给客户。其实大家都忽略了最重要的一个问题，这是一家度假酒店，和城市里的普通酒店是不一样的。度假酒店是以接待休闲度假游客为主，为休闲度假游客提供住宿、餐饮、娱乐与游乐等多种服务功能的酒店。与一般城市酒店不同，度假酒店大多建在滨海、林地、峡谷、山野、乡村、湖泊、温泉等自然风景区附近，而且分布很广。度假酒店是一个度假中心，专门给客户提供娱乐和享受的地方，它一般要有良好的沙滩、游泳池、高尔夫球场、运动场、溜冰场和滑雪场，甚至跑马场。

客户来这边度假，除了度假酒店提供的免费住宿，还需要在度假酒店进行其他的吃喝玩乐等活动。餐饮的消费、娱乐的消费、购物的消费、养生的消费等等这些盈利项目都能给酒店带来更多的收益，远远比客户住宿的消费要多，而且来度假的一般都是有一定经济基础的客户。所以，酒店通过免费住宿吸引来更多的客户来酒店消费是明智之举，能给酒店带来更多的收益。

因此，酒店在实施免费策略的时候，适当地根据酒店自身的情况，为客户提供免费住宿，吸引更多的客户，让客户来酒店进行其他的消费，能给酒店带来更多的收益。

如何巧用酒店"锦鲤"

微博上转发锦鲤的风气盛行已久，"锦鲤"火起来的原因在于支付宝选出的"中国锦鲤"，一微博名为信小呆的网友，她收到了一份环游世界大礼包，内含往返机票、百货商店免单、景点免费游等各种福利，引得网友疯狂转发沾喜气。"锦鲤"营销带来的效果非常好，而且带来了众多粉丝，瞬间提升了品牌美誉度与知名度。很多商家试图把自己的营销和"锦鲤"扯上关系，酒店也不例外，完全可以利用锦鲤来营销，抽取幸运用户，让其免费享用酒店的产品与服务，从而达到提升酒店关注度和知名度，增加酒店曝光率，为酒店带来更多客户的目的。那么，酒店应该如何巧用"锦鲤"营销呢？

1. 活动主题的选择

（1）中国人有很深的锦鲤情节，转发锦鲤等于"好运气"。所以，活动的主题一定要与锦鲤相关，才能吸引大量的用户转发。

（2）在活动策划中，一定要做好细分领域之"最"，可以在某种程度上增加活动的可信度和人气，如五星级酒店最好的房间与服务等等。

（3）活动的主题要让用户有超值感，如酒店承包你未来一年的住宿、饮食、旅游等所有的消费，这样就非常有吸引力。

2. 活动奖品的设置

支付宝锦鲤营销的成功在于有丰厚的奖品作为加持，奖品分量越重，越能刺激用户的神经，促进转发与参与。所以，设置活动奖品时，一定要让奖品的分量足够重，才能够吸引用户。

（1）找更多合作伙伴，提供更多奖品

酒店可以和其他商家一起合作，一起分担奖品，例如与餐饮或者景区等合作。一般商家都会非常乐意，能够实现利益共赢，一起提升知名度和品牌形象。

（2）减少中奖人数，让中奖者能获得的奖品最大化

选太多的中奖者，只会让奖品被稀释，用户参与的意愿会大打折扣。比如，抽取 1 位中奖者获得酒店免费住宿和旅游。对于用户来说，转发参与就有中奖的机会，参与欲望会比较强烈。

（3）结合自身业务及用户的需求，给用户需要的东西

奖品要吸引用户，才能调动用户的参与度与积极性。所以，酒店在选取奖品的时候要站在用户的角度着想，看用户是否需要该奖品。

3. 抽奖环节的设置

除了奖品，用户最关心的是抽奖的公平性和真实性，最重要的两点是规则和工具。抽奖活动的主要目的是增粉，而粉丝大部分集中在微博和微信，酒店应该充分利用这两个工具，实现酒店的营销。

（1）微博抽奖

微博有自己的微博抽奖平台，能对转发用户进行抽奖，在参与规则上支持关注多个用户、@多个好友、特别关注、关键词筛选、地域抽奖等条件设置，后期可以进行数据分析，过滤垃圾粉，微博抽奖的功能比较全面。

（2）微信抽奖

微信抽奖一般借助于小程序和其他平台，最火的是小程序抽奖助手。酒店可以利用微信小程序抽奖，这样抽取的用户更有说服力，比较公平、公正、真实。

第十七章

酒店饥饿营销的技巧

在日常生活和工作中，常常会碰到"限量版""秒杀"等现象。在物质丰富的今天，为什么还出现这种供不应求的现象呢？其实这一切大多都是饥饿营销造成的。

饥饿营销主要运用于产品或服务的商业推广，是指产品或服务的提供者有意调低产量，以期达到调控供求关系、制造供不应求的"假象"、以维护产品形象或服务质量并维持产品或服务较高售价和利润率的营销策略。饥饿营销是比较流行的一种营销手段，许多酒店会通过各种手段来激发客户的购买欲望，同时又让客户得到满足，从而引发了客户更强烈的购买欲望。

饥饿营销很烂，但很有效

饥饿营销并不是个新鲜事物，楼盘多次小批量销售、汽车登记预售、限量版服装出售、商铺顾托入店大量购物等，这些经常看到的现象都是饥饿营销的招数。由于用得多了，这种营销策略常常会导致人们反感，被很多人诟病。虽然饥饿营销很烂，但是却很实用，能够给酒店带来一定的营销效果，具体有以下 4 点。

1. 可以强化客户的购买欲望

饥饿营销通过实施欲擒故纵的策略，通过调控产品与服务的供求，引发供不应求的假象。因为客户都有一种好奇和逆反心理，越是得不到的东西越想得到，于是这种营销策略对客户的购买欲望进行了强化，加剧供不应求的"假象"，使饥饿营销呈现出更强烈的影响力和戏剧性。

2. 可以放大产品和品牌的号召力

当客户看到周围的人都在排队抢购、在谈论甚至组成粉丝团与竞争对手的粉丝掐架的时候，这种宣传的感染力是不可估量的。首先，这种行为是客户自发的传播，其次，不需要投入成本就可以持久地进行。于是，客户就会被周围的人所感染，进而采取和其他客户一致的行动也关注起产品或品牌。这种营销效果，对于酒店来说，是一种免费的宣传，且宣传效果十分好。

3. 有利于维护酒店的品牌形象

在客户的传统消费意识里，品牌的形象与酒店产品的价格、销量、广告宣传等有着密切相关。酒店采取饥饿营销策略，给客户传达了一种信息：这种产品不错，不然不会缺货，买这种产品非常可靠，价格不会跳水。于是，品牌形象就得到了有效地维护。

4. 有利于酒店获得稳定的收益

一般产品从上市到退市，基本都是价格越卖越低，而饥饿营销通过调控市场供求关系将产品分批分期投放市场，保证市场适度的饥饿状态，通过客户关系维护将购买欲望持续地转化为产品生命周期内的购买力。这样就使酒店的产品价格保持稳定，牢牢控制产品的价格，维持产品较高的售价和利润率。

住宿、餐饮限量，吊起客户胃口

俗话说："物以稀为贵。"所以再平常的东西，只要限量供应，就会有人愿意购买。酒店可以对住宿、餐饮进行限量，以控制供求关系，制造供不应求的"假象"，增加品牌的"受欢迎度"和产品的"稀缺性"，从而塑造酒店产品和品牌的高价值感，吊起客户的胃口，让客户来店里消费。

酒店应该如何对住宿、餐饮进行限量？

1. 寻找缺口

寻找客户无法满足的心理需求，也就是说给客户雪中送炭。首先要明确客户群体，再去根据客户的心理需求设计住宿和餐饮等的限量。

例如："太二酸菜鱼"牢牢抓住年轻人的猎奇心理，其产品定位和宣传文案迎合了新消费群体的心理需求。"酸菜比鱼好吃，只做全宇宙第二好吃的酸菜鱼，超过四人不接待"的猎奇宣传语荣获一大批年轻人的青睐。稀奇古怪的标语，不仅让人觉得"很二（饿）"，还给人一种"拽"和"高调"的基调，这正好满足了年轻人的心理需求，使餐厅与年轻人产生心理共鸣，从而获得年轻人的认可。"太二酸菜鱼"通过激发目标人群的消费欲望，保证出品质量，营造充满乐趣的气氛，拉动更多客户。所以，酒店在进行饥饿营销时，要学会探究客户的欲望，挖掘客户的心理需求，使产品的功能性利益、品牌个性、品牌形象、自我表现、情感关系等都能够迎合客户的心理需求，与客户达成心理上的共鸣，这才是酒店进行饥饿营销的目的。

2. 制造缺口

需要抛砖引玉，欲擒故纵，不断创造情景或者机会，让客户感到产品的"难求"。掌握新一代消费群体——年轻人的猎奇心和好奇心已经成为酒店行业营销的重要一环。因为越是买不到的东西，人们就会想方设法去得到它。所以，制造缺口的营销策略，能够强化客户的购买欲望，引发客户的逆反和好奇心理，从而产生购买的行动。

例如：奈雪の茶的霸气山竹不仅价格昂贵，还限量发售，每天 20 杯，中午 12:30 开始售卖，抓住了客户"我买到别人买不到的东西，要晒出去让大家知道"的心理，通过微信朋友圈、微博、快手、抖音等自觉传播，引来更多人对这杯新饮品的好奇心和购买欲。

制造神秘感，吸引八方客户

神秘感是引起人好奇心和探索欲望的最大因素，而好奇心又是驱使人们行动的最大驱动力。酒店在经营的过程中，学会制造神秘感，能够吸引源源不断的客户进店一探究竟，从而促使客户产生消费的欲望。近年来，酒店行业通过制造"神秘感"而取胜的酒店不计其数，这种精心制造的"神秘感"成为酒店制胜的利器，不仅吸引了大量的客户，还成了酒店品牌的辨识标志。

那么，酒店应该如何制造神秘感，吸引八方客户呢？

1. 强造势，隐秘密

像雕爷牛腩一样，通过"五百万的配方"这一点来造势，让客户产生"五百万配方打造的牛腩到底是什么味道"的好奇心，引发客户的热议，从而吸引客户进店一探究竟。使用这种造势的方法，一定要注意把"秘密"隐藏起来，不要让别人知道其中的本质，否则会失去好奇心，无法让客户进店消费。

2. 玩新意，增互动

酒店可以通过让客户参与进一些新鲜的事物里来调动客户的好奇心，比如美国一家酒店在门店前放一个啤酒桶，上面写着"不许看"的字样，结果忍不住看的人会发现啤酒桶内是这家酒店的优惠广告。

3. 重渲染，精包装

有些酒店为了制造神秘感，特意用花轿上菜，当菜品从老远的地方被服务员抬向客户时，客户会因为好奇心而兴奋激动，从而印象更为深刻。这就是重点渲染菜品，通过对菜品的精心包装，让客户产生"这道菜不一般"的直觉，从而感觉其神秘，产生好奇心。

4. 造环境，调感官

酒店可以通过打造别致的住宿环境，来调动客户的感官。比如昏暗的环境就比在直白、裸露的照明下更让人感觉神秘，周围的东西变得模糊，让人不由自主地产生一些幻想，使客户在住店的时候拥有很好的消费体验。

5. 提门槛，造稀缺

酒店可以提高购买门槛，制造稀缺性来制造酒店的神秘感。例如住宿、餐饮限量，激发客户的购买欲望。限时、限量会让客户念念不忘，甚至为了得到某件产品或某种服务而不在意价格的昂贵与否。

酒店在制造神秘感一定要适度，千万不可过度，否则客户会出现不知所云的状态，会大大降低客户的消费体验。

量力而行，不要过度"饥饿"

所谓"饥饿"过度，其实就是产品与服务的提供者在采取"饥饿营销"的时候并没有对产品与服务的"量"进行一个很好的控制。产品与服务的提供者认为"饥饿营销"必须要狠狠地"饿"客户一把，却忽视了如果"饥饿"过度则可能适得其反、事与愿违，会导致消费者开始反感这样的"饥饿营销"，觉得是产品与服务提供者的恶意炒作，继而开始转向选择竞争对手的产品与服务，甚至干脆不用这类产品或服务。所以，酒店在采取"饥饿营销"策略时，一定要把握好"度"，量力而行。

过度"饥饿"会带来哪些危害呢？

1. 拉长了产品与服务的销售周期

饥饿营销将销售规模通过拆分分批次销售来拉长销售周期的做法是有风险的。一方面，会延长酒店收回投资的时间；另一方面，饥饿营销把原本属于自己的市场机会留给别人，从而失去主动权。另外，拉长的周期也可能给予竞争对手喘息和模仿的时间，从而加快产品与服务失去优势的速度。

2. 会损害酒店的诚信形象

饥饿营销运用得当，可以在一定程度上体现酒店品牌的高价值形象，但本质上这是酒店对市场供求的一种故意操控，售前造势、售中销控，这与现代营销观念相违背。如果酒店总是重复使用这种营销手段，会导致客户逐渐醒悟，意识到这是酒店的营销手段，进而对酒店产生厌恶之情，这对酒店的长远发展不利。

3. 会消耗客户的品牌忠诚度

饥饿营销属于短期策略，而品牌是长期战略，如果每次都让客户费尽千辛万苦才买到梦寐以求的产品或服务，他们就会对品牌进行消极评价，甚至对品牌失去信心。饥饿营销之所以能运作下去，因为客户对品牌有认同、有忠诚，但更多的是一种无奈和忍受，这种无奈和忍受会慢慢消耗弥足珍贵的品牌忠诚。当客户有了更多选择的时候，他们会毫不犹豫地选择离开，这是饥饿营销副作用的集中体现。

第十八章

利用软文增加酒店知名度

现在网络推广越来越多，软文也应运而生。同硬文相比较，软文更受人们的喜爱。因为软文在潜移默化中让客户对企业、产品、服务产生兴趣和好感，甚至让客户愿意为其买单。这么好的工具，酒店在推广宣传的过程中当然要好好利用。酒店可以通过撰写酒店软文来吸引更多的潜在客户，并让自己在众多酒店中脱颖而出，促使酒店能够长期发展。

了解酒店软文营销的"骨髓"

随着酒店行业竞争的日益激烈，酒店营销工作的重要性日益突出。与此同时，伴随着租金、人力、宣传等经营成本的不断攀升，酒店行业已经进入微利时代，成本高昂的传统营销方式对于大多数酒店来说，是一种负担。而软文营销则能够减轻酒店的运营成本，减轻酒店的压力，给酒店带来诸多好处。

1. 软文成本比较低，性价比高

2012 年"中国好声音"总决赛的广告费最高曾经高达 100 万元 /15 秒，央视一套广告费以 5 秒起步，短短的一段时间，动辄上万元，甚至十几万元，而且这都是单次的费用，如果长期连续播出，这将是一个惊人的数字。平面媒体和户外媒体的广告费也让很多中小型酒店望尘莫及。而软文，除了主流平面媒体和网络媒体需要付费之外，还有很多免费的平台，可以让酒店投放软文。如果调研、策划、创意、撰写都到位，可以通过免费的方式获得硬广付费都达不到的营销效果。

2. 增强信任度，客户容易接受，有可能实现二次或者多次传播

故事性软文，容易让受众记住你；新闻类的软文，容易让受众信任；科普性软文，让受众觉得有收获。对于软文来讲，要能够给受众带来价值，哪怕是一个观点、一句话对受众有帮助、有启发，受众都愿意接受并且极有可能自觉地帮助传播。

3. 软文的受众更精准

硬广仅限于能够直接见面的受众，无法确定是不是目标受众。软文相对来说，针对性更强，从标题、内容上都可以精准地针对受众。特别是网络软文，通过百度检索或者其他平台的搜索功能搜索过来的更为精准，可以直接确定目标受众。

4. 软文的持续性比较强

平面媒体软文，除了当期能与受众见面之外，也可以从图书馆或者数据库中查到。如今很多平面媒体也有了网络版，可以直接从网络检索到。网络软文，只要服务器不断，只要互联网不消失，将永远存在，而且软文的持续性都比较强。

5. 软文操作更灵活

硬广容易受时间段、刊期、版面、节日等限制，软文除了平面媒体受刊期、版面、篇幅的限制之外，网络软文可以不限篇幅，还可以插入图片、超链接，甚至可以设置百度检索的"关键词"，让更多的受众可以看到软文。

一篇优秀的软文不仅可以满足客户获得信息、知识和理解的需求，还可以满足客户情感、疏解压力、个人整合以及社会整合等方面的需求，从而更好地影响客户对品牌的态度和信念，提高酒店品牌的美誉度与知名度，刺激客户的购买欲望。

如何寻找与酒店相关的热点

每天都会发生各种大大小小的事件，有些事件是热门事件，有些事件是芝麻小事。热门事件会被各大公众号转载，能够带来一定的社会影响。但是并不是每个事件都是热点，酒店相关人员要学会分析热点，寻找与酒店相关的热点，才能撰写出好的软文。

那么，应该如何寻找与酒店相关的热点？

1. 多关注新闻热点网站

热点事件在最初的时间段是最有影响力的，发酵初期的软文也能得到更好的曝光率。这就需要多关注各方面的信息，多关注微博热门事件、网易搜狐等新闻，选择最具时效性的媒体进行长期的观察，因为这些都是热点新闻的来源。酒店相关人员应该在热点还在发酵时就立刻嗅到引发事件的可能，先发制人，获取最大效果。当然要学会根据关注率高的新闻，分析网友的想法，再结合酒店的自身情况撰写软文。

2. 多观察身边的人或事

每个优秀的自媒体人都应该具备善于观察的能力，把身边的小事通过放大的写法让一件小事变得高大上。所以，酒店相关人员应该多观察身边的人或事，结合酒店行业的事件或者其他行业的事件尽情发挥想象力，这样就能够找到与酒店相关的热点。

3. 多和优秀的自媒体人交流

可能有些人会认为大神们不爱和菜鸟交流的。你问他们干货，他们当然不会搭理，因为怕别人学会他们的方法，他们就没办法占有一席之地。相反，如果和他们交流一些其他的问题，通过他们的言谈结合自己的感悟，就能悟出其中的技巧。或者多加些同领域的群，通过他人的交流找到热点。

4. 遇见触目惊心的事，及时做好记录

很多事情如果你当时发现很感兴趣很热点，可以把它记录下来。因为你不记录下来，转身的功夫也许就会忘记了。所以，如果遇到触目惊心的事或者脑子里出现一个很热门的想法，一定要及时做记录。哪怕寥寥几句，

也要记录下来，这样在真正想写软文的时候就可以通过这句话引申出来当时的想法。

酒店爆文是如何诞生的

爆文通常是由点击量和阅读量来决定的，所以，爆文不一定要拥有优质的内容，只要能够引起人们共鸣，就能够获取一定的点击量和阅读量。

撰写一篇爆文需要具备一定的条件。那么，酒店如何写出一篇高质量的爆文？

1. 热点选题以及素材的正确选择

热点的话题是比较容易出爆文的，但是并不是所有的热点都能出爆文，而是要选择正确的素材和观点。爆文题材的准备具备以下特征：标题争议性、话题共鸣性。

（1）标题争议性

一篇文章能否成为爆文，很大程度上取决于标题。所以，标题一定要有争议性，能够引发人们的评论和争议的欲望。

（2）话题共鸣性

如果单有争议性的标题还不足以成为爆文，文章的内容要能够引发人们的共鸣。所以，一定要让阅读者了解的题材内容，然后因为写的内容方向不同而引发读者阅读和评论。

2. 文章的内容和思路要明确

文章的内容和思路要明确，文风要简洁大方，字数不要超过 800 字，也不要太少，配图要与内容相符，总体的意思要简单易懂，这可以算是一篇不错的文章。一篇好文章要做到永远不要让读者花精力去思考文章，文章能够用图片就表达意思就用图片，文字只是辅助。

3. 做好互动，培养粉丝群

想要拥有爆文，要学会与粉丝互动，认真阅读读者的留言，及时回复读者的留言，因为回复每个留言都可以增加热度。与粉丝互动会增加粉丝的积极性和忠诚度，能够凝聚更多的粉丝。只要粉丝足够多，文章被点击和阅读的概率就更大，这样更容易出爆文，也能达到很好的营销效果。

4. 选择适当的发布时间

不同领域的内容最佳发布时间是不同的。比如早上发布娱乐新闻，这是不太恰当。因为早上很多人都忙于工作，没有时间看休闲娱乐的东西，所以，娱乐类最好选择大家休闲的时间段发比较合适。

5. 要勤于更新内容

内容是基础，品质是灵魂。如果讲究内容的质量，就要勤于更新。经常更新内容可以增加酒店的曝光率和知名度，更有机会产生爆文。因为爆文这东西比较玄，你呕心沥血创作的东西未必受欢迎，反之，你认为不可能受欢迎的东西恰恰成了爆文。

让酒店软文效果扩大的几个窍门

酒店想要做好软文推广，需要了解一定的技巧，才能让酒店的软文效果扩大。

1. 对软文的标题进行包装完善

用户在看一篇文章的时候，先看标题，后看文章。标题非常重要，标题虽然只有短短的十几个字，却包含了不少的学问。只有把标题做好，才能带来一定的阅读率和粉丝，甚至是转化率。

（1）学会做标题党

文章的标题一定要能够吸引用户的眼球，让用户一看到标题就有点击的欲望。反之，如果用户看了标题之后没有点击的欲望，那这篇文章的内容写得再好也是徒劳无功的。所以，酒店要学会从文章中挖掘出亮点，多运用那些能够引起用户点击欲望的词汇。

（2）标题要符合用户的搜索习惯

软文写完之后肯定要发布在各大网站上，这样一来就相当于守株待兔，等待着用户到这些网站上阅读，但是网站每天的内容更新过快，内容很容易被埋没在众多信息中，这样文章被看到的概率就很小。所以，酒店想要让用户看到文章，就应该在标题上下一些功夫，将标题写成符合用户的搜索习惯的标题，这样可以大大增加文章的曝光率。而且通过标题带来的营销效果是持续的，只要有用户搜索就会有被曝光的可能性。

（3）在标题中植入要推广的信息

用户阅读文章的顺序是先看标题再看内容，但是标题写得再好也不可能让所有的人都产生点击的欲望。所以，可以直接把要推广的酒店信息植入标题当中，通过标题的短短十几个字，将酒店要推广的产品信息完美诠释，用户看到标题即使不阅读正文也没关系，因为通过标题已经把推广的工作做了。

2. 要重视软文内容的排版

用户在阅读文章的时候比较重视文章的排版，乱的文章谁也不想去阅读，不仅费眼力还费脑力，甚至造成直接关掉页面。所以，做好文章的排版是非常重要的。好的排版可以给网站和用户带来良好的阅读体验，能够增加用户对文章的认识与理解，方便酒店推广产品和宣传品牌。酒店的软文可以通过网络编辑工具来编辑文章或者每次在发布软文的时候先放在网络编辑器上格式化下内容，然后再将文章粘贴到别的网站上，这样可以确保内容的美观，而且不会出现乱码的现象。

3. 在软文的内容中植入广告

做软文推广的目的在于植入广告让更多的读者看到。其实在网络营销中，软文营销是中小型酒店最常用和最受欢迎的一种营销手段，给很多酒店带来非常好的营销效果。酒店在撰写软文的时候不能当成广告来写，而是要将软文写得不像广告，这样才能带来好的营销效果。因此，在撰写软文的过程中要学会巧妙植入酒店的产品、服务和品牌等广告信息。

4. 将软文写成系列性文章

主要就是将文章写成连载的。有句话说得好，一个人的力量是有限的，团队的力量是庞大的，软文也是一样的，如果想要达到非常好的营销效果，紧靠一两篇软文去推广和营销，那么带来的营销效果不会很大。但如果写成系列性文章每天去推送给用户，产生的效果是持续性的。酒店出系列性文章可以加深用户对酒店产品、服务与品牌的印象，可以更好地进行产品与服务诉求，可以更快地扩大覆盖人群，扩大软文的营销效果。

第六部分

服务为王，给客户最好的体验

随着时代的不断进步、人们生活水平的不断提高、国际品牌酒店的进入和国内酒店管理的日益成熟，客户对酒店的产品与服务提出了更高的要求。现在到酒店消费的客人已不再满足过去简单的吃、住、娱乐等需求，更注重于体验感受，特别是服务的体验。酒店为了满足客户不断变换的需求，需要提高服务意识，为客人提供优质的服务，让客人享受美好的服务体验。酒店要坚持"客户至上，服务为王"的发展理念，给客户最好的体验，才能更好地抓住客人的心。

第十九章
酒店体验不佳的"痛点"有哪些

　　酒店在客户住店期间，往往会出现这样或者那样的问题，给客户造成了不佳的住店体验。例如入住麻烦耗时、退房慢、卫生条件欠佳、通风不好、网速慢等都遭到了客户的投诉，导致客户出现不满的情绪。酒店作为服务行业，应该及时发现并解决客户的"痛点"，让客户能够很好地体验酒店的产品与服务，这才是酒店存在的价值。

入住麻烦耗时

在酒店体验不佳的"痛点"里面，入住麻烦耗时是比较典型的一个。许多人往往会因为等得不耐烦而产生不满和抱怨。那么，酒店应该如何解决入住麻烦耗时的问题呢？

1. 完善入住流程

让客户觉得入住麻烦耗时并不是路程远和操作难造成的，而是内部服务流程不合理导致的。所以，酒店需要重新审查入住流程是否合理，是否有特殊情况的特殊处理程序。例如在客户到店之前提前把客户的相关信息打印好，把钥匙和房卡提前准备好等。

2. 提高技能

有的时候，入住耗时是因为酒店服务人员的业务技能不熟练造成的。酒店应该加强服务人员的业务模拟培训，以提高服务人员的各项业务技能，提高办理入住的效率。

3. 掌握规律

酒店经营一段时间后，会在客户的消费习惯、市场特点、重要节假日等方面发现一些规律。酒店可以根据这些规律对酒店的产品与服务做些相应的调整。比如掌握入住高峰的规律后，可以考虑在该时间段调整班次和人员；商务客较多，可以考虑增配客户经常借用的电脑散热器；寒暑假，来酒店消费以家庭居多，可以考虑把一些加床分布到楼层工作间，而不必都放在统一仓库；对常住客，可以根据客史，将客户的所需物品提前配入房间。

4. 事前说明

不管向客户提供何种物品或者提供哪种服务，如果确实需要较长时间，忌讳回答"马上"，与其这样含糊表示，不如清清楚楚告知客户还需要多少分钟，让客户有个心理准备或让客户重新做出选择。

5. 捕捉情绪

在服务的过程中，客户的情绪变化是有前兆的，如探头、张望、来回走动、提包、脸色凝固等，服务人员要从中捕捉到客户的情绪变化，适时问候客户，以此来转移客户等待时的注意力。

6. 适时搭讪

发现客户正在等待办理入住，管理人员或者宾客关系主任可以主动和客户搭讪，推荐酒店产品与服务或征求客户对酒店产品与服务的意见和建议。如果是外地客户，可以适当地介绍当地的历史文化、风土人情、购物场所等。通过有效的搭讪交流，客户暂且忽略办理入住的时间。

7. 配备报纸或者茶水

酒店可以前台、大堂、礼宾处等区域配备一些报纸或茶水，让客户在等待办理入住时可以通过阅读信息来打发时间。

退房慢，让客户等太久

有时候客户在办理退房的时候，由于要赶飞机或者有急事，着急退房，但是酒店的退房流程又过于烦琐，导致让客户等太久，因此遭到客户的投诉。那么，酒店应该如何解决退房慢的问题？

1. 完善退房流程

很多时候，让客户觉得退房慢是内部服务流程不合理导致的。所以，酒店需要重新审查退房流程是否合理，是否有特殊情况的特殊处理程序。例如，对诚信较好的客人免查房就可以直接退房。

2. 提高技能

退房慢是因为酒店服务人员的业务技能不熟练造成的。酒店应该加强服务人员的业务模拟培训，以提高服务人员的各项业务技能，提高办理退房的效率。

3. 调整人员安排

比如中午 12 点退房高峰时间，可以考虑增加服务人员，以便客户能够快速办理好退房手续。

4. 急客人所急

退房时酒店需要进行查房，这个时间是比较长的。酒店服务人员可以明确告诉客户需要多少时间，让客户有个心理准备。

5. 适时搭讪

发现客户正在等待办理退房，管理人员或者宾客关系主任可以主动和客户搭讪，征求客户对用酒店产品与服务的意见和建议，转移客户的注意力。

6. 区别对待

如果有些客人因为赶时间，无法等待，服务人员可以在管理人员或上一级的授权下视消费金额、客户诚信情况、对客人的熟悉程度等进行灵活处理。酒店给予个性化的处理，能够给客户留足面子，帮助客户争取时间，能够得到客户的好评。

卫生条件欠佳

酒店卫生条件欠佳是消费者体验不好的重灾区，如没有更换床品、洗漱用品清洁不干净、毛巾没有消毒、马桶很脏、枕头有毛发等，都会让住客很不舒服。一般来住酒店的客户都比较注重卫生问题，所以，酒店要做好卫生问题，努力让客户获得良好的体验。具体可从以下几点来做。

1. 提高卫生质量意识

酒店出现卫生问题往往是由于服务人员的卫生质量意识不够引起的。酒店要加强对卫生质量的监督，客房人员才会将卫生工作落到实处。提高客房人员的卫生质量意识，让员工树立起卫生第一、规范操作、自检自查的岗位责任感。同时要求客房管理人员及客房服务人员注意个人卫生，从自身做起，加强卫生意识和卫生习惯，不断提高客房服务人员对卫生标准的认识与了解。

2. 提升酒店员工的业务技能

酒店被客户投诉卫生问题，可能与酒店在旺季，为了提高客房的周转率，新员工还没有来得及接受酒店的上岗培训和岗位培训就直接上岗操作或者聘请兼职服务人员来清洁客房，因此造成酒店卫生问题的出现。客房清洁工作的实际操作性很强，需要酒店员工经过一定的培训和实践才能以良好的质量完成任务。酒店应该加强员工的培训，做到不定期抽查，以此提升员工的业务技能。

3. 调整清洁工作的操作流程

酒店出现卫生问题可能与客房清洁工作的标准操作流程不够完善有关，导致清洁工作不能跟上客户新的服务需求。如客房已经更换新的设施设备或者服务内容发生了变化，但清洁工作的标准操作流程却没有及时的更新，特别是一些小型的酒店并没有制定清洁工作的标准操作流程，这样使得客房服务人员在进行清扫工作时，随意性较大，完成的质量也参差不齐。所以，酒店要及时调整清洁工作的操作流程，确保客房打扫干净。

4. 制定卫生质量控制标准

一定的服务规程、操作流程是确保客房清洁卫生的基础，也是对客房服务人员工作进行考核、监督的依据。要求客房部制定相关的卫生制度和查房制度，通过制度的落实和检查，提高客房的卫生质量。

5. 建立严格的查房制度

客房的逐级检查制度主要是指对客房的卫生质量实行服务人员自查、领班全面检查和管理人员抽查的逐级检查制度，这是确保客房清洁质量的有效方法。

6. 重视对员工的激励

给予员工一定的激励，可以加强员工对工作的积极性和对酒店的忠诚度，能够促使员工高质量地完成客房卫生工作。所以，酒店要制定相应的制度，对房间卫生质量优秀的员工，通过考核，提升为高级服务人员或者给予免查房特权，这不仅能够激励员工认真完成客房卫生工作，还能因此降低查房时的二次工作量，提高查房的工作效率。

7. 设置"宾客意见表"

客房卫生质量的好坏，最终取决于客户的满意度，所以做好客房卫生管理工作，要发挥客户的监督作用，重视客户的意见和反馈，进行针对性地改进工作。酒店要加强对网络点评意见的收集，对客房卫生质量方面存在的问题，重点跟进落实，不断解决酒店的卫生问题。

卫生质量是客房的生命线。客房卫生质量对酒店的品牌形象、客人的健康都有很大影响，需要酒店给予足够的重视。酒店应该保障客房的卫生质量，给予客户一个卫生、舒适的居住环境。

通风不好，有味道

很多酒店都会面临一大难题，那就是房间异味过重遭到客户的不断投诉，导致房间入住率降低，来店消费的客户越来越少。酒店房间有味道是客户最难以接受的问题之一，所以，酒店应该引起重视。

酒店整体空气质量差，主要是因为酒店通风采用空调循环系统，客房窗户一般处于密封状态，空气流通不畅，客房内的气味就不容易被散发出去。而客房异味主要来自于人体散发的异味、厨房、卫生间的潮湿部位、花草肥料、装饰材料、家具、烟酒味等这些综合的异味。那么，酒店如何解决通风不好、客房有味道的问题呢？

1. 排湿保持卫生间通风是首要问题

潮湿的环境给细菌提供生存环境，是滋生细菌的源头，因此卫生间的排湿通风工作很重要。酒店卫生间要有排气扇，保持浴室内空气干燥清新，平时开窗通风也是有效的措施。如果是没有窗户的卫生间可以使用香熏，进行必要的熏蒸灭菌，也可以去除异味。卫生香、檀香都可以起到净化空气的作用，但对它们不要过分依赖，最重要、最有效的还是要保持卫生间的空气流通。

2. 做好客房的通风工作

酒店服务人员在打扫房间时要开窗通风，保证空气的流通。开窗的时间最好在 1 ～ 2 小时之间，这样能够确保空气交换，也能避免外面的细菌、雾霾的进入。

3. 客房一定要打扫干净

酒店服务人员在打扫房间时一定要按照酒店制定的客房清洁流程将客房打扫干净，特别是客户留下的垃圾，一定要清理干净，避免污染客房的空气。

4. 客房可以放一些绿植

酒店可以在每个客房放一些绿植，这样可以净化空气，确保空气的新鲜度，也能通过绿植增加客户对客房的满意度。

5. 安装新风系统

新风系统可以很好地解决酒店客房内通风不好的问题，一天 24 小时不间断循环送入过滤后的新鲜空气，排出客房内异味等污浊空气，保证酒店客房空气的新鲜度。

酒店只有认真解决通风不好的问题，才能为客户提供健康舒适的居住环境，吸引客户二次入住，从而提高酒店的入住率，给酒店带来更多的经济效益。

没有晾衣服的地方

许多人出门在外，住酒店都会有一个小烦恼，那就是入住酒店不知如何晾干换洗的衣服。好些酒店都没有专门供入住客户晾衣服的设备和空间。

这是客户体验不佳的痛点之一，也是酒店服务的重要漏洞。所以，酒店要重视这个问题，并积极解决。

1. 在浴室配备晾衣绳

酒店在浴室配备晾衣绳，并贴上标签，提示客户晾衣服的位置，以便客户及时发现晾衣服的地方。

2. 客房配有晾衣架

酒店可以在客房配晾衣架，以供客户使用，最好是将晾衣架放在通风处，为客户提供方便。当然，如果客房是地毯的话，这种方法就不建议使用，容易损坏地毯。

3. 提供洗衣服务

酒店可以根据客户的需求提供洗衣服务，从一定程度上也能解决客户没地方晾衣服的问题，而且为客户提供洗衣服务也能证明酒店的服务周到、细心。

网速慢，不好用

随着移动互联网的不断进步和飞速的发展，无线网络和无线数据通信业务也不断加强，WiFi 网络在各个领域都得到了广泛的应用。但是随着使用的人越来越多，增加速度成倍的增长，介入困难、网速慢、掉线多等各种问题频频出现，直接影响客户 WiFi 网络的使用。特别是在酒店这种使用 WiFi 人员众多的场合，网速问题更为突出，极易引起客户不满。那么，酒店应该如何解决这个问题呢？

1.室内分布系统覆盖

因为酒店大堂天线布放涉及的客房比较多，再加上客户对信号的效果比较敏感，所以需要室内分布系统的信号要求达到深度覆盖。酒店可以将天线深入每个房间的前提下，同时要保证所有天线口的功率在 6dBm；如果天线在走廊上，对天线口功率要保证在 12dBm 以上，从而确保客房内的信号强度在 70dBm 以上，这样网速就会比较好。

2.保证接入宽带的需求

客户对 WiFi 网络质量的要求一般都比较高，所以对接入宽带的质量要求也很高。酒店在条件允许的情况下可以使用 802.11n 的双频 AP 接入，802.11n 格式的 AP 可以直接提供高达 200Mpbs 的空口接入，从而提高 WiFi 的网速质量，避免客户出现射频现象而导致掉线。

3.独立部署分流

酒店会议室是 WiFi 使用最为频繁的地方，而且也是客户对 WiFi 质量要求最敏感的地方。所以，酒店可以加强对会议室的部署。由于存在容量和流量的双重压力，酒店的会议室可以采用一个独立的 AP，这样可以单独保证会议室的 WIFI 网络质量，从而使得客户对酒店产生好感，为酒店赢得一些无形的资产。

服务态度不热情

酒店属于服务行业，一个酒店的品牌形象取决于服务，所以，服务对于酒店来说是至关重要的。但是有些酒店在经营的过程中还是会忽视这个问题，经常收到客户投诉酒店服务人员服务态度不够热情，主要表现在态度十分生硬、遇到了问题还相互推诿、投诉处理不及时、电话总机长时间无人接听、服务效率低下、服务动作缓慢、电话中有其他人的聊天声音等，导致客户对酒店的服务有所质疑，严重影响酒店的整体形象。那么，酒店应该如何处理服务人员服务态度不够热情的问题？

1. 服务程序要规范化

服务程序规范化能够使酒店的员工在工作中发挥最高的工作效率。酒店应该制定一定的规章制度，让每个员工在服务的过程中热情地对待每一个客户，努力满足客户的需求，帮助客户解决问题，从而树立酒店良好的服务形象和品牌形象。

2. 改善服务态度，增强服务意识

酒店员工应该摆正自己的心态，树立正确的服务态度和意识。只有良好的服务态度和意识才能更好地为客户提供优质的服务，使客户满意。

3. 加强服务的管理

酒店应该加强员工的服务考核，让员工在工作的过程中严格要求自己，热情地对待每一位客户。通过服务考核给予员工一定的奖励，能够鼓励员工做好服务工作。

4. 加强员工的培训

酒店对未上岗的员工提供服务意识的培训，让员工上岗后更好地服务客户。平时可以有针对性地在班前班后进行培训，加强服务技能与技巧，提高员工服务的准确与快捷。

第二十章

把酒店服务做到极致

酒店要想在激烈的竞争中脱颖而出，就必须努力把服务做到极致，满足不同客户合理的个别需求，如商务客对互联网的需求、旅行者希望品尝当地的美食、理解客户的不良情绪等。酒店的客户来自五湖四海，每个人都有各自的生活习惯和个人喜好，酒店如果能够提供即时、灵活、体贴入微的服务，将比起酒店以往的标准化服务更具有竞争力和吸引力。

真诚微笑，而不要一脸职业微笑

微笑，是一种特殊的语言——"情绪语言"，其传播功能能够跨越国籍、民族、宗教、文化等。几乎在所有的社交场合下，微笑都可以通过有声的语言和行动相配合，起到"互补"的作用，充分表达亲切、友善、尊重、快乐的情绪，能够拨动对方的心弦，促进彼此之间的心灵沟通，缓解彼此之间的紧张氛围，架起友谊的桥梁，给人以美好的享受。微笑服务更是优质服务中不可缺少的内容，真诚微笑能够带来很多意想不到的效果。

1. 让微笑贯穿于酒店的每个服务环节

在酒店的服务过程中，微笑需要贯穿于每个服务环节。微笑是规范化礼貌服务的重要内容，坚持微笑可以大大改善服务态度，提高酒店的服务质量。

微笑可以使客户的需求得到最大限度的满足，因为微笑提供高层次的心理享受和精神愉悦，本身就具有"含金量"。微笑更是一种"增效剂"和"粘合剂"。所谓"诚招天下客，客从笑中来；笑脸增友谊，微笑出效益"，说明微笑往往能够为酒店带来意想不到的效果。著名的美国希尔顿集团的董事长康纳·希尔顿，把一家名不见经传的旅馆，迅速发展成遍及世界五大洲，拥有70多家豪华宾馆的跨国公司。当人们问及他的成功秘诀时，他自豪地说："靠微笑的力量。如果缺少服务员的美好微笑，好比花园里失去了春日的太阳和风。假若我是顾客，我宁愿住进那虽然只有残旧地毯，却处处见到微笑的旅馆，而不愿走进第一流的设备而见不到微笑的地方。"因此，他经常问下属的一句话便是："你今天对顾客微笑了没有？"

2. 不要职业微笑，而要真诚微笑

（1）微笑一定要发自内心

微笑是一种情绪语言的传递，所以对别人微笑的时候要发自内心。只有发自内心的真诚微笑，才会有魅力，才能感染对方，发挥情绪沟通的作用，制造良好的交流氛围，并且微笑有利于自身的身心健康。所以，酒店员工在服务的过程中一定要以真诚的微笑对待每一位客户。

（2）微笑服务要做到"五个一样"

领导在与不在一个样；内宾与外宾一个样；生客与熟客一个样；心境好与坏一个样；领导与员工一个样。

（3）微笑服务要始终如一

微笑服务贯穿在酒店服务工作的全方位、全过程的各个环节中，只有把每个环节的微笑服务做好了，才能发挥微笑服务的作用，才能把酒店的服务做到极致。

（4）微笑服务要持之以恒

微笑服务作为规范化礼貌服务的重要内容，需要持之以恒，长期坚持。所以，对于酒店员工来说，要善于保持心理平衡，维系一种有利于微笑的良好心态，通过真诚的微笑把尊重与诚意传递给客户。

微笑服务是一种高层次、高规格的礼貌服务。酒店要充分认识和发挥微笑服务的作用，加强酒店员工微笑服务的培训，不断提供微笑服务质量，为酒店塑造一个全新的品牌形象。

预测客户需求，赢得客户好感

酒店在服务的过程中，必须要将客户的需求作为主体，然后通过对客户需求的预测，为客户提供优质的服务，以赢得客户好感，提高酒店发展

的核心竞争力，促进酒店的稳定发展。那么，酒店具体该如何去做呢？

1. 认识客户特征，构建预测指标

在酒店发展过程中，为了明确酒店的运营目标，需要将客户需求的预测作为核心内容。通过对酒店收益管理问题的分析，将客户需求的预测管理工作作为收益管理中的基础，认识到其对酒店的影响，以便提高酒店收益管理工作的整体质量。通常情况下，客户需求的预测是实现数据的归纳、整理及分析，并从中发现客户需求存在的规律，实现对未来预测方法的科学分析，为酒店收益管理工作选择明确方向。因此，在酒店管理工作中，要将客户需求作为向导，对不同客户的住店记录进行有针对性的分析，并按照客户到店的季节、日期以及住房需求等因素分析存在的规律，并对特征相似的客户进行分类，保证预测结果的准确性，以便充分满足客户的基本需求。例如，对航空客户以及酒店客户分析的过程中，通过对其相似性因素的分析，借鉴航空领域中较为成熟的模型，并将其数据分析结果作为标准，实现对游客需求的合理预测。通过对客户特征的分析，构建酒店客户需求指标，可以完善酒店收益管理工作的相关内容，促进酒店收益管理工作的稳定与创新。

2. 强化客户沟通，实现差异定价

随着酒店的发展，定价作为酒店收益管理工作中较为重要的内容，并通过收益管理，实现对市场运行的细化分析，保证对差异定价内容的科学整合。对于收益管理而言，主要是在酒店运营的过程中，通过对市场运行状况的分析，将客户需求特征以及价格弹性作为分析主体，使同一产品或服务以不同价格卖给客户，实现酒店经营的目的。因此，对于酒店来说，需要通过对客户需求进行分析，让客户充分感受到不同价格直降的差异性。通常情况下，在酒店的差异定价中，应该做到以下几点内容。

（1）酒店相关人员需要及时与客户进行沟通，可以在客户入住酒店时与其进行正面交流，让客户充分感受到不同价格之间的差异性，从而形成一定的心理预期。

（2）酒店需要通过对市场细分状态的确定，实现客户对酒店信用和忠诚度的建立，让客户信任酒店，并依赖酒店的服务。

（3）在客户对价格差异产生不满时，酒店相关人员需要对这种现象进行分析，并查找出原因。例如通过对提前预约时间、享受额外服务等限制因素的分析，缓解客户的不满情绪；或者为客户提供咖啡券或早餐券等，缓解客户的不满情绪，提高客户的满意度。

3. 控制客房库存，维护客户关系

在对酒店客户需求工作分析的过程中，酒店相关人员应该意识到客房库存控制是酒店管理的核心，其作为酒店获取经济收益的重要内容，在控制的过程中将客房资源分给不同的客户，以便满足客户的基本需求。酒店需要通过对预定客户以及未预定客户不同需求的分析，进行客房数量以及折扣数量的确定，提升客房管理工作的核心需求，促进酒店的经济发展。在酒店实施的客房库存控制中，通常会将同一客房出售给价钱较高的客户。酒店在运营的过程中，需要对酒店的长远利益进行分析，重视客户需求的满意度，对于忠诚客户的需求优先满足，并在客户的意愿之下调整酒店的服务工作。例如在常住客户需求类住房已售的状态下，酒店可以通过对客户需求的分析，进行客房的免费升级，从而更好地维护客户的忠诚度，提高客户的满意度。通过这种解决方式的构建，可以有效避免由于酒店追求短期利益所出现的客户不满的现象，提升酒店的整体形象，充分保障酒店的稳定与发展。

给客户意外的惊喜

在消费意识高涨的时代，酒店已经意识到，想要提升客户满意度，光是靠"满意"已经不够，还需要给客户制造意外的"惊喜感"，只有这样，才能让客户记住，培养客户的忠诚度，最终从激烈的同行竞争中胜出。

酒店应该如何给客户制造意外的"惊喜"呢？

1. 借助手机做载体，做个性化设计

现在移动设备已经覆盖到各个阶层人群，客户在入住酒店后的第一件事就是连接网络，导致现在客房内电视机的使用频率越来越少。有的客户入住期间都没有开过电视机，也就是说客户的闲暇时间是以手机为主，所以酒店完全可以针对不同的项目制作各种介绍链接，将二维码分类展示在客房内。比如周边商业区和商品的介绍；交通乘车介绍；当地的主要景点推荐及线路；当地网红景区介绍；去往相应职能部门的线路、电话以及时间；酒店周边租车信息、医院、影院、美食、娱乐信息；酒店内各餐厅的营业时间和菜品介绍等。这些信息可能对于出差、旅游等商旅客户来说，能够节省客户搜索查询的时间，给客户提供便捷，方便客户的出行。

2. 增设管家平台

相对高档一点的酒店，都有专职楼栋管家，任何合理的服务需求，可通过微信随时联系管家；再者休假去外地自由行，与当地向导联系并加微信后，当地旅游事项也可以事无巨细地找向导咨询和寻求帮助。酒店可以设置楼层微信客服或者在官微开放可以与客户直接对话的管家模块，从客

户入住酒店开始，甚至退房后只要客户愿意，都随时可以保持平台联络，随时给客户提供咨询与帮助。

3. 准确地了解客户的需求，量身定制专属服务

客户的真实需求是什么，酒店员工要尽可能地通过与客户交流，在交流的过程中观察并了解客户的需求，然后为其量身定制专属服务，这样更容易给客户带来惊喜。

4. 服务要坚持以人为本

酒店刺激和引导员工提供超出期望的服务，让客户满意加惊喜。虽然酒店的岗位不同，但是只要能够接触到客户，就有机会为客户提供服务。酒店需要不断地去发现和挖掘，通过创新、用心来给客户制造意外的"惊喜"。

（1）前厅是"耳"

前台作为客户接触酒店的第一站，也是与客户交流最多，收集信息最快的一个部门。作为前台的员工需要多观察，多倾听，从细节上了解客户的真实需求。例如酒店都有自用系统，学会将老客户的需求与个人喜好整理和录入。当客户再次入住酒店时，前台的员工能够按照客户的需求与个人喜好，及时询问客户"×× 先生、女士，您好！是否给您还是安排朝阳的 × 楼的安静点的房间？"这样一句简单的询问，能够让客户感受到意外的惊喜，让客户备受尊崇又有宾至如归的感觉。

（2）客房是"眼"

客房作为酒店与客户接触"最私密"的部门，客房服务员细致的观察力、敏锐的洞察力是必不可少的。例如，在打扫房间时，发现为客户放置的牛奶，三天都没有动过。就应该猜想酒店的统一服务未能为客户"投其所好"。客房服务员应该及时将牛奶更换成一份的水果或者其他的饮品，

并附赠一份手写卡片"尊敬的××先生、女士，您好！为您将牛奶更换成一份水果或者其他的饮品，不知道您是否满意，希望在您的旅途中增添多一些的色彩，在店期间如有任何问题请及时联系，我是您的专属服务员×××"。这样更能凸显酒店的优质服务，让客户感受到一个普通客房服务员的关怀以及意外的惊喜，可能会为酒店多增加一分忠诚度，也许下次还会再来住店。

（3）餐厅是"口"

餐厅作为最能体现酒店服务的一个部门，餐厅服务员应该多去倾听和发现，利用餐饮的便利条件，抓住特殊的时期为客户制造意外的惊喜。比如在工作中发现客户不舒服，可以让餐厅为客户熬制一碗小米粥；发现客户咳嗽不断，可以为客户赠送一碗姜汤；在客户的生日时候，可以准备一个自制的小生日蛋糕等。尽量利用餐厅的便利条件，为客户制造意外的"惊喜"，让客户更满意酒店的服务。

（4）销售是"心"

客户的离店是销售的开始，销售作为酒店"离客户最近"的部门，能够随时随地发现客户的需求。伴随着科技的不断发展，拜访不仅限于电话和上门两种形式，微信的普及让销售的方式更加的多元化。例如随时关注客户的朋友圈，利用生日或者节日送上祝福和鲜花；在过年为客户发上一个祝福的"小红包"。随时随地关注客户的动态，让酒店的服务与惊喜"伺机而动"，让客户明白酒店的用心与周到。

给客户制造意外的惊喜，并不是"锦上添花"，而是需要酒店做到"雪中送炭"，让客户感受到酒店的用心与周到，能够给客户足够的"惊喜"，哪怕只有一点，却足够打动客户的心，给客户留下深刻的印象，真正发挥酒店的服务。

给客户便捷，不要图省事

酒店的服务要用心，通过细节服务让客户满意，给客户便捷，让客户在住店期间体验到优质的服务，增加客户对酒店的满意度与忠诚度，能够让客户二次入店，而绝不能图省事，忽视服务细节，让客户觉得不舒服。具体来说，酒店可以做好以下 6 点。

1. 提供旅游攻略

客户在商务出行或旅游度假时，来到一个不熟悉的城市或地区，会比较依赖酒店，酒店此时可以充当导游的角色。酒店可以利用本地的旅游资源，丰富客户的本地体验。比如，客户可以通过酒店官网上的"旅游推荐""当地特色"和"周边游"等文章了解酒店的旅游服务。这些不仅可以提高酒店的官网搜索引擎的知名度，还可以吸引潜在的客户。因为酒店可以给客户提供便捷，那就会有更多的人愿意来酒店消费。

2. 提供手机充电设备

很多客户可能需要手机充电器和适配器，酒店可以提前准备一些以备不时之需，或者在客房内提供手机充电设施和通用插座。虽然酒店现在都有电脑，不过很多客户喜欢在自己的设备上观看内容。酒店的个性化服务能够让客户感到欣慰，让酒店更加贴近客户。

3. 配备床头夜灯

夜灯与众不同之处在于它设置在客房床头屏的侧面，让客户在夜间关闭所有灯漆黑的情况下，能第一时间顺手找到这款夜灯的开关，避免客户"盲人摸象"似地乱摸一通后，才能找到床头一大排的开关，显得更为便捷和人性化。

4. 特别的早餐

随着时代的变化，现在人们越来越注重养生，时刻关注自己的身体问题，早餐是一天中最重要的一餐。有些客户可能会在 6 点或 7 点退房，由于时间太早，赶不上酒店的自助早餐，很多客户都是空着肚子退房的。酒店可以根据这样特殊的客户提供一些早餐给客户享用。为了方便客户，可以将预定的早餐送到客户房间或者帮客户打包早餐带走离开。

5. 提供安睡佳饮

都市里，出现很多迫于压力而失眠人群，酒店为客户提供安睡佳饮，无疑给失眠人群一剂"良药"。酒店这样做既解决了客户的失眠问题，又为酒店创造了收益，一举两得。而且客户也会因为酒店的贴心服务而提高对酒店的满意度与认可度。

6. 为客户垫付车费

酒店一般都有行李员，当客户到达酒店后，行李员会第一时间上前帮忙搬运行李。如果客户是乘坐计程车来的，遇到客人没有零钱的情况下，行李员可以第一时间上前为客户垫付车费，避免客户因为没有零钱的尴尬，同时也能体现酒店的贴心服务。

酒店能够为客户提供的服务很多，这些服务都要能够给客人带来便捷，不要为了图省事，就把酒店的服务简化了，这样不利于酒店的长远发展。酒店想要长远的发展与稳定，酒店给客户带来便捷，让客户满意。

适当地赞美客户

在人与人的交往中，适当地赞美对方，能够创造出一种热情友好、积极恳切的交往氛围。酒店员工要学会用赞美的语言去满足客户的心理需要，让客户意识到自己存在的价值，进而增加客户对酒店的满意度和认可度。

赞美是一种艺术，赞美不仅有"过"和"不及"，而且对待不同的客户需要采用不同的赞美方式。那么，酒店员工应该如何适当地赞美客户呢?

1. 寻找一个可以赞美的点

赞美客户是需要理由的，不可以凭空制造一个点来赞美客户，而且这个点一定是能够赞美的点。只有这样的赞美，客户才更容易接受，才能从内心深处感受到酒店的真诚，即使这是一个美丽的谎言，客户也会非常开心。

2. 赞美客户自身所具备的优点

酒店员工要学会发现客户身上所具备的优点和长处。客户的优点可以从多个方面来寻找，比如客户的事业、举止、语言、长相、家庭、为人等等。要赞美客户的优点和长处，才能让客户感受到在赞美他，如果不加判断地赞美客户的某个缺点的话，那么这样的赞美只能适得其反，甚至会引起客户的强烈不满。

3. 赞美点对客户而言是一个事实

客户的优点要是一个不争的事实。这样的赞美才不会让客户觉得过度，在拍马屁，才能更好地接受你的赞美。

4.用真诚的语言表达出来

对客户的赞美要通过组织语言，以一种真诚的态度表达出来。如果用非常华丽的词藻来说明一个生活中或者是工作中经常遇到的事情，那么就会被认为太过做作，客户对这样的赞美的信任就会打折扣。所以，在赞美的时候要采用自然的方式、真诚的语言表达出来。

5.选择恰当的时机，真诚地表达出来

对客户的赞美要在恰当的时机说出来，这样才会显得你的赞美非常自然，同时对于客户的赞美可以适当地加入一些调侃的调料，这样可以调节交流的气氛，让客户感觉交流得舒服。

对于酒店员工来说，适当地赞美客户是非常重要的，但是一定要把握住赞美的度，且不能滥用赞美，否则不仅达不到赞美的效果，还会让客户觉得阿谀奉承、不可靠。

给客户推荐最适合的房间

酒店可以通过客户对位置、价格、档次、朝向等住宿的实际需求，同时考虑到客户心理特点和酒店可供出租的客房的实际情况，来为客户推荐最适合的房间。在推荐的过程中，要把握好以下三个原则。

1.针对性原则

（1）贵客（VIP）

一般安排较好的或者豪华的客房，确保有极好的安全保卫、舒适环境、设备保养等。

（2）新婚夫妇

要安排较安静的、带大床的房间，房间各种设备比较齐全。

（3）同一团队客人

尽可能安排同一标准、同一层楼的客房，并且尽量是双人房，有利于导游（领队、会晤组织人员）的联络和酒店的管理。

（4）同一团队的领队或会议组织人员

尽可能安排在与团队客在同一楼层的出口处的客房，方便与其他人或酒店联系。

（5）家人或亲朋好友一起住店的客人

一般安排在楼层侧翼的连通房或相邻房，有利于客人之间的交流与联系。

（6）对老年人、伤残人或行动不便者

要安排在较低的楼层，近服务台或电梯口的房间，以方便服务员的照顾。

2. 特殊性原则

要根据客户的个人喜好、生活习惯、民俗文化以及宗教信仰不同来安排房间。最好是将这些客人的房间拉开距离或分楼层安排，可以避免一些不必要的麻烦。

3. 因地制宜原则

（1）长住客

尽可能集中在一个楼层，且在较低楼层。

（2）无行李且有嫌疑的客人

尽可能安排在近楼层服务台的房间。

（3）在旺季

从经营和保持市场形象的角度出发，可以集中安排朝向街道的房间。

（4）在淡季

根据酒店自身的情况，可封闭一些楼层，而集中使用几个楼层的房间，可从低层至高层排房，以节约能耗、劳力，便于集中维护、保养一些客房。

客户心情不好要担待

酒店作为服务行业，在服务的过程中，难免会遇到心情不好的客户，不管酒店服务人员说什么话，他都会回一两句气话。其实，这类客户并非故意刁难服务人员，也不是纯粹想来捣乱的，他们只是想通过这样的方式减压，让自己不好的情绪能够快点过去。如果酒店服务人员不理解，不适当配合一下，客户势必会继续生气下去。所以，酒店在服务的过程中，遇到心情不好的客户要担待，不要和客人发生冲突。

酒店服务人员应该如何应对心情不好的客户呢？

1. 真诚的微笑

哪怕客户的心情再怎么不好，一旦服务人员露出真诚的微笑，那么客户就一定不会对着你生气。但是，切记微笑一定要得体，不可掺和任何的嘲笑或者心情很好的感情，不然客户会误解你的微笑，甚至更加生气。

2. 措辞恰当

对于心情不好的客户，他们的感受是非常敏感的，很多玩笑话，在平时可以说出来，但是一旦遇到客户心情不好，那么在措辞方面要恰当，否则客户会因为你的措辞不当而当场直接爆发。

3. 要有眼力

服务人员要学会看客户的心情和状况。如果客户拒绝交流，最好不要去打扰客户，尽量通过细心的服务来满足客户的需求。

4. 语气柔和一点，语速慢一点

温柔的人总是会有不一般的待遇的，所以哪怕平时是一个雷厉风行的人，也尽量要懂得在客户面前示弱，这样让客户看着也会有气也发不出来，切记不可硬碰硬。服务人员态度温和，耐心周到，尽量满足客户的要求。

5. 学会换位思考

每个人都有心情不好的时候，要用一颗宽容的心去分析原因，可能客户是爱情受挫或是生意受挫或是刚受了上级的批评等等，这时要学会站在客户的角度为客户着想，理解客户的不良情绪。

6. 保持冷静

如果客户无理取闹，酒店人员要保持冷静，不要与客户争辩。只要客户的话不伤到人格和尊严，服务人员都应该为客户提供更好的服务；如果客户有骂人、摔东西的情况出现，要主动回避，并将此情况反映给上级，等上级来处理。

7. 转移交流对象

遇到心情不好的客户，最好的办法就是转移交流对象，比如对方有朋友陪同的，就尽量跟客户的朋友交流。如果客户说了不好听的话，服务人员最好一笑置之，努力化解因客户的不良情绪带来的气氛，转移注意力和话题，避免引起冲突。

客户中有老人孩子，要特别注意

酒店在服务过程中，经常会遇到带老人或者小孩的客户，对待这一类特殊的客户，酒店需要根据他们的身份和需求的特殊性，提供不一样的优质服务，把服务做到周到、细致，让这一类特殊的客户满意酒店的服务，增加酒店的美誉度与知名度。

1. 带老年人的客户

（1）提供"老年客房"

①客房设施设备不需要太多。

能够满足老年宾客基本住宿需求的基础设备即可，不需要附加一些特殊的设施设备。

②客房要保证卫生、舒适。

酒店客房能够提供给老年宾客更多的选择，如床铺的软硬、枕头的高矮及灯光的明亮程度等，提供的用具要保证清洁度。

③设备要方便使用

在简单的基础设施设备中加入一些个性化的服务，使房间内的各种设施设备能够方便老年宾客使用。

④安全性要高

做好防火防盗措施，还要在卫生间加强防滑措施。这样能够使老年宾客在"老年客房"既能住得安心、舒适，又会对酒店的细心服务感到惊喜，增加对酒店满意度，以增强酒店在老年客源方面的竞争力。

（2）设计"老年菜单"

酒店可以根据老年人的特殊生理需求设计"老年菜单"，增加老年宾客在酒店的消费。"老年菜单"的设计要更加科学营养化，符合老年人的生理需求，如饭菜要稀一点、热一点，提供的食物要容易消化、营养价值高，菜品最好能够融入当地特色和酒店特色，让老年宾客在品尝特色的同时又能吃得舒服、放心。如连云港的一家老年公寓，大厨就会专门根据老年宾客的需求制作菜肴，老年宾客只需花很少的钱，就能品尝到大厨做的精致小炒，这家店深受老年宾客的喜爱。

2. 带小孩的客户

（1）提供儿童床

酒店对于携带儿童入住的客户，可以在客户办理入住的时候询问客户是否需要加儿童床，让客户觉得服务周到、细心。酒店提供的客房要保证安静、干净、舒适、温馨，保证儿童的睡眠质量和居住环境。

（2）提供儿童套餐

客户携带儿童用餐时，餐厅服务员要取一干净童椅让孩子入座，同时注意放好餐具和热水，以防不测。在介绍菜品时要兼顾孩子的口味或者提供儿童套餐。孩子的座位尽量安排在离重要客户远一些的地方，以防孩子吵闹干扰其他客人用餐。上菜时不要从小孩身边上菜，不要把酒精炉、铜锅等放在小孩易抓到的地方。在可能的情况下，酒店餐厅可以搞一些小项目给客户，以满足客户的新奇感，使客户能快乐地就餐（如气球、小礼物等），也能够让孩子在用餐时更加开心。

第二十一章

以个性化服务赢得客户

　　酒店经历了古代客栈时期、大酒店时期、商业酒店时期，直到现在的现代新型酒店时期，酒店的职能也随着时代的变化日益发生改变，酒店不再是单靠优质的菜肴和舒适的客房来留住客户，而是通过了解客户的兴趣、爱好及客户的心理需求，再针对市场需求提供个性化的服务，使客户留下深刻、独特、深受欢迎的印象，让客户有宾至如归的感觉，最终留住客户的心。

酒店个性化服务的四个误解

近年来，随着酒店行业的飞速发展，个性化服务对酒店的作用越来越重要。酒店不单只提供规范化服务，同时在规范化服务的基础上增加个性化服务，以提升酒店的服务质量，为酒店赢得更多的客户。但是随着个性化服务的出现，也让很多人误解了个性化服务原有的内涵，主要有以下四个误解。

1. 提供个性化服务就会增加经营成本

有些酒店高层管理人员认为提供个性化服务就需要雇佣更多的员工，增加酒店的开支，而且提供个性化服务容易得不偿失。不可否认，提供个性化服务可能会增加酒店的开支，但是这些费用更多地表现为情感投资，而这些情感投资会给酒店带来意想不到的回报。

2. 提供个性化服务就是要设立专门岗位或提供专门服务项目

有些人认为提供个性化服务就是设立诸如酒店"金钥匙"、私人管家、专属服务员等岗位，或是增加更多可以供客户选择的服务项目，甚至建立专门的机构负责，组建一批专门队伍为客户提供个性化服务。不过，提供个性化服务远远不只这些，设立专门岗位或提供专门服务项目只是众多途径中的一种，酒店不能仅局限于这些方面。酒店个性化服务贯穿于酒店经营管理的方方面面、贯穿于酒店管理与服务的全过程，在每一位酒店员工身上都应该具备的服务意识。

3. 个性化服务只是针对某些客户而提供的

有些人认为个性化服务是专门为某些特殊客户提供的特殊服务，例如有身份、有名气、有地位、能给酒店带来很大贡献的客户。其实这种想法是错误的，这样只会导致酒店员工不能一视同仁地为客户提供应有的服务，这种厚此薄彼的做法会使那些受到不公正待遇的客户心灵受到伤害，会大大损害酒店的整体形象。酒店为客户服务是指为所有到酒店消费的客户服务，而不能考虑其地位、背景、经济状况等方面的差异而提供不一样的服务。因此，酒店提供个性化服务不能只是针对某些客户提供，而是要为每位到酒店消费的客户提供。

4. 提供个性化服务只是高星级酒店所具备的

其实，无论是什么档次的酒店，都面临一个共同问题，即不断提高服务质量。提供个性化服务是酒店服务质量提高到一定程度后的必然要求。低星级酒店虽然受到设施设备、服务项目、费用投入等方面的限制，但是服务质量也不能因此而打折扣，应该为客人提供的服务要努力做好。

维护与老客户的关系

酒店在经营中能够拥有老客户是一件非常好的事情，老客户对于酒店来说是一笔可贵的财富。酒店如果能够维护好与这些老客户的关系，就能够在市场上获得良好发展的基础。所以，酒店应该对老客户给予高度的重视，并为其提供确实有效的服务和采取实质的维护措施，保证老客户在外出时能够长住在酒店。那么，酒店该如何维护与老客户的关系呢？

1. 了解老客户的喜好与习惯

老客户愿意长住，除了价格因素之外，还有就是客户的某些需求被满足、被关注、被重视，然后对酒店产生好感或依赖。因此，酒店在服务的过程中，一定要想办法了解客户的需求，摸清长住客的喜好、饮食、起居等习惯，建立详细的客史档案，并进行必要的培训和考核，让所有的员工清楚了解老客户的各种习惯，以便为老客户提供更好的个性化服务。

2. 主动与老客户交流和沟通

主动与老客户交流和沟通是酒店员工的必修课。因为在交流和沟通的过程中，可以充分了解客户的行程安排、住店感受和批评建议。酒店需要建立沟通机制，对为老客户提供服务的部门制定随时沟通机制和定时沟通机制，还要制定反馈机制和等级沟通，对何种问题、何种要求需要哪一级的管理人员出面解决和反馈等都需要做出明确的规定，以确保沟通的有效性，这样有利于酒店更好地与老客户交流和沟通。

3. 做好老客户的关系维护

老客户一般会和酒店签署专门的住房协议，对房费、用餐、结账、洗衣、优惠等服务进行约定。酒店也会根据淡旺季和节假日的不同，出台各种促销措施，在不影响酒店原则的情况下，会让老客户享有一定的优惠，避免让老客户感觉厚此薄彼。客户联谊会、给长住客庆生、拉家常、邀请老客户参加员工活动等维护措施，都有利于增进酒店对老客户的了解，拉近酒店与客户之间的距离。

酒店只有把老客户当朋友、当家人，用心把服务做到极致，把关爱做到位，才能留住老客户的心，为酒店带来更多的效益。

接机服务：给客户带来便捷

接机服务不仅是为客户提供的服务项目，也是在公众场合进行公关营销的活动。有的酒店在接机时，手里拿着一张白纸，上面直接手写被接客户的名字，这样的接机牌不仅不专业，也是对被接客户的不尊重。酒店想要做好接机服务，为客户带来便捷，就要做好以下 4 点。

1. 准备接机牌

在公众场合，酒店使用的任何物品都要体现出酒店的档次和水准。因此，在机场、码头等场所接机、接站时，必须选用能够体现酒店档次和特色的接机牌。除非手写的字体能体现酒店的特色，否则要使用打印字体，这是一种礼貌。有些酒店接机人员认为与被接客户认识，直接不使用接机牌，这种做法是不对的。接机是代表酒店的专业和对客户尊重的一个服务项目，不要因为熟悉就省略或简化该有的服务流程。同时，接机也是一次免费对外展示酒店整体形象的机会，酒店应该做好这样的免费广告。

2. 准备雨伞

不管下雨和晴天，雨伞都是接机服务的必备品。下雨可以避雨，晴天可以遮阳。千万不要因为嫌麻烦，就不配备雨伞。一旦下起太阳雨，会让人措手不及。

3. 备好茶水、矿泉水、冷热毛巾

要根据被接客户的喜好准备好茶水、常温或者冰镇的矿泉水。毛巾要根据季节使用保温桶准备，夏天要提供常温毛巾和冰毛巾，冬季要提供热毛巾。

4. 准备报纸杂志和轻松幽默的故事

要根据客户的喜好准备报纸和杂志供其在途中阅览。如果客户比较健谈，希望聊天，可按照客户引导的话题进行交流或倾听。如果客户喜欢你作为谈话的引导者，可以用当地轻松幽默的小故事或笑话，帮客户打发路

途中的时间。

医疗服务：让不舒服的客户安心

酒店在服务的过程中，经常会遇到一些不舒服的客户，如出现头晕、呕吐、手指划破、脚扭伤等。当客户出现这些症状，需要酒店帮助的时候，酒店应该怎么办？

一般情况下，酒店方无权利无义务向客户提供一切药品。

但是如果客户住店时生病，则酒店应该做到以下几点。

1.服务员要及时关心客户的身体状况，及时报告酒店的医务室，由医生到客房为客户进行治疗。

2.给客户多送开水，并联系酒店餐厅为客户送病号饭，饭菜尽量以清淡为主。

3.如果客户的病情严重，需要及时送医院或拨打120叫急救中心救护，以免延误治疗时间。如果客户身边刚好无家属陪同，酒店相关人员可以暂时陪同护理。

如果酒店遇到住店客户患有传染病，应该做好以下几点。

1.发现客户患有传染病，要立即报告酒店医务室与传染病医院联系住院治疗。

2.对客户使用过的房间、茶具、卧具等酒店用品要在医生指导下进行严格的消毒处理，对于已经无法再次使用的，酒店要及时处理掉，避免传染其他客户。

3.做好客户的隐私保密工作，设法尽快通知客户的家属。

生日服务：让客户暖心

生日服务是赢得客户好感的有效手段之一，也是个性化服务的重要项目，酒店要充分利用好这一点。提供生日服务，具体要做好以下 4 个方面。

1. 准备工作

（1）如果提前得知客户过生日，可以把房间装饰一下，如在转盘上用鲜花摆出生日快乐或让厨房用糖艺做出漂亮的寿字等。

（2）当看到客户自带蛋糕或从客户口中得知有客户要过生日，第一时间反馈给上级，然后征询客户的意见把蛋糕进行装饰，再通知厨房准备长寿面、个性果盘等。

（3）如果客户没有带相机，可以提前准备相机；如果客户自带鲜花，可以直接放在蛋糕车上。

2. 推蛋糕

（1）做好一切准备工作之后，组织暂时不对客服务的员工一起为客户唱生日歌，一名服务员推蛋糕，一名服务员关灯，一名服务员拍照，关灯之前要先关空调（以免空调风把蜡烛吹灭），在推蛋糕之前要先把蜡烛点好以及要先了解是哪位客户过生日。事后将为客户拍摄的相片传至客户的邮箱，或到商务中心将照片打印后送给客户，或者洗成相片装入相框，等客户再次来酒店消费时送给客户。

（2）负责关灯的服务员看到蜡烛点好后立即把灯关上，管理人员与服务人员一起唱着生日歌把蛋糕推到客户的面前，如有鲜花，先把鲜花献给客户，并且送上祝福的话语，然后让客户许愿，吹蜡烛，吹完蜡烛大家鼓掌，关灯的服务员要立即开灯，另一名服务员把蛋糕刀递上，先让客户切第一刀，再把蛋糕推到一边为客户分蛋糕。上蛋糕时先把蛋糕给过生日的客户，然后顺时针依次上蛋糕。

（3）如果餐中为客户拍到生日的照片，可以到商务中心打印出来赠送给客户，在照片背面写上祝福的话语送给客户，或者将所拍摄的相片发送到客户的邮箱，给客户一个意外的惊喜。

3. 存档

客户用餐结束，要把客户的信息做好存档。如果明年客户没有来酒店过生日，可以为客户发个祝福短信，这样能够让客人感受到酒店的细心。

4. 注意事项

生日服务关键在于有足够的细心和创意。年轻人大多喜爱西方的生日聚会，酒店可以为他们准备蛋糕、蜡烛和新奇的生日用具，还可以设计节目活跃生日气氛。新生儿一周岁时，所摆的宴席在菜品名称上要突出健康成长、前途无量等含义，要为孩子准备好寓意吉祥的玩具和婴儿车等设施。情侣过生日要为他们营造浪漫的气氛，如烛光晚餐、浪漫套房等。老年人过生日要准备长寿面、寿桃等传统的祝寿食品，菜名也要体现长命百岁、身体安康等寓意，环境上的装点要以万寿无疆为主。无论是为哪个年龄层次的客户准备生日宴会，都要求酒店在菜品上多下功夫，要根据客户个人口味以及要求来进行设计，这样能够迎合客户的爱好和兴趣，又显示出酒店餐厅的品位和水准，通过这样个性化的服务为酒店赢得更多的客户。

蜜月服务：让小两口终生难忘

对于蜜月旅行的新婚夫妇，酒店要为其提供蜜月服务，让小两口终身难忘。

酒店的蜜月服务主要以为蜜月新人布置蜜月房为主。一般大型酒店都会以时尚和浪漫作为蜜月房的主要基调，用一些粉红色的纱幔来布置吊顶，然后用一些色彩缤纷的气球来装点背景墙，同时会为蜜月客户准备好红酒，以备客户享用。为了突出浪漫的风格，酒店会把心型抱枕和可爱人偶摆放在大床的中央，用玫瑰花围绕成一个心形，为蜜月客户营造浪漫的气氛，给蜜月客户带来甜蜜的享受。

酒店从床品到各种储物设备，甚至还有蜜月房的各种摆件，都应该让蜜月客户看着舒适、安心，用起来舒服、满意。除此之外，酒店还要在蜜月客户入住酒店时提供耐心、细心、周到、热情的接待服务，让蜜月客户享受到一种宾至如归的感觉。

在蜜月房设计上，除了要突出浪漫的风格、让人感到舒适之外，还要充满创意。对于酒店来说，想要得到更多客户的认可与青睐，就应该有自己独特的地方，这样才能吸收更多的客户。因此，酒店在蜜月房设计方面，还要突出创意，最好能够加入酒店的特色或者当地的风俗特色，这样能够促使客户帮助酒店进行二次宣传，吸引其他的客户来店消费。

无论酒店蜜月房设计以什么风格为主，都要把安全放在第一位。相信每一对新婚的夫妇，选择蜜月旅行，都希望酒店能把安全措施做到位。保障蜜月客户的隐私也是酒店应该做好的服务。

酒店做好蜜月服务，会让蜜月客户终生难忘的，也会增加酒店的品牌形象，为酒店做好口碑宣传。

百宝箱服务：为客户提供日常小零碎

出门在外，人们常常会遇到一些突发的困难或问题，这就需要酒店为客户着想，为他们提供贴心的个性化服务，比如百宝箱服务。酒店可以在前厅设置一个百宝箱。因为前厅是客户进出酒店的门户，客流量比较大，各种服务需求比较多。

百宝箱能够为酒店的个性化服务提供物质方面的支持。百宝箱内可以存放常见的药品、生活用品、女士用品、办公用品等。

比如常见的药品，如速效救心丸、藿香正气水、风油精、创可贴等，一旦遇到宾客心脏病突发、头晕呕吐、蚊虫叮咬、手指划破等情况，可以及时提供相应的帮助。由于不同酒店客源不同、气候条件不同，对常用药品的需求也不尽相同，前厅部可以根据具体的情况确定药品种类。其他物品也要在总结对客服务需求的基础上，不断增加种类，方便对客服务，为客户提供日常小零碎。

百宝箱要设立专门的台账，及时补充使用物品。前台服务员在为客户办理入住或退房手续时，要善于观察并发现客户的需求，抓住为客户提供惊喜服务的良机。比如发现客户的手指划破，可以主动提供创可贴；发现客户说话声音沙哑，可以主动提供润喉糖；发现客户被蚊虫叮咬，可以主动提供花露水等。或者在客户提出需要某件物品时，可以及时为客户提供。当然，前台服务员要时刻关注客户新的需求，不断添加百宝箱的物品，为客户提供更多的个性化服务。

餐饮服务：为客户提供个性化菜单

可能有人会质疑，菜单有什么个性可言，不就是在精美的纸品上印上菜名和价格。其实不然，菜单作为客户在餐厅用餐的主要参考资料，能够给客户传递餐厅的信息与服务。客户从菜单上不仅可以知道餐厅所提供的菜品、酒水及价格，进而达到消费的目的，还可以从菜单的设计、制作上感受到酒店餐饮服务的气息和文化品位。因此，菜单的印刷精美固然重要，但是独具匠心的菜单设计更能体现酒店的优质服务。所以，酒店餐厅想要为客户提供个性化菜单，就要做好以下 3 点。

1. 午餐内页每天都要更换

尽管所换的内容只是菜单中的一小部分，比如日期、星期、当日特菜、今日例汤等，但是有了这些最新的内容再加上与当天（比如某个节日）相配套的问候语印在菜单第一页的顶部，使客户一打开菜单就能感受到他们所享受的是最新的服务，并且能产生一种亲切感。而不是像某些餐厅那样一份菜单用一年，甚至更久，里面的内容也从来不更换，甚至不再推出的菜品仍然留在菜单上，这样容易误导客户，甚至影响客户的消费。

2. VIP 客户的特殊接待

酒店餐厅可以按照预定记录本上的相关信息给 VIP 客户提供特别的菜单。也就是说，只要餐厅有 VIP 客户或有在餐厅主办特别的聚餐活动的客户，餐厅都会在客户到达前做好个性化菜单，以便为 VIP 客户提供优质的服务。

3.关注儿童菜单

无论什么时候也不能忘了儿童客户。为儿童客户服务虽然赚钱很少，甚至赚不到什么钱，但是其父母却能给酒店餐厅带来收入。因此，酒店餐厅除了提供独具特色的成年人菜单外，还准备了精美的儿童菜单。列在儿童菜单上的食品和饮料品种虽然不多，可以集中印在一张色彩鲜艳的纸上，字体活泼，而且字号较大，方便儿童阅读。菜单的封面可以征询曾在餐厅用过餐的儿童客户的意见和建议，儿童菜单要突出活泼可爱。同时还可以在儿童菜单内设置些卡通图片，方便分辨菜品。每次有儿童客户在父母的带领下来餐厅用餐时，餐厅服务员先为儿童客户送上干净整洁的儿童菜单，这样会令儿童客户喜出望外，能够达到意想不到的效果，儿童的父母也会更愿意在酒店消费更多。

第二十二章
用人工智能提升客户体验

随着人工智能时代的到来，人工智能已经成为酒店营销人员的有力工具。通过人工智能可以有效地吸引客户，并在所有渠道的所有互动过程中为客户提供独特的体验。这样做可以很大程度上使客户成为忠诚客户，有利于酒店与客户建立更强大、更长久、更密切的关系。

礼宾机器人，让客户既方便又新奇

随着科学技术的发展，越来越多的智能服务走入我们的生活中。利用机器人工作早已不是什么新鲜事了。近年来，酒店行业不断引入大批机器人，它们以打造高智能化的智慧型酒店为目标，以提升服务人员的工作效率，降低酒店的运营和管理成本。

礼宾机器人通过结合人类聊天服务和整合许多独家数据库信息的 AI 技术，为客户提供互动服务。对于酒店来说，礼宾机器人就是一位不知疲倦永远在工作的多语种员工，除了能够为客户提供量身定制的服务外，还能提供当地旅游建议，推荐仅有当地人知道的隐秘景点，为客户提供更真实的当地特色体验。礼宾机器人解决酒店前台最常遇到的咨询问题，为客户提供智能解答，解决客户的各种问题。酒店的客户只需在配备了机器人的酒店登记入住，选择接受个性化礼宾服务，就可以接受礼宾机器人提供的服务。

现在酒店行业充分利用礼宾机器人，不仅节省了劳动力成本，而且还能服务和取悦客户。随着礼宾机器人的出现，如果不仔细观察，肯定不会发现站在面前为客户办理入住，还能精通各国语言与客户交流的是机器人。由于现在机器人设计逼真，可以眨眼、还能与客户进行眼神交流，能够很好地为客户做好服务工作。客户只需要在前台按下按钮，并在触控面板屏幕输入个人信息即可顺利办理入住。

礼宾机器人除了为客户办理入住外，还可以发布当地的活动信息、热门餐厅和菜单、旅游景点介绍和天气状况等。客户可以通过礼宾机器人获取更多的信息，实现更加人性化的服务。

礼宾机器人的出现，给酒店带来了很多便利之处，在很大程度上为酒店节省了成本。礼宾机器人可以在泳池或酒店大堂里为客户提供零食和饮料。客房内的礼宾机器人，可以回答有关天气或时间的简单问题，并通过语音指令控制客房的温度、灯光和窗帘。礼宾机器人依靠 WIFI、摄像头和传感器来导航，然后在客户到达客房门口时通过无线方式提醒客户，而且面对客户的需求，礼宾机器人都能够尽量满足，让客户既方便有新奇，也为酒店做好宣传。

提供虚拟人像的自助服务

在人工智能的使用方面，虚拟人像自助服务对酒店有较大的帮助。使用这项技术，能够大大提高酒店的员工效率和对客户的服务质量，让客户更加满意酒店的服务。

虚拟人像的自助服务可以使客户在进入酒店的那一刻，就开始识别到客户的基本信息。在客户还未掏出证件，酒店员工就可以亲切地称呼客户的姓名，PMS 上也可以自动调出客户的预定信息，自动为客户办理好入住，客户无须拿着房卡，酒店系统会自动将房号发到客户手机上，客户到达客房门前，门锁摄像头识别到客户的信息，自动打开房门。

在客户进入房间后，房间的虚拟人像通过 PMS 传来的数据，亲切的称呼客户并为客户介绍酒店的产品与服务信息。客户的行李也会在客户入住后，自动通过传送机器人送到客户的房间。

虚拟人像是通过定制化的人机对话系统，利用声音和图像与客户进行实时互动。当客户在房间感觉到饥饿想要吃饭时，房间内的虚拟人像会根据客户在美食评论平台的记录为其推荐周边特色小吃或酒店的餐饮美食，并提供出行线路，满足客户的需求。如果客户需要送餐服务，只需要将想要吃的信息告知虚拟人像，虚拟人像会自动推送到餐饮系统进行下单，一般 30 分钟后，美味可口的美食就会送到客户的房间，让客户享受新奇的住店体验。

如果客户通过虚拟人像推荐来到酒店餐厅，餐厅员工通过人工智能耳机听到客户的相关信息，及时为客户安排好位置，并推荐酒店的特色菜品。客户在餐厅用完餐后，无须客户到收银台结账，人工智能会通过基于多模式传感器和深度学习技术研发的快速结算支付系统进行后台结账（此项功能目前已应用在零售行业）。

客户准备返回房间，房间虚拟人像会得到信息，提前打开房间灯光、空调以及客户喜爱的电视节目，让客户感受家一般的体验。在客户入睡前，询问客户是否要设置闹钟。闹钟设置成功后，第二天，虚拟人像会呼叫客户起床，出门前并提供当地的天气预报，并提前安排好车辆。

客户在房间的一切需求，虚拟人像基于与酒店管理系统的接口，搜索引擎的互联网知识库，从海量的页面信息中搜集可能的常见问题、常见回答的组合来解答和处理客户的需求。

除此之外，虚拟人像还能为酒店的会议客人提供全新的会议体验，比如通过 TTS 语音合成技术，可以及时将演讲者的语音转换成文字通过字幕传给参会者，也可以通过人工智能达到同声传译的效果。另外，通过虚拟人像与现场主持人进行互动，给参会者提供不一样的会议主持盛宴。

让聊天机器人陪客户谈心

随着 Facebook Messenger 或 Slack 引入聊天机器人的开始，聊天机器人将成为未来生活中不可或缺的一部分。部分旅游品牌已经利用了这项新科技，包括 Kayak、Skyscanner 和 Expedia.com——他们都发布了自己的聊天机器人。在接下来的日子里，将会有更多的旅游品牌和独立酒店跟上这股潮流，不断地运用聊天机器人，让聊天机器人陪客户谈心。

聊天机器人的出现，能够给酒店带来哪些好处呢？

1. 建立客户资料

如果聊天机器人可以渗入到客户出行的各个环节，那么可以收集到非常有价值的资料，这些资料将用于客户住店和将来住店时的定制服务，让客户再次住店时，体验不一样的惊喜服务。

2. 新的利润增长点

利用客户过往住店的资料，聊天机器人可以向客户推送相关的优惠信息，包括机票预订、景点门票、按摩预约以及晚餐预订等。所有的这些预定都不需要酒店员工的介入，客户可以直接通过聊天机器人预定。

3. 建立客户忠诚度

聊天机器人将增加用户渗透度，并通过定制个性化服务，从各个细节服务提升客户的整体体验感。从出行前体验到行程中的交互，甚至在行程结束之后，都让客户为酒店的服务而满意。

4. 陪客户谈心

聊天机器人可以立即回复客户的询问以及提供自然的交谈，面对客户的问题，聊天机器人能够给客户提供一个比较准确的答案，让客户更能接受，把客户体验提升到一个前所未有的新高度。

5. 节省运营成本

从运营的角度来看，聊天机器人可以解放前台员工，让他们去做只有人力才可以胜任的事情，酒店不再需要大量的人力投入，这样可以大大节省酒店的运营成本。

方便客户的自动售货机

随着移动支付的普及，智能售货机的时代来临。酒店自动售货机作为一种全新的创业商机，开启了酒店客房无人新零售的时代。自动售货机是一种微型智能售货机，可以放在酒店大堂、走廊或者客房内，主要售卖饮料、香烟、小零食、日常用品等物品。自动售货机给酒店的住客带来了方便，客人无须经过酒店就可以直接购买想要的产品。

那么，自动售货机能够给酒店带来哪些好处？

1. 给客户提供了优质的入住体验

客户足不出户就能扫码支付购买产品，给酒店的入住客户提供了真正的便利。

2. 提高入住率和回头率

酒店客房拥有自动售货机对酒店宣传揽客具有很大的优势，让来酒店入住的顾客事前不用做很多准备，自动售货机可以满足基本需求，为客户提供了方便，让客户下次还会再次光顾这家酒店。

3. 增加了酒店硬件功能

酒店的硬件功能设施，是酒店经营中很重要的一环。尤其在互联网＋的大环境下，智能化、人性化是酒店智能体现的重要标志。所以，自动售货机的出现，让酒店的服务更加人性化，也让客户更加方便。

4. 提升酒店同行业间的竞争筹码

互联网体制下，哪家酒店的优势更能吸引客户，哪家酒店就是经营胜利者。酒店拥有自动售货机可以让酒店在同行业的竞争中更胜一筹，能够提升酒店的竞争力。

5. 解决退房时与客人的纠纷

客房内产品被好奇客户打开包装而未购买的情况时有发生，酒店在查房时与住店客户容易发生矛盾和争执。自动售货机是先支付后取产品，这样就避免了产品被客户损坏的可能，就不会发生三方矛盾，可以有效地避免与客户的纠纷。

6. 有效减少员工劳动力

团体入住包房费不包消费品，客房服务员把消费品搬出搬进会增加员工劳动成本。旅游团等团体入住消费品不用搬来搬去，可以直接放在自动售货机内销售，可以有效地减少员工的劳动力，也减少酒店的劳动成本。

7. 保护客户的隐私，避免尴尬

住店客户不愿面对使用房间售卖的成人用品后，在前台结账时的尴尬，大大降低了成人用品在客房的售卖率。在客房内扫码购买情趣用品，可以保护客户的隐私，免除查房结账的尴尬。

8. 增加酒店收益

客房产品单一，满足不了客户的需求，无法改变传统的消费观念，无法进行连带消费。自动售货机带来产品的多元化及新颖的售货方式，促使客户好奇心产生消费冲动，连带消费增加酒店收益。

"乐易住"无人智慧酒店体验

　　"乐易住"是一家无人智慧酒店品牌。它是人工智能技术在酒店管理中运用的典型，它的每家酒店均无前台、无服务员，通过 APP 或微信公众号在线选房预订，支持移动支付，免押金、一键退房、免查房。这种全程自助住房的模式，给了客户非常新奇便利的体验，极具吸引力。

　　客户可以通过乐易住 APP、官方微信平台远程进行预订下单。入住之前，系统将实时对客户进行提醒，并结合地图导航数据为客户提供抵达酒店的路线建议。乐易住无人智慧酒店不设前台，采用智能入住的方式，客户只需要花不到一分钟时间，就可以在酒店自助登记终端上进行身份证件的审核，完成传统酒店烦琐的登记入住过程，获取房间号和门锁密码等信息。如果客户希望继续入住，则可以一键完成续住流程；如果客户希望离开酒店，则可以直接一键退房。

　　入住乐易住无人智慧酒店，客户不需要借助任何第三方设备操作，如房卡、手机等，就可以体验到门锁、灯光、网络、电视、空调、自动窗帘等全方位智慧住宿。另外，乐易住无人智慧酒店采用无人值守的运营模式，大大降低酒店的人工成本。同时在酒店地理位置的原则方面，由于智能化的系统与便捷的网络入口，使得酒店即使建在办公楼之内，也同样可以为客户带来便捷的入住体验。所以，乐易住无人智慧酒店大量的成本都用于客房的轻奢精致装修，让客户只用支付 2 星级的价钱体验到 5 星级的优质住宿，通过优质的住宿体验来留住客户的心。

　　从入住到离店整个住宿过程，客户可以不接触到任何乐易住无人智慧酒店的工作人员，整个过程就像回自己家一样自由自在，没有任何的心理负担。乐易住无人智慧酒店利用图像识别、大数据分析等技术自动对公共区域进行有效监控，使客户入住酒店甚至比住在自己家中更加安全。当然乐易住无人智慧酒店并非意味着完全的无人化，而是减少不必要的管理人员，只在客户需要的时候，才出现进行必要的服务。

除此之外，乐易住无人智慧酒店还将有更深入的场景应用，如无感智能门锁、虚拟门锁、人脸捕捉防尾随等，智能记录客户的喜好，如光线亮度、客房温度、电视频道音量等，结合人工智能算法，给客户带去更好的居住体验。

第七部分

酒店新业态经典案例解析

　　随着旅游业的不断发展，酒店行业也风起云涌，大多数酒店由于竞争的日益激烈，经营成本的不断提高，产品结构的不断失衡，经济效益的整体下滑，不得不寻求升级和转型的发展道路。随着酒店新业态的到来，越来越多的因素影响着酒店行业的发展。酒店想要生存与发展就要摒弃传统酒店的经营理念，做好增值文化与个性化服务，以模式创新取胜。

第二十三章
民俗客栈模式运营案例

　　在人们向往自然、休闲生活的大背景下，民俗客栈模式获得了快速发展。民俗客栈一般都是利用自用住宅空闲房间，结合当地人文习俗、自然景观以及周边环境资源等进行精心设计与装修，提供给旅客乡野生活的住宿场所。一个好的民俗客栈可以很好地将传统的街区、独特的民居以及天然的山水有机地结合起来，使其更加契合旅客心中对乡愁的渴望和乡野生活的向往。

童话客栈——让每一次旅行都感受到家的温馨

童话客栈是民俗客战模式的佼佼者。它秉承着"只招待朋友，不接待上帝"的理念，为来自五湖四海的游客提供一个真正的休闲家园。

作为童话客栈的一大特色，童话家族被所有来丽江的童话客栈入住的游客所熟知和称赞，童话家族的成员来自五湖四海，他们有着不同的身份，有着不同的梦想，有着不同的人生经历……但他们都有一个共同点：选择旅行，邂逅了童话。童话家族的成员现共有 53 人，童话家族上到店长，下至客房的内务人员，各司其职却集体为伴。因为童话客栈的文化氛围将客栈的每一个成员甚至来童话客栈入住的游客熏陶成了兄弟姐妹，让游客的每一次旅行都感受到家的温馨。

童话客栈采用了丽江纳西族传统的"四合五天井""三房一照壁"的建筑风格，营造典型的小桥流水纳西民居风情。整个童话客栈浓厚的民族建筑风格让游客对纳西传统建筑文化的惊叹，它既满足了现代审美的需要，又烘托出了客栈的典雅与雅致，为游客提供了特色风情的居住环境，让游客享受不一样的体验。

童话客栈的每间客房都采用纳西木刻工艺制作的家具用品，古色古香中透露着现代的经典，房间内轻纱红幔，奢华梦幻，温馨怡人，给人一种家的温馨感。抚摸精致的木雕家居倾听纳西文化的历史，感受神秘的纳西族文化；在宽大的落地窗前，拉开朦胧纱幔，亲吻早起的一米阳光，让游客尽情地享受传统、精致又不失浪漫、时尚的民族风情。

真美连锁客栈——以真正优质的服务留住客户

能够真正获得成功的民俗客栈，都有其独特的地方。比如真美连锁客栈，靠的就是优质的特色服务。真美连锁客栈于 2005 年创办于丽江。作为第一家从丽江走向全国的品牌度假旅馆，真美连锁客栈以中国商人内敛、务实、专注的性格特点和价值观，为旅游度假的客户提供优质的住宿服务的经营理念，并且辐射到满足客户旅游度假过程中需要的一切服务。

真美连锁客栈品牌定位面向全国城市高端客户，在经过了长达 8 年多的不懈努力和发展中，已经成长为全国度假休闲的知名品牌。真美连锁酒店旗下的丽江木家苑客栈赢得了全国客户的一致好评的良好的口碑，丽江木家苑客栈的度假理念与经营方式也被众多电视台、电台、杂志以及网络媒体先后报道。

真美连锁客栈在为客户提供的个性化住宿场所的同时，打破了酒店固有的服务和房间模式，在建筑风格、房间装饰上充分体现当地风土人情和民俗特色。真美连锁客栈一直以热情周到、个性化的服务为客户带来当地人的生活体验，是一家以真正优质的服务留住客户的酒店。为了提高客户的满意度，真美连锁酒店还提供了以下个性化服务。

1. 免费的接机、接站服务，给客户带来便利。

2. 提供原装力士 LUX 洗发液、沐浴露、黑妹牙膏以及牙刷等洗漱用品，让客户享受真正的服务。

3. 24 小时高水温热水供应，保障了秋冬季高水温热水的充足供应。

4. 专业私厨餐厅，专业厨师全天提供干净卫生经济的早、中、晚餐，品种多样，当地特色的美食和经典中西餐美食都有提供。

5. 客房内提供免费上网公共电脑、笔记本，免费 WIFI 和长途电话，解决客户的旅途之需。

6. 提供免费且充足的各式当地应季水果和各式饮品。

7. 提供当地的免费旅游咨询建议与服务，并帮助客户以最优惠价格预定当地特色旅游景点和演出门票。

游多多客栈——让游客爱上你

游多多客栈是国内第一个客栈连锁品牌。游多多客栈主要是为游客提供个性化的景区住宿，让游客能够在旅途中真正体验到旅行住宿的乐趣。同时游多多客栈提供丰富多彩的客栈活动，为游客们提供一个深度沟通交流的平台，让旅游住宿不再是冷冰冰的住宿体验，而是富有人情味、好玩、充满乐趣、个性化的住宿体验，通过个性化的住宿体验让游客爱上游多多客栈。

游多多客栈拥有最舒适的房间环境，最热情的游客服务。在游多多客栈不只是身体休息处，更是每位游客灵魂的栖息之所。在游多多客栈，游客之间可以像家人一样自在相处，围炉夜话、谈天说地，把酒话桑榆。游多多客栈提供的每间客房都经过精心设计和装修，客房的每一处细节都能让游客感到舒心、满意，而且每间客房都经过细心地打扫和检查，让游客居住舒心，享受旅途。

游多多客栈将旅游摄影主题以照片的形式植入客栈，在客栈的大厅、走廊以及房间内都能看到游多多游客拍摄的原创摄影作品，直接扫描照片下方的二维码就可以关注拍摄者，参与游多多客栈的摄影互动，并获取拍摄信息，形成线上线下互动的虚拟社交。同时每一家游多多客栈还推出了"跟拍"服务，网上招募摄影达人，住店游客可以在网上预约摄影达人及付费享受跟拍服务。摄影达人大多数是当地的旅游达人，同时也为游客提供向导服务。

公益是游多多客栈一直在做的事情，让游客在旅途中传递爱，也是游多多服务的宗旨。每一家游多多客栈大厅设有"游多多公益角"，游客可以在这里留下自己的旅行小纪念品、一段话，并为它标价，等待下一位有爱的游客为它买单；也可以带走"游多多公益角"的任何一件物品，并为它买单。"游多多公益角"的爱心物品所得款项全部捐献"游多多公益基金"，并用于筹建"游多多希望小学"，把爱传递给更多的人，帮助更多的人。

游多多客栈本着一切为游客提供全方位服务的原则，在旗下所有品牌客栈推出"便民服务"，不管是住店游客还是过路游客都可以到全国任何一家游多多品牌连锁客栈享受以下免费服务：免费 WiFi、免费茶水、免费寄存行李、免费手机充电、免费针线包、免费借阅各种书籍杂志以及免费借用存储卡读卡器等。

邂逅时光客栈——给客户浪漫温馨的体验

邂逅时光客栈主要以民俗风情连锁客栈作为发展目标，以给客户一个温馨、惬意、舒适、自由的环境为基础，把带给客户独一无二的感受和体验作为服务宗旨，将独具特色的民居与风俗文化融合到每一间客房中，给客户浪漫温馨的住宿体验。

邂逅时光客栈都是由知名设计师倾心打造的民俗风情客栈，既保留当地传统的建筑风格，又融合了古典浪漫的装饰设计风格，而且配备现代先进的设施设备，搭配温馨浪漫的格调，让每一位入住邂逅时光的客户都享受浪漫温馨的体验。

邂逅时光客栈以浪漫温馨、蜜月度假为主题，每个房间的风格都不一样，各具特色。邂逅时光客栈配备王府圆床浴缸房、公主阁圆床房、舒适家庭双床房等，能够让客户体验不一样的浪漫奢华之旅。

邂逅时光客栈不仅提供免费的接送服务，给客户带来了很大的方便，而且还提供免费的自驾用车服务，让客户的旅途更加方便，想去哪里就去哪里。另外，客栈软硬设施和豪华酒店差不多，每个房间都带有豪华的独立卫生间，提供 24 小时热水、独立空调、无线上网、国内免费电话、液晶数字电视等，除此之外，还提供自助厨房、自助洗衣等服务，使客户有宾至如归之感。

东方客栈——多种多样的主题日

东方客栈是一家专注做东方文化、弘扬东方文化思想为核心的连锁酒店。

东方客栈主要定位于儒家思想、道家思想、佛家思想三大文化主题，游客居住在东方客栈可以享受多种多样的主题日。

东方客栈的客房采用原木的家具，质感很好，古雅稚拙，整体设计融合独具特色的中韵装修风格，植入东方八韵（琴、棋、书、画、诗、酒、花、茶）的主题元素，主要以弘扬儒家、道家、佛家的核心思想主题文化精髓，传承天道、师道、孝道中华传统美德为经营理念，让每一个游客都感受中国的传统文化，是修身养性的最佳旅游选择。

东方客栈的初心和使命就是为游客提供特色住宿，让游客出行更快乐，同时让参与东方客栈事业的在职伙伴更好地实现自己的梦想，并快乐地生活。东方客栈以始终饱满的精神状态和攻坚克难、不断进取的奋斗姿态，继续朝着用东方文化特色住宿产品和服务让每个游客都爱上旅行的东方梦勇往直前。

东方客栈会定期举办一些活动，邀请游客一起喝酒、聊天，让游客枯燥的旅行生活变得更加有生机，更加有意义。

东方客栈会精心挑选各种茶叶，让游客自主选择喜欢的茶叶。

东方客栈每家店都有书法台，游客可以在这里写书法、练字画，客栈会把游客的书法或字画裱起来放在客房，然后把图片发送给游客，让游客的旅程在东方客栈留下印记。

东方客栈会提供一些象棋、古筝等传统文化，让游客在这里充分享受休闲生活，能够让游客在这里静下心来，以更好的心态去面对未来。

东方客栈营造了一种"书吧＋酒店"的文化，客栈内放着大量的书籍供游客阅读，可以直接在书吧看，也可以拿到房间里去看，如果看到喜欢的也可以买走。

东方客栈让每一个游客感受到东方文化的魅力，也让每一个游客更热爱东方文化。

第二十四章
主题酒店模式运营案例

　　近年来，随着酒店行业的竞争越来越激烈，出现了很多主题酒店。主题酒店是以某一特定的主题，来体现酒店的建筑风格、装饰艺术以及特定的文化氛围，让客户获得富有个性的文化感受，同时将产品与服务项目融入主题中，以个性化的服务取代一般化的服务，让客户获得欢乐、知识和刺激，是一种全新的体验经济形态。主题酒店的兴起，促使传统酒店不断创新与改革，为客户提供更好的服务，给客户带来更好的住宿体验。

我的地盘主题酒店——点燃旅行新趣味

我的地盘主题酒店作为一个面向年轻一代的精品酒店加盟品牌，其在经营模式上也呈现出鲜明的年轻态特征，不断引进国内外新潮服务理念和先进技术，致力于为客户提供特色鲜明、新奇有趣的住宿体验，立足于客户最本真的消费需求，为客户点燃旅行趣味。

我的地盘主题酒店是一个有故事的精品酒店，品牌独创的二次元文化体系开创了酒店行业的新纪元。独创的人性化卡通人物"蛋蛋"深入80、90新生代客群生活，同时还推出了"蛋蛋"动画、漫画、画刊、游戏等品牌衍生品，不仅深受广大年轻人的喜爱，更为酒店的品牌添加了独特的文化内涵。我的地盘主题酒店以独特文化为主题，个性设计为载体，以客户体验为本质，为中高端商旅人士、都市慢活优享一族创造不同的住宿体验。

我的地盘主题酒店以互联网大数据为基础，围绕客户的消费行为和消费心理，针对性地进行客房设计和服务项目的定制，装修以"浪漫、温馨、激情"的风格为主，倡导酷炫的居住理念和经营风格，更是以不同的设计风格和不同的主题来满足年轻一代消费群体的心理需求。除了与众不同的住宿定制模式，我的地盘主题酒店更以灵活的"蛋蛋"二次元文化激活了酒店行业的发展潜力，品牌附属的"蛋蛋"动画、漫画、玩偶等文化产品成为酒店营收的重要组成部分，让酒店不再是单纯的住宿场所，更是一种二次元文化的交流地。我的地盘主题酒店把蛋蛋小游戏、蛋蛋四格爆笑漫画以及蛋蛋表情包玩偶等可爱又好玩的物件摆放在酒店的各个角落，客户可以随时翻看，在天猫商城也有品牌店，想要收藏的客户也可以直接购买。

每个人都有自己向往的生活，随着经济条件的不断提升，让更多人可以按照自己的愿望去出行，追求自己向往的生活。我的地盘主题酒店通过对年轻消费群体的深入调研，完美地将设计和文化融为一体，构建了"城市山水""民族风情""年代记忆""电影天堂""音乐时光"五大系列主题客房，打造了上百款个性、前卫、时尚、高端的主题房，给客户提供新奇且与众不同的入住体验，吸引不同的性格爱好的客户。

我的地盘主题酒店除了设计上要满足客户的需求，产品与服务更要保证质量。我的地盘主题酒店客房内的沙发、床垫、靠枕、床单、空调、电视、灯具、毛巾、浴巾、洗浴用品等都是由大品牌提供，质量好且有保障。酒店内的所有毛巾柔软、舒适且耐用；羽绒床垫为专门生产席梦思床垫的代工厂所出，厚度为 220 mm，舒适柔软，能给客户一个好的睡眠。我的地盘主题酒店始终将产品与服务的品质放在首位，致力于为客户提供一个舒适、放松的住宿环境，让客户有一种回到自己家的轻松惬意。

我的地盘主题酒店以高品质的设施、细致的服务、合理的价格，让每一位客户享受一场新趣味的旅行。所以，我的地盘主题酒店自推出以来，创造了惊人的效益，更是被多数酒店所学习。

睿士主题酒店——每一个细节都让你感动

睿士主题酒店主要提供商务主题、爱情主题、异域风情主题等进行完美结合的主题型酒店。通过文化内涵、建筑装饰以及空间设计采用异域风情的家居装修装饰风格，诚邀名师设计多种主题元素，精心打造精致、时尚、浪漫、创意、富有特色风情的主题酒店客房。睿士主题酒店是按照星级酒店标准打造，通过每一个细节让游客感动，是游客外出居住的最佳选择，能够让出门在外的游客享受家的感觉。

睿士主题酒店设有适合商旅客人的商务大床房和商务标间，如东南亚风情商务大床房、欧式新古典风情商务标间；也有适合夫妻、情侣的浪漫大床房，如沙漠风情情侣房、南非丛林风情情侣房、巴厘岛风情情侣房、洞房花烛夜风情情侣房、富士山风情榻榻米情侣间、时尚圆水床房等。每种客房主题风格都能带给游客不同的入住感受和新奇的体验。

睿士主题酒店提供 24 小时恒温中央热水系统、高清数字液晶电视、免费 WiFi、免费长途电话、50 兆高速光纤独享等，每间客房都是精心订制的实木高级床具及家具，柔软的床垫和舒适的床上用品，全面呵护游客的睡眠。

睿士主题酒店的餐厅内为游客精心准备营养丰富美味的自助早餐，如湘粤蒸菜、靓汤、煲仔饭等，让游客享受美食带来的喜悦以及酒店的精心服务。

睿士主题酒店的每一个细节都将让游客感受到酒店特色和服务热情，精心为游客打造一个理想的居住场所。

迷你时代主题酒店——创意制胜

迷你时代主题酒店是一家以贴近顾客个性化的体验需求为依托、以"触动心灵的快乐体验"为核心、不断造创出符合顾客内心价值感的、充满个性的主题定制品牌酒店，其运营的真正核心是创意。

迷你时代主题酒店是以酒店为载体，以文化为主题，以顾客的体验为本质，体现在酒店各个功能和各项服务之中。迷你时代主题酒店入驻每一座城市，都会做大量的前期工作，区分地域特征与文化特质的同时结合市场消费需求，充分考虑到主题建设与环境建设的结合，系统地做好选址、设计、装饰、营销、服务等量身一体化，迷你时代主题酒店的所有主题风格都是原创的，从而营造一种无法模拟和复制的核心特征，通过不一样的创意赢得市场。

迷你时代主题酒店通过综合顾客的消费需求和个性化品味，在酒店设计上选材用料的科学化，既不浪费成本又不失文化主题的影响力，从而打破了传统型酒店同质化的痼疾，利用智能化设施设备全面打造主题房间的环境，营造一种浪漫、温馨、个性、创意的居住氛围，再搭配个性化的布草和配套服务，满足顾客的一切消费需求，让顾客住得更加舒适与开心。

迷你时代主题酒店倡导"定制化"装修设计理念，推出百余种各具特色、风格迥异的主题情景客房，多端口配套的商务定制房，凝聚新鲜细胞的个性体验房，温馨浪漫的公主房，速度与激情的情侣房，异域风情的民俗房等多类主题世界，充分满足不同消费人群的体验需求，客房内多领域智能配套，让顾客居住得更加舒心。迷你时代主题酒店集订房、开房、退房、服务一键化完成，彰显个性，突出创意，贴身体验，迷你时代主题酒店运用线上平台满足不同社交需求、娱乐需求等更多体验元素，让顾客在网上也能更好地了解酒店，并通过交流实现互动，让顾客为其创意而沉迷。

THE DRAMA 戏剧主题酒店——把戏剧搬进房间

The Drama 由亚朵全资打造的以莎士比亚戏剧为灵感构造的戏剧主题酒店，是 2018 年 3 月在上海全新亮相的一家酒店。The Drama 戏剧主题酒店不同于一般星级品牌主题酒店，它走的是小型奢华精品路线，大胆地融入了莎士比亚戏剧的元素，真正地把戏剧搬进房间，给顾客一种全新的住宿体验。

当 The Drama 戏剧主题酒店充满神秘感和戏剧色彩的红黑大门开启，顾客便进入了一幕酒店精心营造的戏剧中，炫酷的灯光、暗色大理石地砖、金属材质的吊顶、前台抽象壁画、从威尼斯淘来的古老箱子、播放着戏剧图片的电子屏幕以及充满戏剧舞台效果的前台等，酒店的每一处细节都在营造一种自带情节与回忆的戏剧感，就连电梯按钮牌都装饰有面具图案。

顾客在办理入住时，The Drama 戏剧主题酒店的管家会赠送顾客一幅精美面具和一张记录着房间号线索的房卡，让顾客根据酒店提供的线索去寻找自己的房间，增加了入住的神秘感，让顾客充满好奇心。

The Drama 戏剧主题酒店整体空间不大，只有 26 间客房，每间客房都以莎士比亚剧作精选台词命名。选择房型的时候，顾客要选的是仲夏夜之梦、皆大欢喜、第十二夜或是麦克白，而不是大床房或者标准间。进入"皆大欢喜"房间后，第一眼便被房间神秘的气氛带入，房间灯光的布置与《Sleep no more》中昏暗神秘的光影一脉相承，都是偏暗的灯光布置，以营造一种安静私密的气氛。"皆大欢喜"房间的设计感十足，复古沙发、茶几、复古睡床、花艺结合的床头灯、新款猫王小音箱、复古电话、衣帽柜、黄铜小台灯……每一样家具都极具特色，令人过目不忘，甚至让顾客有种想买回家的冲动。

而"仲夏夜之梦"房间的面积非常大，而且看起来很奢华，最大特色就是房间内还带一个超大露台，非常适合夏日的夜晚小坐一番，顺便小酌一杯红酒。拉开窗帘，是超宽敞的户外阳台，放眼望去，周边是由上海老洋房构成的一幅充满人情味的唯美画面。"仲夏夜之梦"房间的早餐可以选择提前让酒店的管家送至房间享用。"仲夏夜之梦"房间除了卧室设计感十足，洗漱空间也采用了全大理石的性冷淡风的黑白灰设计，让整个房间充满了戏剧浓郁的黑色主题。

当然，The Drama 戏剧主题酒店亮眼的设计并不是它的全部，酒店各处的细节和贴心的服务更是令人印象深刻。比如酒店的 mini 吧与咖啡胶囊机都是全免费的，也就是说当顾客住进房间，房间内所提供的所有饮料、酒水、茶水、咖啡以及零食都是免费，顾客可以尽情畅饮。酒店的洗漱用品是一款来自台湾的原创品牌——阿原，坚持天然无害的青草药主题，让所有的顾客能够放心使用。值得一提的是，在入住房间前，管家会把拖鞋整齐地放置浴室门口，入住后，便不需要在房间到处寻找拖鞋。酒店国王号大床也获得过许多入住的客人好评，选用亚麻色高支纱床品，非常柔软舒适，即使在梅雨季节，盖在身上也完全不会有潮湿闷热的感觉。在客房内，顾客可以看到许多别出心裁的花艺作品，这些都是酒店特意聘请知名花艺师邓晓华女士为酒店量身订制的，具有一定的欣赏价值。

The Drama 戏剧主题酒店提供一对一管家式服务，既有品牌主题酒店的专业规范，也有让人倍感暖心的细致贴心。比如顾客有特别想看的戏剧或电影，只需要提前通知管家，他会在顾客入住前就把客房电视调试好，以供顾客更好地观看；顾客半夜想吃夜宵，通知管家，他会立马通知厨房为顾客准备；顾客赶着去机场，通知管家，他会为顾客提前叫好出租车……

The Drama 戏剧主题酒店供应早餐、午餐、晚餐以及下午茶，早餐有中西式套餐可选，虽然不是自助，但是菜品和口味比较多，能够满足不同顾客的需求。午餐和晚餐是主打西餐，大厨料理，顾客不用外出觅食。下午茶肯定是都市度假必不可少的标配，而且顾客有机会吃到大名鼎鼎的厨师 Chef Leon 的独家手艺绝活闪电泡芙以及菲颂 CAKE 的经典招牌蛋糕"镜面蛋糕"。晚餐后，顾客可以到吧台小酌两杯或者去"星空下的户外花园"纳凉畅饮，还有机会在此偶遇某位戏剧大咖，让体验顾客真实居住在戏剧里的感觉。

The Drama 戏剧主题酒店一楼都是公共区域，设计师在不大的空间依然分割了三个功能区，分别为餐厅、酒吧、图书馆，每个区域独立又私密。餐厅区设计了敞开式隔断，有可容纳 10 几个人用餐的长桌，顾客可以随时在这里举办一场小型带感的聚会，酒店也会根据顾客的需求提供特别的餐饮定制服务。图书馆也是亚朵酒店品牌一直坚持在酒店提供的一项服务设施，顾客不仅可以在酒店里免费借阅，还可以选择任意城市的亚朵就近还书，更重要的是，酒店内的书都非常有品味，都是精挑细选的，而且很多都是珍贵的戏剧读物。

The Drama 戏剧主题酒店是一个真正把戏剧搬进房间的酒店，它让顾客体验到前所未有的戏剧氛围，享受神秘、奇特的戏剧之旅。

天鹅恋情侣酒店——分分钟让恋人感动

天鹅恋情侣酒店是一家以"环境艺术"为主题，彰显浪漫特色的精品情侣连锁酒店。其命名灵感来源于自然界最洁白无瑕、清新脱俗的白天鹅，因为天鹅有"终身伴侣"的美好寓意。在天鹅中，当两只天鹅开始相爱，它们的眼里，便再没有别的天鹅，在爱情的路上它们一路同行。出于对天鹅美好寓意的向往，天鹅恋情侣主题酒店应运而生，主要是为生活在喧嚣浮躁的都市生活中的爱人们营造一个温馨甜蜜的港湾，通过细心的服务为恋人们打造浪漫的爱恋，分分钟让恋人们感动。

天鹅恋情侣酒店的房型设计都出自法国知名设计师之手，酒店的每个房间都是不同的主题，有海洋世界房、梦卷珠帘的梦幻房、森林的原生态房、卡哇伊主题的 kitty 房等。在天鹅恋情侣酒店能够享受海洋世界、浪漫春天、美式田园、法式宫廷、时空穿越等不同风格的主题，让情侣们享受不同的浪漫。

在天鹅恋情侣酒店居住，情侣们可以尽享每一刻的浪漫。酒店的客房内紫色的射灯魅惑撩人，智能定制音乐细细吟唱，超级大的大圆床，闪烁着五彩灯光的双人按摩冲浪浴缸若隐若现……如电影情节般充满浪漫的气息。天鹅恋情侣酒店所有房间的硬件设置，都采用国内一线品牌，给情侣们浪漫的居住体验。

天鹅恋情侣酒店定位为"珍享每刻，爱在天鹅恋"，致力于为情侣们提供一个如梦似幻的浪漫地带。天鹅恋情侣酒店为了满足情侣们求婚、表白、纪念日庆祝、生日等，还特意提供私人浪漫布置订制，满足情侣们的特殊要求，为情侣们精心布置一个只属于自己的爱巢，给 TA 一份出其不意的惊喜和感动。

爱舍空间主题酒店——每一个房间都有个性

爱舍空间主题酒店是一家集个性、创意、设计、装饰、培训为一体的主题概念酒店。其设计理念为"个性与原创、舒适与环保"，其特点是"个性、时尚、前卫、休闲"。

爱舍空间主题酒店从装饰用料选材到空间极致利用都经过层层筛选与精雕细琢，打造出来的每一个房间都有个性，非常符合年轻人的需求。爱舍空间主题酒店的每一家门店、每一间客房都以限量方式进行出售，通过个性化的房型设计和优质的超常服务，赢得市场口碑以及顾客喜爱。

爱舍空间主题酒店在房间的设计上，始终走在国际时尚的前沿，将艺术、文化、哲学、音乐、摄影等诸多时尚元素，通过个性的设计相融合，将东方与西方、传统与现代、含蓄与激情通过"色彩艺术"和"空间艺术"的融通结为一体。每一家分店，每一间客房，都非常有特色，能够给顾客不一样的体验。爱舍空间主题酒店以"引领酒店时尚、创造空间艺术"而闻名，因为它的每一个房间都有个性，所以更深受青年时尚人群的青睐。

爱舍空间主题酒店通过"时尚酒店、个性客房"的优质服务，吸引了庞大的忠诚会员群，会员以年轻的 80、90 后为主，酒店也根据市场的需求以及会员的特殊性，逐步推出适合会员的时尚餐厅、时尚健身房、时尚休闲吧等主题概念项目。

走进爱舍空间主题酒店，顾客可以品味时尚与经典，可以感受艺术的天堂，享受艺术的魅力。爱舍空间主题酒店站在世界时尚的前沿，以个性、创意的空间给顾客时尚的感受，以至诚之心给顾客至尊的服务。

第二十五章
短租公寓模式运营案例

短租公寓是一种租期灵活、租房手续简单、新的房屋租赁形式，被看作是未来年轻人一种新的生活方式。短租公寓改变了传统租房的特点，让租房子变得更加快捷、方便，免去添置家具、家电的烦恼。而且在住宿体验上，短租公寓让顾客有一种家的感觉，公寓内的设计与布置都比较温馨，租金与传统的酒店相比，也具有很大的优势，相对比较便宜，这对顾客有很大的吸引力。

蚂蚁短租——像当地人一样生活

蚂蚁短租是一款国内最大的公寓民宿在线短租平台，它致力于打造一个本地生活的租房平台，为家庭出游提供一种全新的住宿方式，满足一家人住宿，享受家一般的舒适，充分满足用户的"个性化"住宿需求，给用户带来更多的方便。

注册用户可以通过蚂蚁短租平台查找并预订、租赁全国各地、不同类型、高性价比高的短租房，如商业核心区高品质公寓、高校周边民居或宿舍、花园别墅、海景楼房、林间小屋等。此外，蚂蚁短租还提供旅游增值服务，包括景点门票、租车、接送机等，旨在打造"一套短租房解决家庭出游所有问题"的用户体验。蚂蚁短租让用户在旅行中可以像住在家一样舒适安心，让旅行变得像当地人一样生活。

蚂蚁短租深受广大用户喜爱，其优势具体有以下 4 点。

1. 一站式服务

蚂蚁短租开启新的推荐模式，不仅帮用户推荐各地热门玩法，还为用户选好优质的住宿民宅，直接帮用户解决了出门在外的两大问题，让用户的旅行变得更加方便。

2. 优质房源

蚂蚁短租拥有大量的优质民宿房源，价格公开透明而且相比酒店住宿费用也非常实惠，房间信息详细明了，各种配套设施都有，一点也不比酒店差，还有曾经住过的用户评价供参考，让用户更加放心。

3. 预定便捷

蚂蚁短租预定方便快捷，用户只需要选择入住与离开日期，填写其他相关个人信息，完成在线完成付款，整个预定过程就算完成了，大大减少不必要的麻烦。

4. 特色体验

蚂蚁短租还提供有趣的特色体验功能，让用户与房东有更亲密的接触，不但让用户在旅行的过程中感受到家的温暖，还能跟房东学到独特的技术，非常有趣实用，也加强了平台与用户的黏性。

小猪短租——比住酒店更有趣

小猪短租作为本土共享经济理念的实践者，目的在于为房东和房客搭建一个诚信、有保障的在线沟通和交易平台，有效地将更多个人房东的闲置资源通过分享和充分利用发挥最大价值。小猪短租让房东和房客间能够互动，构建一种和谐的社交关系，提供更具人情味的住宿体验，让房客住小猪短租比住在酒店更有趣。

小猪短租定位于共享经济实践者、有人情味的在线社交短租平台，主要针对有旅行和过渡性住宿需求的青年群体，为他们开启新的生活理念和理财方式。在一线城市生活的年轻人倾向于选择合租的方式来缓解住房的压力，减轻经济负担。小猪短租的出现更是为了帮助用户节约成本，还能满足用户的住房需求。经常出门在外工作或旅行的人，对于千篇一律的酒店较为厌倦，小猪短租的景点周边民宿房源可以让用户体会到极具特色的住宿体验，还能享受当地特色美食，增加外出的乐趣与满意度。

小猪短租的房源覆盖国内 130 多个城市，沙发、公寓、民宿等任何闲置房产资源都可以在线展示出租。个人房东通过小猪短租在线平台展示房间的价格、位置、房间图片、附近特色等信息吸引用户前来预订。小猪短租的团队通过个人房东展示的房间进行实地拍照确保房源真实可靠，为用户提供一个安全舒适的住宿场所。

小猪短租以民宿为主体的房源更具个性化，能够让用户体验特色文化以及特色住宿；民宿性价比高，民宿价格比酒店便宜，而且服务也比较到位。小猪短租的民宿能够让用户感受无处不在的家庭温馨氛围，更加享受外出的快乐。

用户想要预定小猪短租的房间，可以从各旅游网站、旅游发现社区、小猪短租手机 APP 等进入小猪短租网站，查找适合的房源，与房东在线交流，通过第三方支付平台等方式完成线上预定交易。线下入住结束后房东与房客进行网上互评。小猪短租通过在线交流、社区构建等形式让房东和房客自由分享自己的经历和体验，促进了其在交易前、交易中和交易后的有效交流，房东和房客同住一室的交互使住宿体验更有人情味，比住酒店更有趣。

贝壳找房——VR 看房，全景体验

贝壳找房大平台，拥有全面、真实的房源信息以及 VR 看房、房屋估价、智能推荐等业界创新技术，主要是为用户提供品质居住服务。贝壳找房的业务涉及新房、二手房、租房、装修、海外、旅居等多项服务，能够为用户带来多元专业的服务，全面满足用户的居住需求。贝壳找房之所以深受广大用户的喜爱，主要是因为它拥有 VR 看房功能，给用户带来全景看房体验，能够直接在线查看房间的整体状态，给用户带来了很大的方便。

贝壳找房的 VR 看房包括 VR 看房、VR 讲房、VR 带看三大层层递进的功能。首先是 VR 看房，它能够带给用户沉浸式的看房体验，用户只需打开贝壳找房 APP 上的 VR 房源并轻触屏幕便可以获得包括房屋真实空间的朝向、远近、尺寸等深度信息，而且直接在线查看真实情况。VR 讲房是在 VR 看房基础上提供的经纪人语音讲解服务，用户通过经纪人提前录制好的视频就能解决看房过程中出现的大多数常见问题。如果在讲解之后用户还想更加深入地了解房屋信息，可以使用 VR 带看功能便能彻底打破传统带看的时空限制，在 VR 场景中，用户与经纪人还能够实时连线进行画面和语音的同步交流，让用户更好地了解房屋的信息。

VR 看房除了主要的三大功能之外，贝壳找房的 VR 看房与传统的 720 全景图看房的最大区别在于它能够提供深度信息能力，一般的 720 全景图，原理就是拍一个很长很宽的照片贴在一个圆球里，难以产生身临其境的体验。贝壳找房的 VR 看房的深度信息能力能够为用户标注出房屋长度、宽度、朝向等准确信息，以便用户对房屋的设计、家具的陈设和设备的布置进行规划。

总的来讲贝壳找房的 VR 看房创造了虚拟场景内的交互应用，将线上线下进行连接，突破了时间、空间、天气、交通等因素的影响，为用户营造了沉浸式、高品质、服务好的看房体验，大大减少了用户的时间和决策成本。

近年来，随着科技的发展和消费水平的提高，大家更注重消费升级，用户对房产的服务体验、交易效率有了更高的要求，贝壳找房的 VR 看房的三大功能刚好符合用户的需求。所以，贝壳找房能够在众多平台中脱颖而出。

木鸟短租——让客户走到哪里都能找到家

木鸟短租是一个短租房和日租房在线预订平台，拥有上万真实房东，覆盖全国 396 个城市，让客户走到哪里都能找到家。在这里不仅有个人的闲置房间、民宿、度假公寓、四合院、海景房，还有轰趴派对别墅、主题房、风俗客栈等特色房短期出租，让客户体验与酒店不同的感受，而且性价比高，让客户大大地节省了出行的成本，让客户走到哪里都能找到家，更加享受出行的快乐。

具体来说，木鸟短租吸引客户的秘密有以下 4 点。

1. 给客户深度的体验

外出旅行是 24 个小时的体验，其中有一半时间都贡献给酒店，但酒店白墙白床单式的环境难以给客户独特的感受。木鸟短租的"特色" 就是要给客户不一样的惊喜，给客户深度的体验。例如，一个可爱的小摆件、一面画有星空的墙壁或是一个细节的服务等等都能给客户感官上的刺激。当然，不同类型的房屋更能让客户更好地体验当地风土人情，比如看海时住在步行 10 分钟就能到海边的海景房里，到丽江睡在傣族竹楼里，去草原住进蒙古包，这远比住在酒店里对当地的感触要深得多，更能让客户享受更深度的体验。

2. 给客户一种家的感受

木鸟短租的民宿除了能提供酒店同样的服务外，大多景区民宿都拥有厨房、冰箱、洗衣机、阳台、花园等基础设施，方便照顾老人和孩子，让客户在外旅行也能犹如在家般温暖，让旅行更舒适和安心。

3. 拥有最地道的旅游指南

如果传统的旅游是在跟着攻略走，那在木鸟短租所感受到的不仅仅是多元化的住宿体验，房东还会给客户提供私人定制化的旅游路线，告诉客户哪里的小吃最好吃，哪个景区不要去等，能够让客户像当地人一样生活，品尝最地道的美食，感受最深层的文化。

4. 建立轻社交关系

在木鸟短租上订房前，除了可以浏览到各类房源外，客户还可以看到房东的信息，比如房东的年龄、爱好、工作、家庭信息等，客户都能知道得一清二楚。在旅游前打破陌生建立信任，让客户能够找一个志同道合的"朋友"，也增加了小猪短租平台与客户的联系。

第二十六章
跨界酒店模式运营案例

随着共享经济发展的不断发展，跨界营销深受酒店行业的喜爱，书店酒店、生活方式酒店、零售业酒店等纷纷出现，使住宿不再是单一功能，而是向多功能发展。这样的跨界酒店往往能带来奇特的吸睛效果，好玩有趣又自带噱头，通过新的玩法颠覆消费者对以往连锁酒店标准化的刻板印象。跨界酒店的出现为酒店行业的发展找到了新的突破点，促使酒店行业蓬勃发展。

亚朵知乎酒店——能涨学问的住宿

亚朵酒店一向以人文、温暖、有趣被广大群众所熟知，提供邻里式的服务，努力让在路上的旅人找到归属感，做他们"寻找答案"旅途上的温馨驿站。知乎一直致力于让人们便捷地与世界分享知识、经验和见解，通过相互帮助，相互解答，从而更好地接纳自我和接纳周围的世界，从而享受更好的生活，发现更大的世界。如今，亚朵酒店携手知乎，共同打造亚朵知乎酒店，两家品牌虽是第一次合作，但是各自都早已有丰富的跨界经验。亚朵知乎酒店将知识与酒店融合在一起，打造一个全新的空间，为年轻群体和新中产人群提供一种全新生活方式的大胆尝试，构建更具人文感和沉浸感的旅行住宿环境，通过这种方式将知识的获取和分享带入更多的生活场景中，同时不断扩宽知识的边界，让顾客在住宿时也能涨学问。

在装饰上，亚朵知乎酒店进行了大刀阔斧的"变装"，注入众多知乎的元素。在细节之处，知乎也精心制造了诸多惊喜，让顾客的住宿更具特色。除此之外，知乎还为每位入住主题房间的顾客提供了专享的"知识充电"服务，顾客可以通过房间内的音箱免费收听知乎各品类付费音频产品的权益，使得有需求的顾客在旅途小憩时也能涨学问。

在延续了亚朵酒店一贯的高品质空间和服务之外，亚朵知乎酒店自然也汲取了很多知乎的知识气息。在酒店设有两间不同主题的"专房"，其中一间的主题为"旅行"，房间内的软装全部与旅行相关，在床头背景墙上挂着一副软木地图，展示知乎用户推荐的旅行胜地。另外一间为"电影"主题，除了知乎用户推荐的影片之外，墙面上还布置了电影中那些令人印象深刻的经典台词和经典影片的海报，通过视觉化的引导和沉浸式的住宿体验，将顾客带入不同电影的世界中，让顾客在住宿的同时感受电影的魅力。

　　此外，亚朵知乎酒店的公共区域也全面换上了"知识新装"。酒店的门头挂着"亚朵知乎酒店"的牌匾；餐厅中随处可见知乎的"知食"元素，从不同"味觉"塑造一个更大的美食世界，让顾客享受不同的美食；洗衣房中有着知乎上关于衣物护理等生活经验的内容，让洗衣也是充满知识的一种行为；"竹居"是亚朵知乎酒店最有知识的一个地方，这里摆放着一架令人心旷神怡的书柜，上边摆满了知乎平台上有关阅读、品味人生、生活智慧、哲学等书籍，还有 314 个生活问题被预先藏在了酒店的各个角落里，需要顾客自行去寻找答案。顾客在寻找这些问题的过程中，不仅好奇心被重新唤起，更重要的可能是在这个轻松舒适的氛围中又重新享受到了探索知识的乐趣，以更生动的方式地认识了这个世界。

　　除了可见可触的主题化陈设之外，亚朵知乎酒店的细微之处在于融入了互动的元素。入住知乎主题房间的顾客，在登记入住的时候不仅会得到门卡，还会得到一张知乎定制的问答卡，上面有着各种"知氏提问"，让顾客在无形中"长知识"。而且知乎还通过线上渠道征集用户所推荐的书单，入选书目将纳入亚朵知乎酒店服务，供更多住店的顾客阅读。亚朵知乎酒店还经常举行与顾客的交流活动，形成了读书、旅游、摄影、美食制作、网络社交等群体，让顾客在住宿期间也能享受场景式购物的生活体验，顾客在酒店发现了自己喜欢的物品，如茶壶、床垫、洗浴用品等都可以通过扫描二维码网购同样的物品。亚朵知乎酒店还不断进行创新，如每周邀请戏剧作家、剧评家、影评家、网络红人等与顾客共同进餐，促进知识的交流；每周邀请一些民间剧团进行合作，由剧迷组建剧迷社区，定期组织一些"小剧场"活动，让顾客通过活动了解民间文化与知识；让顾客免费参加产品展览、作品创作，如家居展、音乐展、画展、摄影展、微电影展等，让顾客陶冶情操的同时提升自我。在亚朵知乎酒店的顾客能够在酒店参与各种有趣的活动，做一个有趣、有知识的人。

亚朵知乎酒店是旅行和思考的完美契合，不仅为顾客创造了一种跨界的新可能，而且提供了一种新的生活方式。让顾客除了刷微信、看综艺、玩抖音之外，还可以有另外一种方式来重构生活，让顾客去沉思、去分享、去互动、去感受生活的美好，让顾客在住宿的同时也能愉快地学习知识。

网易严选酒店——"所用即所购"模式

网易严选酒店是网易严选首次与住宿类品牌跨界合作，也是国内首家实现"所用即所购"模式的场景电商酒店。在网易严选酒店，顾客不仅可以进店栖息，也可以更深入地体验网易严选的商品，并把酒店中自己钟情的元素购买回家，从而获得住宿、休闲、场景消费为一体的多重体验。

网易严选酒店不仅把酒店大堂改造成 24 小时严选体验区，还打造了14 间由严选产品布置的客房。从进入酒店到住进房间，网易严选酒店开创了"住宿 + 电商"结合的场景消费新模式，让顾客在住宿场景下自然而然的产生消费，真正为顾客带来"所见即所购"的颠覆性体验，让顾客住得更开心。除此之外，网易严选酒店还会进一步为顾客提供更有趣、有温暖、有价值的互动体验，让顾客在互动中进行消费。

网易严选酒店内的居住空间由亚朵和网易严选共同打造，酒店的日常运营由亚朵来负责。网易严选酒店与一味追求"奢华感"的传统酒店不同，它大量使用原木与灰白色构建极简北欧风，更在酒店的布局、设计及陈列上处处布满小心思，给顾客一个明快、舒适的感受，让顾客感官上得到满足，也居住得舒适与安心。

网易严选酒店的客房提供柔和的色调、触摸起来柔软的床单和毛巾，让顾客感受酒店的舒适和放松，享受高品质的生活，通过高品质的舒适引起顾客对酒店的肯定。

　　网易严选酒店的大堂使用三层 LOFT 设计，一层的墙上放满来自网易严选的黑胶唱片以及亚朵精选的书籍，二三层则陈列一些家居、生活用品、服饰、零食等严选特色商品，顾客可以在喝杯咖啡放松的同时，近距离感受网易严选的生活元素，让顾客产生想要购买的欲望。

　　此外，网易严选酒店还精心布置了若干间"网易严选房"，寝具、洗护及家居等大部分用品都选自网易严选。顾客可以通过亚朵官网、网易严选官网以及第三方网站预订网易严选房，感受不一样的生活和文化。

　　网易严选酒店实现了电商与商业的结合，给顾客带来"所用即所购"的模式，让顾客更真实地体验购买的产品。

无印良品酒店——反奢华，反简陋

　　无印良品酒店是一个酒店、餐厅、店铺三合一的酒店。无印良品酒店的经营理念是"反奢华（gorgeous）、反简陋（cheap）"，这与无印良品店铺所遵循的经营理念是一致的，体现简单、这样就好的风格。无印良品酒店和很多的酒店品牌不同，它不会去定义酒店的星级，而是根据消费对象的层次不一样，提供反奢华、反简陋的产品与服务，它所有的产品与服务都基于旅行这一主要目的而进行设计的。无印良品酒店是简素的，同时又具有创造性，而且是一个具有良好品质的酒店，适合所有喜欢旅行、喜欢无印良品的生活方式的顾客入住。

　　顾客进入无印良品酒店，会直接被酒店大堂满眼的木头装饰所吸引，墙面和大厅利用了国内旧房屋的梁柱、木材边角料和墙面材料等建筑材料做装饰，营造出古朴沉静的空间，"土""木""铁"等自然元素在这里得到了很好的再诠释。无印良品酒店营造出一种"感觉良好生活"的生活方式，给顾客一种普通、平实、好用的感受。

　　酒店餐厅具有多种功能，来店的顾客可以到这里享用早餐，到晚上又有一部分又转化为酒吧。而且无印良品酒店的餐厅网罗世界各地的家庭料理，顾客可以在这里品尝各地的美食。

酒店会议室区域用可以移动的隔墙划分为三个会议室进行使用，也可调整形态以后作为聚会场所或者其他场所，大致可以容纳 80～100 人。

酒店健身房向所有住店顾客免费开放，提供跑步机和动感单车等设备，并配备了男女储物柜和淋浴设施，让顾客在住店时感受充满活力与悠闲自如的氛围，适合顾客在旅行或出差时放松身心和空档整理。

酒店客房的整体色彩以灰色、米色和原木色为主，墙面主要是含有活性炭的米色、灰色硅藻泥用作墙面材料，使其能够自动调节房间湿度，还能帮助顾客促进健康睡眠，为顾客一个健康的居住环境。

无印良品酒店会尽可能使用无印良品的商品，例如床上用品、毛巾、牙刷等等，从大到小。酒店会选择最适合无印良品酒店的商品引入到酒店内，让顾客在旅行或出差时可以体验在家一样的舒适感。如果顾客想要购买酒店的产品，可以在无印良品店铺购买，有旅行必需品、大型家具、收纳用品、食品、服饰、化妆品等日常家居用品一应俱全，让顾客随时随地购买。

在无印良品酒店随处可见的无印良品的细节，这是入驻无印良品酒店最有趣的地方。无印良品的经典产品遍布在酒店的每一个角落，让每一个来无印良品酒店居住的顾客都记住这个品牌，无形之中提升了品牌形象。

微微联伙——度假办公新模式

微微联伙主要是将古宅改造成民宿，完成对文化的传承。微微联伙用当代手法弘扬传统文化，凝聚每一个有趣的个体，是一家集合社会精英人群亲子度假和移动式办公群的酒店，旨在为住客打造一个度假办公的共享场所新模式，让更多人能在享受极致的自然环境下，用度假一样轻松的心态，去面对生活与工作。

微微联伙中的青砖、黛瓦、白墙、小桥，在保留江南水乡样貌的同时也融入了更多现代元素，让这里有了未来江南的模样，让文化以更好的姿态传承下去。

微微联伙的客房以空间复合型来满足住客的多种需求，挑高的空间，巧妙的跃层，给予了充足的活动空间，创造出了更适合度假人群互动交流的新概念住宿户型。微微联伙的客房一个 50~60 平方米的房间、一间开放式公共客厅以及一个阁楼间所组成的配套房间。除此之外，还有主题卧室、共享客厅、趣味阁楼等，让住客感受江南美金的同时也能享受不一样的乐趣。入住微微联伙，住客将有一间能看见水鸟捉鱼的跃层卧室，与邻居共用的"长廊客厅"，只要走出卧室，就能自然而然地与邻居一起喝茶、看景、谈生活等，让住客感受"慢生活"。

微微联伙的厨师可能是米其林大师，也可能是"专注厨房事业三十年"的广场舞蹈家，让住客能够享受到中餐、西餐、素食、铁板烧、BBQ、农家乐……住客也可以在这里自己行准备一顿丰盛晚餐或者下午茶，在这里东西比较齐全，做起来比在家里还要轻松。

微微联伙还会为住客提供一些有趣的活动，如小型表演、家庭晚宴、大师画展、文化沙龙等震撼心灵的超高水准演出。这里不同于传统酒店大厅的空旷沉寂，微微联伙赋予大厅更多的共享使命，给顾客展示一个最活跃、交流最有趣的空间。微微联伙提供的活动深受每一位住客的喜爱。

微微联伙为创业者、90 后海归、数字游民等开辟了专属的生活空间，让他们在回归园林的自然的同时不缺最先进的现代设备和极速便捷的网络通讯，为热爱"柔性办公"的群体提供中国第一个度假办公目的地，来这里的人能够像在家一样，做到真正的随心所欲，不被生活和工作所困扰。

第二十七章

休闲人文酒店模式运营案例

随着消费水平的不断提高，人们越来越注重"休闲"与"人文"的精神需求。酒店行业为了满足人们的精神需求，很多休闲人文酒店应运而生。休闲人文酒店是指通过与文化、艺术、生活、自然等"人文"元素结合，打造具有人文气息、充满魅力的居住环境，给顾客带来精神上休养生息的体验。

悦榕庄——让客户尽享宁静与奢华

悦榕庄作为全球精品度假村，在建筑、设计、装饰摆设以及布置上大量采用当地特有的天然建材和特色风格，把环保意识完美融入旅行中，营造一个优雅浪漫、充满活力以及情调的度假环境，为客户提供贴近自然的奢华、享受休闲宁静、关注绿色生态、富有文化特色的体验。

悦榕庄打造了一系列品牌以满足不同客户的需求。无论客户出行是为了寻求浪漫、阖家度假、走亲访友、商务差旅或是到偏远之地来趟冒险之旅，悦榕庄都能为他们提供完美的度假地以及具有特色的产品和服务。

悦榕庄提供充满当地气息的休憩场所，散布在世界的每个角落，能够让客户的身、心、灵焕然一新。悦榕庄散发出低调的奢华气度，度假村内全为别墅，通常配备有泳池，坐落于全球各处优美度假胜地。在各个门户城市，悦榕庄还开发了热带花园别墅和套房，打造都市中的绿洲，致力于为客户提供一个宁静与奢华的度假环境。

悦榕庄把环保意识完美融入于浪漫旅行中，提供一个能够让客户完全放松身心灵的"心静轩"。在以延承当地传统与保护环境的前提之下，旗下的度假村与酒店都融合了亚洲传统文化及地区特色，既能表达出中国传统文化，又能很好地符合外国人的审美，营造优雅浪漫、充满活力以及异国情调的度假环境，给客户提供亲密的身、心、灵体验。

无论客户的年龄大小、旅行目的为何，悦榕庄为旅行增添探险的色彩，融合当地风韵与充满活力、充满乐趣的氛围，悦榕庄致力于打造一个富有异国风情的度假休闲场所。在悦榕庄，无论是第一次品尝当地特色菜肴、参与新的活动，还是结交新的朋友，客户随时随地都会有获得惊喜并获得难以忘怀的回忆。悦榕庄的每家酒店都经过独特的设计，提供宽敞、时尚的客房和套房，是情侣、朋友和家人的最佳选择。

在悦榕庄还能享受最正宗的 SPA，悦榕 SPA 身为热带花园 SPA 概念的先锋，提供世代相传的亚式健康美容 SPA 体验，在所有悦榕度假村成为悦榕经典体验的一部分，每一位来悦榕庄的客户都应该体验一下悦榕 SPA。悦榕 SPA 的护疗师都是接受专业训练的，以提供高品质服务及品质得到众多客户的一致性。作为获奖 SPA 品牌，悦榕 SPA 不断创新，引入雨林水疗概念、热带雨露体验及大师级护疗师体验。

悦榕庄还设立零售商店悦榕阁和悦椿阁，通过推广和售卖当地工艺品支持当地的社区。作为悦榕体验的一部分，悦榕阁和悦椿阁致力于通过亚式家具、传统手工艺品、环保产品、悦榕 SPA 收藏系列、精品饰物以及独特礼品等众多选择，帮助客户再造悦榕体验。

浮云牧场度假酒店——靠山吃山的典范

浮云牧场度假酒店，在离成都 100 多公里的阿坝理县通化乡西山村，是一家建在海拔 2 000 米的山间酒店。之所以被叫作浮云牧场度假酒店，是因为在这里白天有时刻变幻的云彩，到了野外有漫天的繁星，推开窗便能看到壮观的山脉和触摸云彩，仿佛置身瑞士。浮云牧场度假酒店充分利用特殊的山区地理环境，为客人提供了独特的体验。

进了浮云牧场大门，停车场在半山高处的一个空地处，停车场就可以俯瞰到整个浮云牧场酒店的小景。阳光从云缝里漏下来，恍如梦境。春夏时节，野花张扬，高低起伏掩埋其中，站在山顶，触手可及的云像一片海与天相连，置身其中，自己仿佛毫无束缚，自由自在的徜徉在天地之间，让游客能够尽情地享受大自然的美好。

浮云牧场酒店由于其特殊的地理位置，开启了典型的靠山吃山运营模式，向游客提供浮云牧场自产的食物，让游客食用最无害的绿色食品。浮云牧场酒店根据自身的条件向游客提供西餐、特色羌点、自助 BBQ 晚宴、牧场下午茶等，能够满足游客的需求。在浮云牧场吃饭是一件非常幸福的事情，全玻璃窗的餐厅，可以在这里吃早、中、晚餐，有些人甚至从周边城市驱车前往这里吃一顿云间的午餐，感受大自然的魅力。

浮云牧场度假酒店还能够为公司、家庭等提供短期度假服务，如云景房，让游客推开落地玻璃门，就能看到远山的美景，和漫天的白云，享受美景；云景无边际泳池，一边享受美景一边游泳；全景西餐厅，享用美食，享受身在云端的幸福感；浮云咖啡，品味浓浓的浮云特色；亲子牧场、水晶儿童房，给孩子更好的游玩地方……

云浮牧场酒店靠山吃山的运营模式，吸引了很多游客前来体验，开启了酒店行业新的营销模式。

安缦度假酒店——凭什么国内最贵

安缦度假酒店是一个有着独特发展方向的全球连锁酒店，位于世界各个最美丽、最具历史特色、最迷人的景点。安缦度假酒店，住的不是享受，而是一种天然的温馨。安缦度假酒店是全球最知名的度假酒店之一，创立最初的构想是在环境美丽、幽雅的地方，建立一批温馨、舒适的私人度假地点，营造一种雅致、天然的好客氛围。

安缦度假酒店的客房从来没有超过 50 间，每次选址也更倾向于隐秘、幽静、风光绮丽、很少会被商业气息大肆熏染的山水悠然之地。安缦度假酒店有着超高标准的服务意识，致力于为顾客提供高品质的服务。内敛、低调与含蓄是安缦永恒不变的主题，好像与多数奢华酒店所追求的并不一致，但这并不影响安缦度假酒店的运营。安缦的每家度假酒店都风格迥异，十分有特色，融合了当地民俗文化。

安缦度假酒店在建造风格上，始终坚持内敛、低调与含蓄的设计哲学，不显山、不露水，却着力于营造出一种宁静、和平、家的感觉，让顾客享受到天然的舒适与温馨，为顾客提供一个真正的度假天堂。

安缦度假酒店之所以能够成为国内最贵的度假酒店，是因为安缦度假酒店将一切做到了极致。

首先是定位精细化，只面对那些具有高消费力、注重精神享受和文化体验的高端客户群体，由于特殊与小众，安缦度假酒店并不适合所有人。

其次是服务精细化，连锁酒店好比流水作业，精品酒店便是手工作坊，而安缦度假酒店却属于私人订制，能够为顾客提供专属的私人订制，安缦的员工与顾客的比例基本都是 5：1，能够为顾客提供亲切、真诚、殷切、专属的服务，将一切服务做到最好。

最后是价格精细化，绝大多数的精品酒店都是"一房一价"的形式，且房间价格都不菲，而安缦度假酒店的促销活动永远是主题先行，不以价格为噱头，并且将产品与服务做成一个有文化性或者自然性主题的打包物，通过文化的定义让顾客忽略价格的昂贵，这样更能吸引顾客的青睐，保持顾客的忠诚度。

人间天堂·鸟巢度假村——与众不同的建筑特色

人间天堂·鸟巢度假村坐落于三亚亚龙湾热带森林公园山顶，与青山相伴，面朝大海，以独特的建筑风格，展现与众不同的热带风情，拥有独栋别墅和客房共 142 套，是一家五星级度假酒店。

人间天堂·鸟巢度假村栖居于山巅，面朝大海，日出日落尽收眼底，晨聆窗边虫唱鸟鸣，夜望脚下灯火通明，呼吸新鲜空气，远离尘世，使游客尽享私密空间。人间天堂·鸟巢度假村融合了众多的中国古典文化元素，取火凤凰为主，象征着吉祥与高贵；而东方之鸟又代表了宁静淡泊的隐士。

人间天堂·鸟巢度假村就是于热带雨林、悬崖峭壁之上寻找一份宁静与舒适、寻找赤子之心、寻找爱人的爱巢。

人间天堂·鸟巢度假村的客房房型分六大类型：孔雀区、大雁区、老鹰区、喜鹊区、白鹭区、集结地，每种房型都各具特色。

孔雀区设在鸟巢东区，共有 38 间圆形房间，无论游客在卧室区还是洗浴区，都能从不同的角度欣赏到海景和山景。

大雁区设在鸟巢东区，共有 33 间房间，在这里不仅可观赏到青山绿树，还可以看到海棠湾和蜈支洲岛。

老鹰区设在鸟巢西区，共有 21 间房间，房间三面环窗，躺在床上就可观赏到广阔海景、草木青葱，有种归隐山林的氛围，让游客更好地感受大自然风光。

喜鹊区设在鸟巢东区，共有 9 间大床房，每个房间都可以从不同的角度欣赏到森林公园的美丽山景。

白鹭区设在鸟巢东区，共有 6 间大床房，每个房间都可以从不同的角度欣赏到远处的海景和山景。

集结地共有 20 间半敞开式帐篷房，热带植物环绕四周，晨听鸟鸣虫唱，夜宿树林深处，在露台可以欣赏到亚龙湾的海景、市景等景观，游客可以尽情地享受亚龙湾的美景。

人间天堂·鸟巢度假村以与众不同的建筑特色，吸引了大量的游客前来住店，一起感受大自然的美好。

人间天堂·鸟巢度假村以森林生态环境为主题，分三大区域，分别为生态观光区、生态保护区以及休闲度假区域。度假村以观光游览功能为基础，以生态休闲为特色，以休闲度假功能为重点，同时以民俗文化、雨林探险、健身养生、娱乐玩耍等功能为辅助的综合型绿色生态旅游景区。度假村着力打造中国娱乐性、探险性、休闲度假式的森林公园，是世界顶级热带滨海度假兼观光型的森林公园。

人间天堂·鸟巢度假村隐藏于丛林之中，能够让游客在与大自然的亲密接触中，放下一切，返璞归真，尽情享受生活。

书香世家酒店——将传统文化植入每个细节

书香世家酒店作为将传统文化融入酒店建设的先行者，从其诞生之初，便将酒店设计风格建立在绵延 2 500 年的吴文化基础上，在酒店建设中融入苏州园林、水墨江南的古风古韵元素，就连各种小品摆件中都融入"恬淡中和、翰墨飘香"的人文精神，书香世家酒店将传统文化融入到每个细节中，整体倡导"体验生活，品味文化"的现代理念，不断将传统文化中"雅"的生活方式与酒店服务、产品完美融合在一起，努力为宾客打造一个具有传统江南文化特色的、充满诗情画意的、令人身心愉悦、游玩鉴赏、居住舒心的环境。

书香世家酒店设有古朴典雅、藏书颇丰的三昧书屋，大堂、咖啡厅和客房内都配置书籍读物，厅堂楼台字画楹联随处可见。大堂或其他公共区域有书法展示台，可供宾客体验书法；每间客房内配有 5 本书籍可供宾客阅读或购买；客房内还配置了文房四宝，宾客可在房内体验。入住书香世家酒店能够让宾客体会到读书的乐趣，感受传统文化的魅力。

书香世家酒店注重中国茶文化的传承。客到有欢迎茶，就餐有餐前茶，午后有下午茶，入住和就餐高峰有茶道表演，让宾客更好地感受中国茶文化的魅力。春花茶、夏绿茶、秋乌龙、冬红茶，还有养生茶、功夫茶、茶食、茶点、茶文化节等，宾客可以在书香特有的环境氛围中，把壶品茗，增添雅兴，品味传统文化。酒店的前台提供迎客茶服务，并配有小茶点，让宾客一进酒店就能感受浓烈的茶文化。酒店的大堂有茶艺表演和古筝演奏等，在溢满书香味的环境中，帮助宾客们消磨悠闲的时光，品味不一样的生活情调。

书香世家酒店尤其注重食不厌精、脍不厌细为特点的江南美食，酒店的中餐厅名为江南食府，以苏帮菜、淮扬菜为基础，融粤菜、地方菜于一体，形成了四时分明、精工细作、用料讲究、色香味俱全的鲜明特色。早餐以自助餐形式为主，品种可达80多种，分色拉类、中式小菜类、蒸笼食品、日式料理、现场操作类、水果、面包、谷物、肉类、汤面、奶酪、果汁以及牛奶等，通过早餐体现本地特色、书香特色和健康理念，为宾客提供"早餐之礼"，让宾客在早餐中感受中国传统文化的精髓。除此之外，书香世家酒店还在书香江南美食特色的基础上结合实际情况制定出符合服务的菜系，并根据不同的季节不断地研发新菜肴，以满足不同层次的宾客的需求。

书香世家酒店在大堂、电梯厅等公共场所摆放造型各异的香炉，分不同场所、不同季节焚点各种熏香，让宾客一进酒店就能感受熏香文化。酒店内充满袅袅幽香的雅韵，让人消除疲劳、缓解压力、神清气定、怡然舒畅。书香世家酒店"围炉熏香，剪灯夜话"尽情地展现古代文人雅士充满情致的生活场景和闲情逸致。酒店采用统一香型熏香，让宾客在居住期间感受淡雅的熏香味，体味古人文化。

书香世家酒店以四时花卉点缀整个酒店，酒店的前台有书香酒店氛围吻合的鲜花或创意插画摆放，配有与插花已经相符的诗文。酒店公共区域有绿植、鲜花布置。客房内有特色小插画或绿植摆放，整个酒店花香脉脉，清幽芬芳，令人心旷神怡。中国文人自古喜爱养花、赏花、颂花，以花喻人，赋予人格魅力，书香世家酒店通过花香为宾客提供了追求艺术欣赏，陶冶情操的意境，让宾客感受古人文化。

书香世家酒店将传统文化植入每一个细节，不断给宾客带来惊喜，让宾客享受温馨舒适的氛围，感受中国古人的传统文化。

丽枫酒店——体验最美的香氛文化

丽枫酒店是将薰衣草元素、香氛文化和酒店建设进行完美结合，倾力打造以天然香气为特色的舒适体验型中端连锁酒店品牌。丽枫酒店倡导"多一点自在"的生活理念，通过对睡眠系统、洗浴系统、服务系统、智能系统等的深度刻画，力求契合商旅人群和中产家庭出行的品质需求，致力于为旅客营造贴心舒适、亲近自然的旅途生活氛围，带来更为贴心的新型朋友式服务和商旅居住体验。

为了传达"多一点自在"的酒店文化，丽枫酒店将自然之中最能舒缓情绪的薰衣草融入酒店设计中，整个酒店都充满薰衣草的元素，让旅客进入酒店的第一时间体验到"放松"的香味。丽枫酒店的大堂弥漫在鼻息的是天然薰衣草的香薰，萦绕在耳边的是轻柔的背景音乐，让旅客在舒缓情绪之间，率先开启了一场惬意浪漫的感官旅行。随之恰到好处的前台服务体验，融入薰衣草香的迎宾花茶和洗尘香巾，在细微之处彰显匠心，让旅客卸下旅途的疲惫，体验舒适贴心的服务。

丽枫酒店是一家独有的将薰衣草、花香与酒店融合在一起的连锁酒店。丽枫酒店的地毯、墙壁上的油画、电视机上的橱窗、电视机画面以及床上用品等都是薰衣草的主题。旅客打开房门插入房卡后，窗帘自动打开，像在欢迎旅客到来，能够给旅客一个好的初印象；在与旅客肌肤接触的洗浴用品上，丽枫酒店花重金聘请法国专业调香师精心调配的纯天然产品——纳纾尔天然香薰系列，专业级的天然香味，温和呵护，帮助旅客放松身体，舒缓旅程的疲惫；躺在床上，旅客可以享受柔软而富有弹性的"慕思金梦"

系列床垫和薰衣草芯的生物枕头，通过智能面板控制全屋的灯光、空调温度和智能窗帘，极大提升了旅客的睡眠体验……丽枫酒店的"走心"的服务，让旅客感受香氛的魅力，体验最美的香氛文化。

第二十八章
共享酒店模式运营案例

在酒店行业呈现动荡、多元与融合的趋势之下，房客的个性化需求越来越明显，促使共享经济以新的商业模式出现，随之而来的是各种各样的共享酒店。共享酒店致力于让闲置的酒店床位资源再利用、减少单人外出时的酒店费用以及增加社交体验等，给酒店和房客带来了方便。现如今，共享酒店已经成为很多商旅人士和自由旅人的省钱法宝。

Airbnb（爱彼迎）——更自由且性价比更高

Airbnb 为共享酒店模式的标杆。它是一家联系旅游人士和家有空房出租的房主的服务型网站，它可以为用户提供多种多样的住宿信息，满足用户的需求。用户可以通过网络或手机应用程序发布、发掘和预订世界各地的独特房源，并完成在线预定程序。Airbnb 的用户和房源遍布 192 个国家近 35 000 个城市，为旅行人士提供多样的独特入住选择，不管是公寓、别墅、城堡还是树屋等，给旅行人士带来了独一无二的旅行体验。Airbnb 被时代周刊称为"住房中的 EBay"。

Airbnb 主要针对的是年轻穷游一族。Airbnb 在帮助房主获得收入的同时也帮助旅行人士节省了外出开支，它从租赁费中收取 6%～12% 的提成，从而成功地把旅行人士和家里有闲置住所的房主联系在一起，让他们进行自主交易。旅行人士只需要拥有一台计算机、一张信用卡就可以租下陌生人家中空闲的沙发、海边闲置的房子或者沙漠中的帐篷等，与酒店相比，这样个性化的出游住宿选择，更自由且性价比更高。旅行人士也可以借此感受此前从未体验的异国风情和文化，享受便宜、便捷、个性化的住宿体验。

Airbnb 就像进入了一个微缩版的世界之家，这里有着诸多以全球著名城市命名的主题房间，包括世界各地的不同文化和特色。Airbnb 满足大多数旅行人士在住宿方面的要求，也能为旅行人士创造特殊的、无法享受到的住宿体验。

Airbnb 平台上的房源在安全、卫生、服务等各方面都有保障，且房源信息与房主提供的描述一致，这是 Airbnb 为房主和旅行人士提供的必备的服务。当然，旅行人士在住宿方面的需求都可以直接咨询 Airbnb，会有相关人员给予准确答案。

Airbnb 的房屋租赁方式和日常租房模式是一样的，房主与旅行人士通过 Airbnb 这个中介平台进行交易。不一样的是旅行人士不是长期停留的，都是出差的那几天。对于房主来说，这样可以更好地利用闲置的资源。

Airbnb 被公众称作"世界奇居网"，它为旅行人士提供酒店、宾馆之外各个国家别具特色的住宿或者休闲空间，这些居住地可能是古代城堡、宫殿，也有可能是游艇、民宿等，提供给旅行人士酒店体验不到的别样风情。Airbnb 的成功开创了一种新的商业模式——共享经济，闲置的房屋、汽车甚至时间，都可以利用技术在网上进行租售，Airbnb 的出现改变了世界，也成为众多租房网站学习的典范。

久久共享酒店——开发"闲置资源"的价值

久久共享酒店是在共享经济大背景下诞生的共享酒店，致力于将闲置的酒店房间资源分享给更多的人，为广大出行人士提供优质低价的酒店房间资源，提高酒店房间的利用率，降低出行者的出行成本，有效地开发"闲置资源"的价值。

久久共享酒店作为一个酒店预订平台，首先确定购买酒店一间房间一天是 24 小时，如果出行者住不够 24 小时，那么剩余的时间就可以保存在久久共享酒店 APP 中，出行者下次通过久久共享酒店 APP 预订酒店房间，就可以使用"剩余时间"抵扣房费。而且久久共享酒店的"剩余时间"的使用可跨酒店和区域抵扣房费，出行者还可以把"剩余时间"分享给急需的亲朋好友使用，这种模式深受出行者的青睐。

久久共享酒店平台解决了消费者一直以来消费不公平、不省钱的难题，打破了上千年酒店行业的规则，把原本属于消费者的时间还给消费者；住店存下来的时间可以等额抵扣现金房费，降低了消费者的住店成本，最大限度地开发了"闲置资源"的价值。

久久共享酒店的出现得到了各方关注，从质疑到尝试再到信任，在零宣传下，APP下载量突破了万人。一步步走来，用户能够真正享受到久久共享酒店平台带给他们的"公平""省钱"的全新住宿体验，享受最优惠的服务。对于酒店来说，闲置资源不但"多余"而且还产生了维护成本，减少酒店的运营成本，还能为酒店做好口碑宣传。总之，久久共享酒店让酒店和用户实现资源共享，达到双赢的消费模式，让用户更省钱，让酒店更省心。

太空舱酒店——为何只是昙花一现

随着共享经济的到来，酒店行业中出现了太空舱酒店。太空舱酒店非常符合人们倡导的低碳、环保、节能理念，由于它的低碳排放、经济实用、安全卫生、节约资源等诸多优点，深受广大群众的喜爱。但是太空舱酒店刚出现不久，就被全部叫停。太空舱酒店为何只是昙花一现？

1. 没有相关资质，无法保证使用者的健康和安全

太空舱酒店是分时租赁，其设计是借鉴了日本的"胶囊旅店"，但是在很多方面都没有达到旅店的标准，而且没有宾旅馆特种行业的营业许可，无法保证使用者的健康和安全。

2. 没有获得消防许可，存在安全隐患

因为"共享睡眠舱"是一种新模式，目前还没有获得消防许可。太空舱酒店是全封闭的设计，容易发生火灾或者其他意外。

3. 无法保障财产安全与个人隐私

太空舱酒店对使用者的身份认证还不够完善，对身份、性别没有限制，

男女混住，容易让一些别有用心的人有机可乘，无法保障使用者的财产安全与个人隐私。而且太空舱酒店是一个密闭的空间，很容易存在涉黄、涉毒等隐患。

4. 公共卫生不好

太空舱酒店是共享床铺与其他共享物品，是私密空间的共享。很多人在居住太空舱酒店时不注意个人卫生，导致公共卫生不好，容易促使疫情病患的发生。

由此可见，共享酒店这种模式的发展，还需要进行更多的探索和试错。